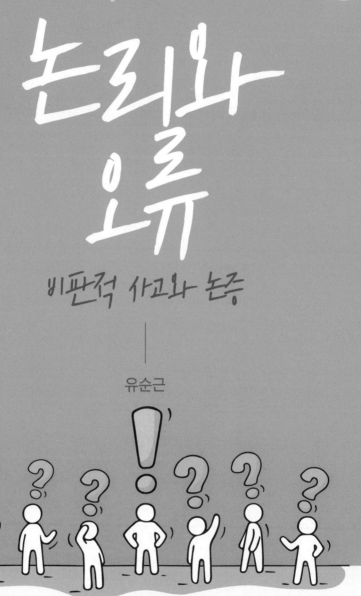

개정 3판

Logic and Fallacies

논리와 오류

비판적 사고와 논증

유순근

박영사

개정3판 머리말

논리란 지혜의 시작이다(Leonard Nimoy).

논리적인 언어의 표현을 목표로 저술한 『논리와 오류: 비판적 사고와 논증』이 2018년 교양부문(철학/심리학/윤리학)에서 세종도서로 선정되었다. 이것은 논리학의 중요성을 반영한 결과라고 생각된다. 논리는 개인 간의 소통을 원만하게 하고 사회를 조화롭게 하는 도구이기 때문에 중요하다.

본서를 출판한 이후 많은 독자들이 논리를 학습하고 있다. 이에 부응하여 개정3판에서는 내용을 보강하고, 비형식적 오류의 문장을 형식화하고 많은 예제를 추가하여 학습의 이해를 높였다. 저자가 창안한 논증의 타당성을 평가하는 기준인 방향성의 원리는 논증의 타당성을 평가하는 획기적이고 독창적인 원리이다. 개정3판에서는 비형식적인 오류와 논증의 타당성 평가 기준인 방향성의 원리를 심화하였다.

오류가 없는 논리적인 표현과 논리의 이해는 갈등과 모순을 적게 하고, 내적 세계와 외적 세계에 대한 신뢰를 증가시킨다. 논리는 논증을 평가하고 추론하는 방법에 관한 학문이므로 다양한 주장, 아이디어와 논증을 창안, 분석, 평가하기 위해서 논리와 사고의 과정을 이해하는 것이 필요하다.

본 『논리와 오류: 비판적 사고와 논증』은 논리의 이론을 알기 쉽게 설명한 논리 서적이다. 논리 이론을 간결하고 명확하게 설명하는 데 도해와 예제를 사용하였다. 논리 이론의 단순한 배열은 논리학을 학습하는 데 흥미를 얻지 못하고 이해하기도 어렵기 때문에 논리의 충분한 이해를 위해 창의적인 도해를 예제와 병행하여 설명하였다. 본 『논리와 오류: 비판적 사고와 논증』은 독자를 위해 논리학의 전반적인 부분을 다루고, 각 장마다 연습문제와 모범답안을 제시하여 시험 준비와 논리적 사고에 많은 도움이 될 것이다.

본 『논리와 오류: 비판적 사고와 논증』은 추론 능력을 향상하고 타당한 논증을 개발하고 평가할 뿐만 아니라 논리적 오류를 발견하여 대인관계를 증진할 수 있는 논리 서적이다. 이러한 목적을 달성하기 위해 총 13장으로 구성된다. 제1장은 비판적 사고, 제2장은 논증의 이해, 제3장은 논증의 구조, 제4장은 생략된 진술문, 제5장은 논증의 유형, 제6장은 명제 논리, 제7장은 삼단논법, 제8장은 귀납논증, 제9장은 논증의 평가, 제10장은 논증의 오류, 제11장은 비형식적 오류(상), 제12장은 비형식적 오류(하), 제13장은 논증문의 구성이다. 각 장마다 연습문제를 제시하고 권미에 모범답안을 게재하였다.

본 『논리와 오류: 비판적 사고와 논증』에서 대학생, 공무원이나 취업 준비생들에게 필요한 이론과 사례를 제시하였다. 따라서 본 『논리와 오류: 비판적 사고와 논증』이 독자들에게 논리 학습의 충실한 길잡이가 되고, 논리로 지혜가 가득하기를 기대한다. 아울러 저자는 독자 제현들의 많은 조언과 충고를 부탁드린다.

2024년 1월 20일

유순근

차례

삼단논법   173

귀납논증   193

비형식적 오류(상)   287

비형식적 오류(하)   349

논증문의 구성   421

CHAPTER 01

Logic and Fallacies

 비판적 사고

1. 사고의 본질

인간은 생각하는 동물이다. 생각하는 것은 인간의 본성이다. 프랑스 철학자 데카르트(René Descartes)가 "나는 생각한다. 고로 나는 존재한다(Cogito, ergo sum)"고 선언하였듯이 인간은 생각하기 때문에 존재한다. 따라서 모든 인간이 생각하거나 추론하는 능력은 정체성의 일부이다. 사고는 정체성의 핵심이고 인간에게만 특별한 것이다. 사고는 많은 인간행동과 상호작용의 기초가 된다. 인간은 사고를 통해서 자신이 경험하는 세계를 해석하고 표현하고 구성하고 예측할수 있다. 또한 사고를 통해서 문제를 이해하고 분석하고 해결한다.

1) 사고의 개념

추론은 증거에 근거하여 결론을 이끌어내는 두뇌 활동이고, 추론하는 과정이 바로 사고이다. 사고는 인간활동의 기본으로 인간이 살고 경험하는 세계를 해석하거나 설계하는 내적인 의식적 두뇌 활동이라 할 수 있다. 사고(thinking)는 세계의 실제적이거나 가능한 상태에 관한 지식의 정신적 표현을 의미한다. 즉, 사고는 외적 세계의 상태를 내적으로 표현하는 의식적인 활동이다. 외적 세계를 내적 세계로 전환하는 것은 추론이다. 따라서 사고는 어떤 대상을 개념화하고, 판단하고, 추론하는 의식적 활동이다. 인간은 사고를 개인이 갖고 있는 경험과 지식을 근거로 어떤 상황에 대해 새로운 관계를 만든다. 이러한 사고는 문제를 해결하고, 결론을 도출하는 심리적인 작용이다. 사고는 개인이 살고 경험한 세계를 해석하고 구성하지만,

사상(thought)은 사고 작용의 결과 생겨난 사고의 내용을 의미한다.

- 사고: 세계의 실제적이거나 가능한 상태에 관한 지식의 정신적 표현
- 사상: 사고 작용의 결과로 생겨난 사고의 내용

추론은 전제에서 결론을 이끌어내는 과정이다. 전제의 참이 결론의 참을 보증한다면 추론은 연역적이다. 전제의 참이 결론의 참을 믿을 만하게 만들지만 확실성을 부여하지 않는다면 추론은 귀납적이다. 판단과 의사결정에는 대안의 선택과 더불어 선택 대안의 가치평가를 산출할 확률이 포함된다. 문제해결은 목표를 달성할 수 있는 행동 과정이다. 문제해결을 위해서 가능한 행동의 결과를 추론하고 대안 행동을 선택하는 의사결정을 한다.

2) 사고의 유형

인간은 사고 과정을 통해서 인간 생활에 있는 문제를 제기하고, 대처하고, 해결하는 인간의 지적 활동을 수행할 수 있다. 이러한 지적 활동을 수행하는 사고의 유형은 매우 다양하다. 사고의 목적에 따라 비판적 사고, 실행적 사고, 개념적 사고, 창의적 사고와 직관적 사고로 분류된다. 이러한 사고는 의식적이거나 무의식적이다. 특히 새로운 기회나 가능성을 창조하기 위해서는 창의적 사고가 필요하다. 창의적 사고는 새로운 생각을 구상할 때 사용하는 과정이다. 이것은 이전에 결합되지 않은 아이디어의 결합이다. 다른 사람의 아이디어를 자신의 것으로 결합하여 새로운 아이디어를 창출한다.

- 비판적 사고: 모든 원천으로부터 관련된 정보를 수집하여 상황을 객관적으로 분석하고 평가하는 사고
- 실행적 사고: 상황을 분석하고 평가한 후 선택한 대안을 효과적으로 수행하기 위해 아이디어와 계획을 조직하는 사고
- 개념적 사고: 추상적 아이디어 간의 패턴이나 연결을 찾고, 완전한 형태를 형성하기 위해 부분을 결합하는 사고
- 창의적 사고: 기회나 가능성을 창조하고 명확하지 않은 인식 패턴을 찾기 위해 새로운 접근 방법을 창안하는 생산적 사고
- 직관적 사고: 어떤 증거도 없이 사실이라고 지각하는 사고

2. 창의적 사고

대부분의 사람들은 선천적으로 창의적인 사고가가 아니다. 창의적 사고를 하려면 평범한 사고 과정을 독특하게 변화시키는 방식으로 두뇌를 사용하는 것이 필요하다. 창의적 사고가 갖는 문제는 아직까지 검증되지 않은 어떤 아이디어의 개발이며 이것은 이상하게 들릴 수 있다. 그러나 우수한 해법은 어쩌면 낯설고 적용하는 데 어려울 수 있다. 창의적 사고는 상상력이 있고, 가능한 많은 해법을 산출한다. 다음은 창의적 사고를 향상하는 태도이다.

- 반사학습[1]
- 여러 가지 가능한 해답 추구

---

1 자신의 학습 경험을 반영하는 학습.

- 터무니없고 괴상한 제안 허용
- 낙서나 꿈을 근거로 한 제안 허용
- 초기 아이디어 판단 금지
- 실수 허용이나 관대
- 달성되지 않은 것 관찰

1) 창의성

문제를 해결하려면 창의적이어야 한다. 기존의 전통적인 방식이 아니라 새로운 방식이 문제를 해결하고 가치를 실현할 수 있다. 새롭고, 독창적이고, 유용한 것을 만들어 내는 능력이 탁월한 사람도 있고 그렇지 못한 사람도 있다. 창의성(creativity)은 라틴어의 Creo(만들다)를 어원으로 하는 Creatio라는 말에서 유래되었다. 창의성(創意性)은 無에서 또는 기존의 자료에서 새로운 것을 발견하고, 새로운 것을 만들고, 산출하는 것을 의미한다. 학자들이 주장하는 창의성의 개념은 다음과 같다.

- Guilford: 새롭고 신기한 것을 낳는 힘
- Lubart: 새롭고 유용한 산출물을 생성하는 능력
- Seligman: 독창적이고, 가치 있고, 실행될 수 있는 사고 과정이나 산출물

창의성이란 사물을 새롭게 탄생시키거나 새로운 사물에 이르게 하는 개인의 지적 특성인 동시에 새롭고, 독창적이고, 유용한 것을 만들어 내는 능력이다. 따라서 창의성은 확산적 사고와 수렴적 사고를 포함하는 다양한 지적능력, 인성, 지식, 환경의 총체적인 관점이다. 이러한 창의성은 의식적 사고나 노력뿐만 아니라 무의식적인 사

고나 노력의 영향을 받아 일어나기도 한다. 창의성은 모든 사고가 총체적으로 결합되어 나타나는 가장 고차적인 사고능력이다.

과학과 공학에서 창의성은 새로운 아이디어나 기존 아이디어 간의 새로운 연상을 포함하는 정신적 과정이다. 창조적 사고는 아이디어를 창안하거나 문제해결과 현상을 설명하는 데 필수적인 과정이다. 따라서 창의력은 새로운 것을 개발하는 것과 관련이 있다. 생각, 제품이나 과정에서 이전에 존재하지 않았던 것을 창조하는 태도가 필요하다. 다음과 같은 경우 창의성을 보여줄 수 있다.

- 지금까지 세상에 존재하지 않았던 것을 발견한다.
- 다른 곳에 존재하지만 자신이 알지 못하는 것을 발견한다.
- 기존 제품이나 과정을 신규 또는 다른 시장에 적용한다.
- 새로운 방법이나 절차를 개발한다.
- 다른 사람들이 세상이나 사물을 보는 방식을 변경한다.

2) 창의성의 구성 요소

창의성은 모든 사고가 총체적으로 결합되어 나타나는 가장 고차적인 사고능력이다. 매슬로우(Maslow)는 창의성을 "일상생활 전반에서 넓게 나타나며, 매사를 보다 창의적으로 수행해 나가는 어디에서나 볼 수 있는 성향"이라고 하였다. 즉, 자신이 맡은 일에서 얼마만큼 창의적으로 사고하고 행동할 수 있느냐를 기준으로 삼는다. 창의성의 구성요소는 유창성, 융통성, 독창성과 정교성을 포함한다.

- 유창성: 많은 아이디어를 산출해내는 능력
- 융통성: 유창성의 연장으로 사물을 다른 각도에서 볼 수 있는 능력, 즉, 여러 관점

에서 상황을 볼 수 있는 능력
- 독창성: 아이디어의 양보다 질적인 측면, 소재의 독특성
- 정교성: 아이디어를 정교하게, 세밀하게 하는 능력

3) 창의적 사고의 유형

누구나 새로운 것을 발명하고 싶어 하지만 특정한 사람들만이 새로운 것을 창안할 수 있다. 왜 그럴까? 이것은 다름 아닌 창의적 사고 기법을 활용하기 때문이다. 창의적 사고(creative thinking)는 이전에는 관계가 없었던 사물이나 아이디어의 관계를 재형성시키는 역동적인 힘이다. 즉, 창의적 사고는 어떤 유형의 사고를 위하여 의도적, 계획적으로 사용하는 사고 절차이다. 따라서 과거의 경험을 이용하여 미지의 새로운 결론이나 새로운 발명을 끌어내는 사고 과정이다. 창의적인 아이디어를 하려면 먼저 다량의 아이디어를 창안하고 그런 다음 이 중에서 가장 우수한 아이디어를 선택하는 과정이 필수적이다. 이것은 확산적 사고와 수렴적 사고가 동시에 요구된다. 따라서 누구나 창의적 사고 기법을 활용하면 창의적 인간이 될 수 있다.

확산적 사고 기법은 주어진 문제에 대해 가능한 많은 해결책을 창출하는 기법이다. 유의미하고 새로운 연결을 만들고 표현하는 사고 기법으로 다량의 아이디어를 생성해 내는 사고 과정이다. 반면 수렴적 사고 기법은 주어진 문제에 대한 최적의 해결책을 창출하는 사고 기법으로 아이디어들을 분석하고, 다듬고, 선택하는 사고 과정이다. 따라서 아이디어를 선택하거나 개발하는 초점화의 사고 과정이다. 창의적이고 효과적인 문제해결에서는 확산적 사고와 수렴적 사고가 자전거의 두 바퀴처럼 상호보완적으로 이루어져야 한다. 따라서 창의적 사고 과정은 확산적 사고 기법을 통하여 가능한 많은

아이디어를 창출하고, 그런 다음 수렴적 사고 기법을 통하여 최적의
아이디어를 선별하는 것이다.

- 확산적 사고 기법: 가능한 많은 해결책을 창출하는 기법
- 수렴적 사고 기법: 최적의의 해결책을 창출하는 사고 기법

그림 1-1 아이디어 선별과정

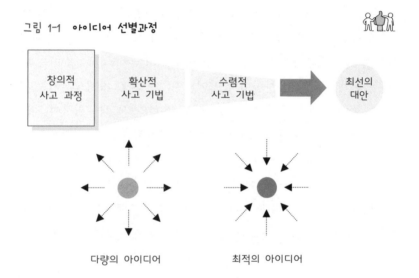

한편, 수직적 사고는 어떤 아이디어나 제안의 옳고 그름을 따지
기 위한 선택적 사고이며, 논리의 규칙에 맞추어 따져보는 사고이다.
이와 달리 수평적 사고는 통찰력이나 창의성을 발휘하여 기발한 해
결책을 찾는 사고 방법을 말한다. 수직적 사고는 논리적으로 계열적
형태를 따라 하는 사고인 반면에 수평적 사고는 단계적 통로를 따르
지 않고 기존의 방법과 원리에 도전하고 다양하게 새로운 해결들을
실험하는 사고이다.

- 창의적 사고: 다양한 정보로 다양한 결과를 산출해 내는 능력
- 수직적 사고: 옳고 그름을 따지기 위한 선택적 사고
- 수평적 사고: 기발한 해결책을 찾는 사고 방법

3. 비판적 사고

사람들의 의견과 주장은 대체로 객관적일 수도 있지만 주관적일 수도 있다. 또한 이것들은 진실하기도 하지만 때로는 허위일 수도 있다. 때로는 많은 사고에는 개인적인 특성이나 상황에 따라 왜곡 또는 편견이 개입될 수 있다. 따라서 객관과 주관, 진실과 거짓, 또는 왜곡이나 편견을 구별하기 위해 비판적 사고가 필요하다. 비판적으로 생각하는 사람은 적절한 질문을 하고, 관련 정보를 수집하며, 효율적이고 창조적으로 정보를 통해 논리적으로 이유를 표현할 수 있다. 또한 정보를 바탕으로 신뢰할 만한 결론을 얻는다.

1) 비판적 사고의 개념

현대 사회는 복잡다기하다. 사회 문제는 대체로 단순하지 않고 여러 가지 문제와 원인이 얽혀 복잡하다. 무엇을 해야 할지, 무엇을 믿어야 하는지 명확하고 합리적으로 생각하는 능력이 요구된다. 이것이 바로 비판적 사고이다. 비판적 사고(critical thinking)는 사고를 분석하고 평가하는 과정이다. 즉, 무엇이 진실이고 무엇이 거짓인지를 분간하기 위해 추론을 사용하는 과정이다. 비판적 사고는 무엇을

할지, 무엇을 믿어야 하는지에 관해 명확하고 합리적으로 생각하는 능력이다. 따라서 비판적 사고는 진실을 밝혀내는 방법과 논증의 동기이며 자신과 다른 사람들에게 묻는 것을 포함한다.

• 비판적 사고: **사고를 분석하고 평가하는 과정**

비판적 사고는 논리와 논리적 오류를 포함한다. 논리적 오류는 사고를 조작하고 오도하는 데 사용되는 거짓 추론이다. 비판적 사고 능력을 가진 사람은 사색적이고 독립적인 사고를 할 수 있는 능력이 있다. 다음은 비판적 사고 능력을 가진 사람의 태도이다.

• 아이디어 간의 논리적 연결을 이해한다.
• 대상 간의 연결을 찾는다.
• 논증을 확인하고, 구성하고, 평가한다.
• 추론상의 모순과 공통적인 실수를 탐지한다.
• 문제를 체계적으로 해결한다.
• 아이디어의 관련성과 중요성을 인식한다.
• 증거에 근거하여 판단한다.
• 자신의 신념과 가치에 대한 정당성을 반영한다.

비판적 사고는 단순히 정보를 축적하는 문제가 아니다. 기억력이 좋고 많은 사실을 알고 있는 사람이라고 해서 비판적 사고에 반드시 능숙한 것이 아니다. 비판적인 사고자는 자신이 알고 있는 결과를 추론할 수 있으며 문제를 해결하기 위해 정보를 활용하고 관련된 정보 출처를 찾는 방법을 알기 때문에 논리적 오류가 적다.

다른 사람을 논박하거나 비판하는 것을 비판적 사고와 혼동해서는 안 된다. 오류와 나쁜 추론을 찾는 데 비판적 사고 기술을 사용할 수 있지만, 비판적 사고는 지식을 습득하고, 이론을 개선하며, 논증을 강화하는 데 도움이 되기 때문에 협력적인 추론과 건설적인 과업에서도 중요한 역할을 한다. 따라서 비판적 사고를 사용하여 업무 과정과 사회 제도를 개선할 수 있을 것이다.

2) 비판적 사고의 중요성

어떤 사람들은 비판적 사고가 논리와 합리성의 규칙을 따르기 때문에 창의성을 방해한다고 주장하지만, 결과를 추론하고 문제를 해결하기 위해서는 창의성이 필요하다. 비판적 사고는 독창적인 사고나 공감대 형성을 추구한다. 그렇기 때문에 창의적인 아이디어를 평가하고 개선하기 위해 비판적 사고가 필요하다. 또한 비판적 사고는 전체적으로 생각하는 기술이며, 지식경제에서 중요한 사고방식이고, 언어와 표현 기술을 향상하고, 자기반성에 중요한 사고이며, 또한 과학과 민주주의의 기초가 된다.

그림 1-2 비판적 사고의 중요성

전체적인 생각 기술　　　창의력 촉진

중요성

지식 경제　　　자기반성

언어능력과 표현기술 향상　　　과학과 민주주의 기초

(1) 전체적인 생각 기술

비판적 사고는 전체적으로 생각하는 기술이다. 분명하고 합리적으로 생각하는 능력은 어떠한 영역에서든 중요하다. 비판적 사고 기술은 특정한 영역에만 국한되지 않는다. 특히, 교육, 조사, 금융, 경영이나 법률 전문직에 종사한다면 비판적 사고는 매우 중요하다. 잘 생각하고 문제를 체계적으로 해결하는 능력은 큰 자산이다.

(2) 지식경제

비판적 사고는 새로운 지식경제에서 매우 중요하다. 글로벌 지식경제는 정보와 기술에 의해 주도된다. 이러한 경제에서 변화를 신속하고 효과적으로 처리할 수 있어야 한다. 새로운 경제는 융통성 있는 지적 능력과 정보를 분석하고 다양한 지식의 원천을 통합하여 문제를 해결하는 능력에 대한 요구가 높아지고 있다. 우수한 비판적 사고는 문제를 해결할 수 있는 사고력을 촉진시키고 급변하는 경영환경에 대처할 수 있다.

(3) 언어능력과 표현기술 향상

비판적 사고는 언어능력과 표현 기술을 향상시킨다. 비판적 사고는 문장의 논리적 구조를 분석하는 방법을 학습하기 때문에 이해력이 향상된다. 또한 논리적이고 명확하고 체계적으로 사고하면 아이디어를 표현하는 방식이 개선되고 표현기술이 향상된다.

(4) 창의력 촉진

창의력이 부족하면 학습이나 사회 변화에 적응하는데 한계가 있다. 비판적 사고는 창의력을 촉진한다. 창의력은 문제해결에 필요한 새로운 아이디어를 창안하는 능력이다. 새로 창안된 아이디어는 유용하고 관련 업무에 적절해야 한다. 이때, 비판적 사고는 새로운 아이디어를 평가하고, 최상의 아이디어를 선택하고, 필요하다면 아이디어를 수정하는 데 중요한 역할을 한다.

(5) 자기반성

자기반성은 자신에게 독특하게 내재해 있는 느낌, 행동이나 이유에 관하여 생각하는 활동을 의미한다. 자기반성은 자연스럽게, 거의 무의식적인 수준에서 또는 의도적으로 한다. 일반적으로 사람들은 행동이나 실천에 대해 생각할 때 자신이 보는 것은 현실을 실제로 반영한 것이 아니라 약간 비뚤어지게 보는 경향이 있다. 비판적사고는 자기반성에 중요하다. 의미 있는 삶을 살고 그에 따라 삶을구조화하기 위해서는 가치와 결정을 정당화하고 삶에 반영한다. 비판적 사고는 자기 평가의 과정을 위한 도구를 제공한다.

(6) 과학과 민주주의의 기초

우수한 비판적 사고는 과학과 민주주의의 기초가 된다. 과학은실험과 가설검증 과정에서 비판적 추론을 사용한다. 자유 민주주의는 적절한 통치에 관한 판단을 내리고, 편견과 왜곡을 극복하기 위해 사회 문제를 비판적으로 생각할 수 있는 시민을 필요로 한다.

3) 비판적 사고의 분석

비판적 사고는 자기주도적 사고이다. 자기주도적 사고는 엄격한기준과 주의 깊은 자기통제가 필요하다. 그것은 효과적인 의사소통,문제해결 능력, 자아중심주의와 사회중심주의를 극복하기 위한 노력을 수반한다. 우수한 비판적 사고가 되려면 생각의 기초, 즉 모든 사고가 이루어지는 가장 기본적인 구조를 이해해야 한다. 따라서 생각을 분해하는 방법을 학습해야 한다.

모든 사고는 다양한 요소로 구성된다. 사고의 구성 요소가 모든 사고에 존재한다. 비판적 사고의 구성 요소는 개인들의 지적 특성에 따라 평가 기준이 다르다. 개인들은 사고할 때마다 암시와 결과로 이어지는 가정에 근거한다. 어떤 현상에 대해 문제를 찾고 문제를 해결한다. 이때 자료, 사실과 경험을 해석하기 위해 개념, 아이디어나 이론을 사용한다. 목적이나 의제를 바꾸면 질문과 문제가 바뀐다. 질문과 문제를 변경하면 새로운 자료와 정보를 찾아야 한다.

새로운 자료와 정보를 수집하면, 추론을 하고 결론을 도출하여 새로운 관점을 구현한다. 이러한 과정에서 개인의 지적 특성은 비판적 사고의 질에 매우 큰 영향을 준다. 따라서 비판적 사고과정은 문제의 구성요소를 찾아 이를 평가하는 지적 특성이다.

(1) 비판적 사고의 평가 기준

비판적 사고는 논증과 주장을 효과적으로 식별하고, 분석하고, 평가하는 데 필요한 통합적인 인지적 기술과 지적 성향이다. 개인의 선입관과 편견을 발견하고 극복한다. 결론을 뒷받침하는 설득력 있는 이유를 공식화하고 제시한다. 무엇을 신뢰하고 실천해야 하는지에 대한 합리적이고 지적인 결정을 내리는 데 유용하다.

비판적 사고는 명확한 지적 기준이 적용된 훈련된 사고이다. 이러한 중요한 지적 기준은 명확성, 정밀성, 정확성, 관련성, 일관성, 논리성, 완결성과 공정성이다.[2] 합리적인 사람들은 지적인 기준으로 추론하고 판단한다. 이러한 기준을 내면화하고 명시적으로 사용하면, 사고는 더 귀중하고, 정확하고, 정밀하고, 관련성이 있으며, 깊고, 넓고, 공정하다.

---

2 Paul, R., & Elder, L.(2013), Critical thinking: Tools for Taking Charge of your Professional and Personal Life, Pearson Education.

그림 1-3 **비판적 사고의 평가 기준**

명확성
정밀성
정확성
관련성

평가
기준

일관성
논리성
완결성
공정성

❶ **명확성**

다른 사람의 논증이나 주장을 효과적으로 평가하려면 그 사람이 말하는 것을 분명히 이해할 필요가 있다. 사람들이 종종 자신을 분명하게 표현하지 못하기 때문에 이해가 어려울 수 있다. 때로는 이러한 명확성의 부족은 게으름, 부주의 또는 표현 기술의 부족 때문이다. 또는 영리하고, 유식하고, 심오한 것처럼 보이려는 그릇된 노력의 결과이기도 하다.

비판적 사고는 언어의 명확성을 위해 노력할 뿐만 아니라 사고의 명확성을 최대로 추구한다. 인생에서 개인적인 목표를 달성하기 위해서는 목표와 우선순위, 능력에 대한 현실적인 이해, 그리고 직면한 문제와 기회에 대한 명확한 이해가 필요하다. 이러한 자기 이해는 생각을 명확히 하고 가치 있게 추구해야만 성취될 수 있다.

❷ **정밀성**

탐정 소설은 비판적 사고의 가장 흥미로운 사례가 포함되어 있다. 가장 유명한 허구적인 탐정은 영국 작가 도일(Conan Doyle)의 불후의 창작인 셜록 홈즈(Sherlock Holmes)이다. 도일의 이야기에서 스코틀랜드 야드의 탐정 형사에게 실마리가 별로 없을 때 복잡한 수수께끼를 풀 수 있는 경우가 많았다. 그의 성공 비결은 무엇인가? 정밀성에 대한 놀라운 몰입이다. 신중하고 고도로 숙련된 관찰에 의해 홈즈는 다른 사람들이 간과해온 단서를 발견할 수 있었다. 그런 다음, 정확한 논리적 추론의 과정에 의해 단서들로부터 수수께끼에 대한 해결책을 발견할 수 있었다.

정밀성은 정보가 사실인 동시에 구체적이고 상세한 정도이다. 의학, 수학, 건축과 공학 같은 전문 분야에서 정밀성의 중요성은 대단히 크다. 비판적 사고는 일상생활에서의 정확한 사고의 중요성을 이해한다. 많은 일상의 문제와 쟁점을 둘러싸고 있는 혼란과 불확실성을 줄이기 위해 정밀한 질문에 대한 정확한 대답을 주장하는 것이 필요하다. 직면한 문제는 정확히 무엇인가? 정밀한 대안은 무엇인가? 대안의 장·단점은 무엇인가? 규칙적으로 정밀성을 추구할 때만 진정으로 비판적 사고력은 발휘된다.

❸ 정확성

정확성은 어떤 현상이나 대상의 사실을 나타낸 정도이다. "쓰레기가 들어가면 쓰레기가 나온다(Garbage in, garbage out)"라는 유명한 말이 있다. 이것은 잘못된 정보를 컴퓨터에 넣으면 잘못된 결과가 빠져 나온다는 것이다. 인간 사고에 대해서도 마찬가지이다. 의사결정자가 아무리 훌륭해도 의사결정이 잘못된 정보를 기반으로 하는 경우 당연히 나쁜 결정이 된다.

비판적인 사고는 정확하고 시기적절한 정보에 대한 열정이 있다. 소비자, 시민, 근로자와 부모로서 정보에 입각한 의사결정을 하려고 한다. "반성하지 않는 삶은 살 가치가 없다(Unexamined life is not worth living)"는 소크라테스의 말처럼 비판적으로 사고하는 사람들은 배우고, 성장하고, 탐구하는 것을 결코 멈추지 않는다.

❹ **관련성**

관련성은 어떤 현상이나 대상이 문제나 주제에 관련된 정도이다. 지루한 학교 모임에 앉아 있거나 진흙투성이 정치 토론을 본 사람이라면 누구나 토론에서 관련성 있는 아이디어와 정보가 중요하다는 것을 알 수 있다. 어떤 인기 있는 토론가는 관련 없는 문제를 제기하여 청중의 주의를 산만하게 만든다. 그들의 전략은 흥미로운 것으로 청중의 주의를 분산시키는 데 있다. 청중들이 조금만 비판적으로 생각한다면, 주의를 분산하려는 전략이 논리적으로 관련이 없다는 것을 바로 깨닫게 된다.

❺ **일관성**

일관성은 어떤 현상이나 대상에 대한 사고나 신념이 모순되지 않고 일치하는 정도이다. 일관성 없는 신념을 가진 사람이 있으면 논리는 신념 중 적어도 하나가 거짓이라는 것을 알려준다. 비판적 사고는 진리를 소중하게 생각하고, 자신의 사고나 타인들의 논증과 주장에서 불일치를 끊임없이 찾는다. 피해야 할 불일치는 두 가지가 있다. 하나는 불일치하는 것을 말하거나 믿는 논리적 불일치이다. 다른 하나는 말하는 것과 다르게 행동하는 실제적 불일치이다.

때때로 사람들은 말과 행동이 상충된다. 말과 행동이 일치하지 않는 전형적인 사례는 선거 공약을 공공연하게 지키지 않는 정치인들이다. 원칙적으로 이러한 정치인들은 비판적인 사고보다 성격이나 자질의 문제이다. 더 흥미로운 사실은 사람들이 자신의 말이 자신의 행동과 상충된다는 것을 완전히 인식하지 못하는 경우이다. 인간은 종종 자기기만을 하는데 탁월한 능력이 있다. 이러한 사례는 비판적 사고의 중요한 교훈을 강조한다.

사람들에게 삶에서 가장 중요한 것이 무엇인지를 물어보면 돈을 벌거나 가족에게 헌신하는 것이라고 주저 없이 대답할 것이다.

그러나 평범한 사람들이 실제로 인생에서 어떻게 살아가는지를 관찰해 보거나 시간과 정력을 실제로 어디에 소비하는지를 살펴보면, 자신이 말한 대로 실제로 살지 않는다는 사실을 알게 된다. 아침에 일찍 직장으로 출근하고 밤에 피곤하게 귀가한다면 자신이 가족에게 얼마나 헌신적인지를 알게 된다.

비판적 사고는 무의식적이고 실제적인 불일치를 인식하도록 도와줌으로써 합리적인 기준으로 대처할 수 있게 해준다. 물론, 사람들이 무의식적으로 특정 주제에 대해 일관성 없는 신념을 갖고 있는 것도 일반적이다. 이러한 무의식적인 논리적 불일치는 대부분의 사람들이 생각하는 것보다 훨씬 더 보편적이다. 따라서 비판적 사고는 논리적 불일치를 인식하거나 더 잘 회피하는 데 도움이 된다.

❻ 논리성

논리적으로 생각하는 것은 정확하고 타당하게 추론하는 것을 의미한다. 즉, 자신의 신념에 기초하여 사실에 입각한 결론을 도출하는 것이다. 비판적으로 생각하기 위해서는 정확하고 확고한 신념이 필요하다. 이러한 신념을 논리적으로 결론을 추론할 수 있어야 한다. 그러나 비논리적인 사고는 인간의 일에서 너무 흔하다.

❼ 완결성

대부분의 맥락에서 얕고 피상적인 사고보다 깊이 있고 완전한 사고를 더 선호한다. 그래서 엉성한 범죄 수사, 성급한 배심원 심리, 피상적인 뉴스, 개략적인 경영 방향, 간단한 의료 진단이나 의례적인 사과를 비난한다. 물론, 문제를 깊이 논의하는 것이 불가능하거나 부적절한 경우가 있다. 예를 들면, 짧은 신문 사설에서 인간 유전 연구의 윤리에 대한 철저하고 광범위한 논의는 누구도 기대할 수 없다. 그러나 얕은 것보다는 깊은 것, 피상적인 것보다는 철저한 것이 비판적 사고에 더 좋다.

❽ 공정성

비판적 사고는 생각이 공정하고, 개방적이고, 왜곡되지 않고, 선입관이 없다는 것을 필요로 한다. 이것을 달성하기는 어려울 수 있다. 사람들은 친숙하지 않은 아이디어에 저항하고, 문제를 미리 판단하고, 고정관념을 갖고, 자신, 집단이나 국가의 이익으로 진리를 인식하는 경향이 있다. 생각이 편견이나 선입관을 완전히 벗어날 수 있다고 가정하는 것은 아마도 비현실적이다. 어느 정도 개인적인 생활의 경험과 문화적 배경에 의해서 형성된 방식으로 현실을 지각하기 때문에 편견이나 선입관이 있다. 그러나 기본적인 공정한 마음은 비판적인 사고의 본질적인 속성이다.

(2) 비판적 사고의 구성 요소

비판적 사고는 사고의 기술이다. 즉, 강점과 약점을 파악하고, 필요한 경우 개선된 형식으로 사고를 다시 구성하는 것이다. 비판적 사고의 특징 중 하나는 사고하는 사람이 분석적이고 평가적인 사고에 능숙해야 한다는 것이다. 또 다른 특징은 창의적인 사고에 숙련되어 있어야 한다는 점이다. 따라서 비판적 사고의 핵심은 분석, 평가와 창조의 세 가지 차원이다. 비판적 사고는 구성 요소의 분석, 평가와 요소 간의 결합을 통해서 결론을 창조한다. 분석, 평가와 창조

그림 1-4 비판적 사고의 구성 요소

는 순환적 과정이다. 즉, 평가를 위해 분석하고 창조를 위해 평가한다. 이것이 분석적 사고에 내포된 창조적인 행동이다.

❶ 목적

목적을 성취하고, 욕구를 충족시키며, 필요를 성취하기 위해 추론한다. 추론할 때 문제의 원인은 목표, 목적 또는 결과의 관점에서 결함을 추적할 수 있다. 비현실적이거나 다른 목표와 모순되는 목표를 만들면 목표를 달성하는 데 사용하는 추론은 문제가 된다.

❷ 질문

추론할 때마다 적어도 한 가지 문제, 즉 해결해야 할 문제가 있다. 추론자의 관심 영역 중 하나는 해결해야 할 문제의 발견이나 구상이다. 질문은 모호성, 혼란 또는 명확성을 띨 수 있다. 그러나 질문이 명확하지 않거나 질문이 기본 목적이나 목표와 관련이 없다면 합리적인 대답이나 목적에 부합하는 대답을 찾을 수 없다.

❸ 관점

어떤 관점이나 기준 내에서 추론해야 한다. 관점이나 기준은 경험이나 지식에 의해서 만들어진다. 관점이나 기준의 어떤 결함은 추론할 때 문제의 잠재적 원인이다. 관점이 너무 좁거나 지엽적일 수 있고, 거짓이나 잘못된 비유에 근거하거나 충분히 정확하지 않거나 모순을 포함할 수 있다. 추론이 관점 안에 있는 것이면 결론은 대체로 타당하다. 관점은 저절로 구성되는 것이 아니라 인간의 두뇌에 의해서 구성된다.

❹ 정보

결론을 도출하기 위해 추론할 때 어떤 대상이나 현상에 대한 근거를 사용한다. 추론의 근거인 경험, 자료, 증거나 소재의 어떤 결함

은 문제의 잠재적 원인이다. 어떤 경험, 자료와 증거 등을 사용할 것
인지를 결정해야 한다. 이러한 결정은 정보수집 활동이다. 정보는 저
절로 얻을 수 있는 자료가 아니라 사고자의 행동에 의해 분석되고
평가된 자료이다.

❺ 개념

개념은 어떤 현상이나 대상을 나타내는 공통적인 속성이다. 모
든 추론은 아이디어나 개념을 사용한다. 아이디어나 개념은 두뇌에
의해서 창안된다. 추론하는 이론, 원칙, 공리나 규칙을 포함하여 개
념이나 아이디어의 결함은 잠재적 문제의 원인이다. 아이디어의 양
은 사고의 질과 직접적인 관련이 있다. 개념과 아이디어는 평가와
판단에 의해서 얻을 수 있다.

❻ 가정

가정은 증거 없이 당연하게 받아들이거나 사실이라고 믿는 것
이다. 생각하고 행동하는 모든 것은 가정에 근거한다. 모든 추론은
가정을 통해서 시작하고, 가정을 당연한 것으로 여긴다. 추론의 출발
점에 있는 결함, 당연시하고 있는 것에 대한 어떤 결함은 잠재적 문
제의 원인이다. 추론할 근거를 바탕으로 가정을 만들 수 있고, 이것
은 마음의 출발점을 구성한다. 다음은 가정의 특징이다.

- 가정은 추론의 출발점이다.
- 가정은 신념을 당연시한다.
- 가정은 편견이나 비합리적인 사고방식을 나타낼 수 있다.
- 정당한 가정은 합리적인 추론으로 이어진다.

❼ 추론

추론은 관찰과 배경 지식은 물론 다른 알려진 전제를 사용하여

결론을 도출하는 과정이다. 추론할 때 발생하는 어떤 결함은 잠재적 문제를 제시한다. 자료, 정보와 상황은 추론에서 결론을 도출하는 것이 아니라 개념과 가정을 사용하여 추론, 해석과 결론을 도출한다. 이처럼 추론은 마음속에 존재하는 의미를 지닌 구조이다. 다음은 추론의 특징이다.

- 추론은 의식적인 사고 수준에서 작동한다.
- 추론은 어떤 것이 사실이라는 결론에 이르는 사고의 단계이다.
- 추론은 정당화될 수 있거나 정당화될 수 없다.
- 추론은 진술되거나 설명된 가정에 기초한다.

그림 1-5 **추론의 과정**

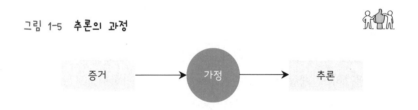

| 증거 | → | 가정 | → | 추론 |

표 1-1 **비판적 사고의 구성 요소에 근거한 사고 계획 질문**

목적	무엇을 달성하려고 하는가?
	주요 목적은 무엇인가?
질문	어떤 문제가 제기되는가?
	어떤 문제를 언급하는가?
	문제에 있는 복잡성을 고려하는가?
관점	어떤 관점으로 문제를 보는가?
	고려하고 있는 다른 관점이 있는가?
정보	결론에 도달하기 위해 어떤 정보를 사용하는가?
	주장을 지원하기 위해 어떤 경험을 갖고 있는가?
	문제를 해결하기 위해 어떤 정보가 필요한가?

개념	주요 아이디어는 무엇인가?
	아이디어를 설명할 수 있는가?
가정	무엇을 당연시하는가?
	어떤 가정으로 결론에 이르는가?
추론	어떻게 결론에 도달하는가?
	정보를 해석하는 다른 방법이 있는가?
함의	다른 사람이 입장을 수락한다면, 함의는 무엇인가?
결론	무엇을 암시하는가?

❽ 결론

추론은 어떤 증거를 토대로 결론을 얻는 과정으로 동적이다. 추론을 통해서 도출되는 시사점이나 아이디어가 결론이다. 결론은 추론에 따라서 얻는 실제적인 결과이다. 추론의 함의3는 추론의 결과가 내포하는 의미이다. 어떤 상황에서 행동이 취해지면 마음은 무엇이 일어나는지를 파악할 수 있어야 한다. 이러한 파악은 마음의 창조적인 행동이다. 이와 같이 추론의 함의는 창조적인 사고에 있는 문제를 포함한다.

(3) 지적 특성

지적 특성은 문제의 구성 요소를 찾아내고 이를 평가하는 인지적 특성이다. 지적 특성의 요인은 지적 겸손, 지적 용기, 지적 공감, 지적 자율성, 지적 진실성, 지적 인내, 추론의 신뢰와 공정성 등이 있다. 비판적 사고의 지적 특성에 따라 비판적 사고의 질이 좌우된다. 따라서 비판적 사고에 필요한 지적 특성을 개발하는 것이 필요하다.

❶ 지적 겸손

자기중심주의가 자기 기만적으로 작용할 가능성이 있기 때문에

---

3 말이나 글 속에 어떠한 뜻이 들어 있음, 어떤 개념이 다른 개념의 의미를 포함하는 것.

지식의 한계를 인식하는 것이 지적 겸손이다. 또한 편견, 고정관념과 관점의 한계를 인식하는 것도 지적 겸손이다. 지적 겸손은 실제로 알고 있는 것보다 더 많이 주장하지 않아야 한다는 것을 의미한다. 따라서 지적 겸손은 줏대 없는 복종, 지적 허세, 자랑이나 자만이 아니라 통찰력을 논리적 토대나 신념과 결합하는 것을 의미한다.

❷ 지적 용기

지적 용기는 타인들의 견해를 진지하게 경청하고, 긍정적인 감정을 갖고, 아이디어, 신념이나 견해를 공정하게 설명하는 것이다. 이러한 관점은 위험하거나 불합리하다고 생각되는 아이디어가 합리적이라는 인식과 자신 안에 있는 결론과 신념이 거짓이거나 오해와 관련이 있다. 따라서 배운 것을 수동적이고 무비판적으로 받아들여서는 안 된다. 위험하고 불합리하게 고려되는 어떤 아이디어에 강하게 형성된 왜곡이나 거짓을 아는 것은 지적 용기가 필요하다. 거짓된 신념이나 아이디어에 순응하는 것이 심각할 수 있기 때문에 자신의 사고에 대해 용기를 내야한다.

❸ 지적 공감

지적 공감은 타인들을 진정으로 이해하기 위해서 다른 사람의 입장에서 자신을 표현하는 것이다. 즉, 다른 사람의 입장에서 생각하는 것이다. 이를 위해서는 진리를 식별하려는 타인에 대한 지적 공감이 필요하다. 이러한 특성은 전제, 가정과 아이디어로부터 타인의 관점과 추론을 정확하게 재구성하는 능력과 관련이 있다.

❹ 지적 자율성

지적 자율성은 신념, 가치관과 추론을 자신의 이성에 따라 합리적으로 관리하는 것을 뜻한다. 비판적 사고의 이상은 스스로 생각하고 자신의 사고 과정을 지배하는 법을 배우는 것이다. 지적 자율성이 높은 사람은 추론과 증거를 토대로 신념에 대해 질문하고, 분석하고, 평가하는 것이 합리적일 때 사고의 결과에 순응한다.

❺ 지적 진실성

지적 진실성은 자신의 사고가 사실이어야 한다고 인식하는 것이다. 비판적 사고의 평가기준이 다른 사람들이 적용하는 기준과 일치하지 않고, 추론의 증거가 다른 사람들이 사용하는 기준과 동일하지 않을 때, 자신의 사고와 행동에 있는 모순과 불일치를 솔직하게 인정할 때 지적 진실성이 발전된다.

❻ 지적 인내

지적 인내는 곤경, 장애와 좌절에도 불구하고 지적 통찰력과 진리를 사용하려는 의식이다. 다른 사람들의 불합리한 반대에도 불구하고 합리적인 원칙을 확고히 지키고, 깊은 이해나 통찰력을 얻기 위해 오랜 시간 혼란과 미해결된 질문에 매달려야 한다.

❼ 추론의 신뢰

추론의 신뢰는 자유로운 추론과 합리적인 능력의 개발로 사람들이 자신의 결론을 지지하도록 촉진함으로써, 자신의 관점이 가장 좋은 것이라고 신뢰하는 것이다. 스스로 생각하는 것, 합리적 견해를 형성하는 것, 합리적 결론을 도출하는 것, 일관적이고 논리적으로 생각하는 것, 추론으로 다른 사람을 설득하는 것과 합리적으로 추론하는 사람이라고 인식될 때 추론은 신뢰할 수 있다.

❽ 공정성

공정성은 자신, 집단이나 국가의 관점이나 기득권에 따라 다르게 언급하지 않고 모든 견해를 동일하게 다루는 것을 뜻한다. 또한 자신이나 집단의 이해관계를 떠나 지적 기준을 고수할 때 사고는 공정하다. 이러한 공정한 사고로 고정관념이나 왜곡이 개입되지 않는 진실을 판단할 수 있다.

4) 비판적 사고의 장벽

비판적 사고가 중요한데도 무비판적 사고가 흔한 이유는 무엇인가? 고등 교육을 받은 사람들을 포함하여 많은 사람들이 비판적 사고가 어렵다고 하는 이유는 무엇인가? 예상하는 것처럼 이유는 상당히 복합적이다. 비판적 사고는 진실을 가려내는 능력이지만, 모든 사람들이 참과 거짓을 모두 구별할 수 있는 것은 아니다. 이것은 비판적 사고의 장벽에 가려져 있기 때문이다.

그림 1-6 비판적 사고의 장벽

(1) 고정관념

고정관념(stereotype)이라는 단어는 똑같은 사본을 여러 장 만드는데 사용되는 인쇄기 시대에서 나왔다. 이와 마찬가지로 고정관념을 사용했을 때, 개별적인 사람들이 한 판에서 모두 도장을 찍었기 때문에 모든 정치인, 교수, 사업가나 근로자 등이 모두 동일하다고 가정한다. 개인적 특성에 근거하지 않고 특정 집단의 회원 자격을 기반으로 판단하기 때문에, 집단의 모든 구성원의 의견이 비슷하다고 가정한다. 사람은 동일하지 않기 때문에 인종이나 다른 유사점이 공유되더라도 고정관념을 가지고 판단한다면 정확하지 않게 판단하거나 오해의 소지가 있다.

(2) 성급한 일반화

일반화는 작은 표본에서 전체 모집단에 대한 결론을 이끌어낼 때 발생한다. 예를 들면, 특정한 정치인이 막말을 한다고 모든 정치인이 막말을 한다고 결론을 내리는 경우이다. 또는 몇 명의 친구들에게서 들은 것이나 뉴스를 읽고 개별 속성을 전체 속성으로 인식하는 것이다. 종종 미디어 광고, 뉴스, 영화 등은 사람들의 집단을 묘사하는 방식으로 고정관념을 조장한다. 가장 경계해야 할 가정은 중요한 태도, 행동이나 결정을 기반으로 일상적인 행동 전체로 일반화시키는 것이다. 따라서 고정관념에 쉽게 빠질 수 있는 경향을 의식한다면, 그것을 끝내기 위한 조치를 취할 수 있다.

(3) 희망적인 사고

희망적 사고는 희망이 현실이 되기를 바라는 믿음이다. 무엇이 사실이기를 바라는 희망이 주장의 진실성에 대한 증거로써 사용된다. 인지적 편견인 희망적 사고는 바라는 결과에 근거하여 증거를 평가한다. 예를 들면, X가 사실이었으면 한다. 그러므로 X는 사실이다. 또 다른 예를 들면, 사이비 종교의 번창이다. 알려지지 않은 것을 두려워하고 우주에 대한 적대감을 줄이고 예측 가능성을 높이기 위해 사이비 종교가 발생한다. 사이비 신도들은 죽음을 두려워하고, 영생, 예언, 계시, 돌팔이 치료와 죽은 자와의 대화에 관한 이야기에 신중하게 귀를 기울인다. 그들은 교주의 특별한 초인적 힘, 환상적인 예언이나 도술을 무비판적으로 받아들이고 환상한다.

(4) 부당한 가정

부당한 가정은 어떤 증거 없이 당연하게 받아들이거나 사실이라고 믿는 것이다. 생각하고 행동하는 모든 것은 가정에 근거한다. 예를 들면, 비가 올 것이라는 일기예보를 듣는 사람들은 기상청이 거짓말을 하지 않고, 날씨를 과학적으로 분석한다고 가정한다. 이것이 사실이라는 증거는 없을 수도 있지만 철저한 증거를 제공한다고 믿고 우산을 준비한다. "가정하지 마십시오"라는 말을 듣지만, 가정하지 않고 하루를 보내는 것은 거의 불가능하다.

부당한 가정은 정당한 이유 없이 당연한 것으로 여기는 것이다. 이러한 가정은 종종 분명하게 보는 것을 방해한다. 실제로 일상 행동의 많은 부분은 경험한 패턴으로부터 끌어낸 가정에 기초한다. 예를 들면, 수업이 평상시와 같은 장소에서 열리고 있다고 가정하기 때문에 학생들은 예정된 시간과 장소에 참석한다. 수업이 열리는지 물어 보려고 매일 교수에게 전화하지 않는다. 수업이 있다고 가정하고, 그러한 가정은 정당하다고 생각한다.

방향 지시등이 켜져 있는 방향으로 운전자가 오는 것을 보았을 때, 운전자가 방향을 바꿀 의도가 있다고 믿을 만한 충분한 이유가 있다. 부정확할 수도 있으며 확실할 때까지 조치를 보류하는 것이 더 안전할 수도 있지만 가정이 불합리하지 않으므로 운전자가 방향 지시등이 켜져 있는 방향으로 갈 것이라고 가정한다.

(5) 자기중심주의

그리스의 철학자 프로타고라스가 "인간은 만물의 척도이다"라고 하였듯이 자기중심주의(egocentrism)는 자신을 중심으로 현실을 보는 경향이다. 자기중심주의자는 자신의 이익, 아이디어나 가치를 다른 사람보다 우수하다고 생각하는 이기적이고 스스로 몰입된 사람이다. 사람들은 모두 자기중심적 편견에 어느 정도 영향을 받는다. 자기중심주의의 형태는 이기적 사고와 편향이다.

이기적 사고는 자기 이익에 부합되는 신념을 받아들이고 보호하려는 경향이다. 어느 누구도 이기적 사고에 둔감하지 않다. 예를 들면, 대부분의 의사들은 과실로 고소당하는 것이 어려운 법안을 지지한다. 심리적 관점에서 볼 때, 이기심은 각자의 태도와 신념을 형성하는 데 어느 정도 역할을 한다. 자기중심적 사고는 비판적 사고의 주요 장애물이다. 자신에게 도움이 되는 것은 좋은 것이라고 추론하지만 비판적 사고의 견지에서 그러한 추론은 수치이다. 이러한 자기중심적 사고에는 자신이 원하는 것과 자신이 필요로 하는 것이라는 가정이 숨어있다. 비판적 사고는 그러한 특별한 소망을 배격하고, 증거와 논증을 객관적이고 공정하게 평가할 것을 요구한다. 궁극적으로 진실을 존중하도록 요구한다.

이기적 편견은 실제보다 더 좋게 자신을 보이기 위해 자기 자신을 과대평가하는 경향이다. 실제보다 더 재능이 있거나 지식이 있다고 주장하는 허풍쟁이나 똑똑한 체하는 사람이 주변에 꽤 많이 있다. 이러한 사람들이 자기기만으로부터 크게 벗어나지 못하고 있다면 이기적 편견으로 고통을 받고 있을 것이다. 하지만 어느 정도 이기적 편견은 모두에게 있는 공통적인 특성이다.

사람들이 자신을 과대평가하는 이유를 이해하는 것은 쉽다. 사람들은 모두 자신에 관해 좋게 느낀다. 누구도 어떤 중요한 관점에서 평균 이하의 사람으로 자신을 생각하지 않는다. 그러나 자신의 개인적인 장점과 단점을 정직하게 관찰하는 것이 중요하다. 개인적인 목표를 높게 설정하기를 원하더라도 비현실적인 목표를 설정해서는 안 된다. 성취에 기반을 둔 진정한 자신감은 성공의 중요한 요소이다. 그러나 과신은 진정한 개인적 및 지적 성장에 장애가 된다.

(6) 사회중심주의

사회중심주의(sociocentrism)는 집단 중심의 사고이다. 자기중심주의가 자아에 지나치게 집중함으로써 합리적 사고를 방해할 수 있듯이 사회중심주의는 과도하게 집단에 집중함으로써 합리적 사고를 방해할 수 있다. 사회중심주의는 비판적인 생각을 왜곡시킬 수 있다. 가장 중요한 두 가지는 집단편향과 집단순응이다.

집단편향(group bias)은 동료집단, 부문이나 국가 등 자신의 집단을 다른 집단보다 더 좋다고 보는 경향이다. 이러한 생각은 인간 역사와 문화에서 공통적이다. 자신에 대한 과장된 견해를 갖는 경향이 있는 것처럼 당연히 가족, 지역 사회 또는 나라에 대해 과장된 견해를 갖는다. 반대로 외부인으로 간주하는 사람들을 의심하거나 냉대한다. 대부분의 사람들은 초기 아동기부터 무의식적으로 집단편향을 받아들인다. 예를 들면, 사람들은 자신이 속한 사회의 신념, 제도나 가치가 다른 사회의 신념, 제도나 가치보다 우수하다고 생각하면서 성장하는 것이 일반적이다.

집단순응은 집단 구성원들이 집단을 추종하는 경향이다. 즉, 권위, 행동과 신념의 집단 기준에 순응하는 경향이다. 집단에 귀속되거나 집단 활동에 관여하려는 희망은 강력한 인간의 사회적 동기이다. 이 같은 희망은 비판적 사고와 의사결정의 힘을 심각하게 손상시킬 수 있다. 또한 집단사고에 빠지게 되면 조직 구성원들은 새로운 정보나 변화에 민감하게 반응하지 못해 상황적응 능력이 떨어지게 된다.

(7) 상대주의

상대주의(relativism)는 절대적으로 올바른 진리란 있을 수 없고 중요한 것은 그것을 정하는 기준이라는 주장이다. 따라서 상대주의에서 신념과 기준에 대해서 보편적이거나 영원한 가치성은 존재하지 않는다. 상대주의의 다른 일반적인 형태는 문화적 상대주의이다. 문화적 상대주의(cultural relativism)는 진리가 사회적 또는 문화적 의견의 문제라는 견해이다. 즉, 문화적 상대주의는 A에게 진리인 것은 A의 문화나 사회에서 진리인 것이라는 견해이다. 예를 들면, 음주는 중동 국가에서는 널리 잘못된 것으로 간주되지만 한국에서는 잘못된 것으로 간주되지 않는다. 따라서 주관주의와 마찬가지로 문화적 상대주의는 객관적이거나 절대적인 진리의 기준이 없다. 한 사회나 문화에 있는 대부분의 사람들이 진리라고 믿는 것이 무엇이든 간에 진리이다. 그러므로 모든 진리가 상대적인 것은 아니지만 진리는 어떤 중요한 영역에서 상대적이다.

Logic Lens

☑ 비판적 사고의 공통적인 실수

- 생각을 멈출 때를 알지 못한다.
- 새로운 아이디어를 멈출 때를 알지 못한다.
- 변화하고 있다는 것을 알지 못한다.
- 필요한 것보다 더 상세하게 조사하고 생각한다.
- 신속하게 행동할 기회를 놓친다.
- 충분한 정보 없이 너무 빠르게 행동한다.
- 느낌 없이 행동한다.

4. 사고의 결합

　창의적이고 비판적인 사고는 무엇을 의미하는가? 창의성은 새롭고, 다르고, 독특한 아이디어를 창출하는 능력으로 문제를 해결하고, 새로운 제품을 생산하고, 새로운 질문을 제기하는 능력이다. 창의적인 아이디어는 어떤 기준에 의해서 새롭고 가치가 있어야 한다.

　비판적 사고는 무엇을 믿고 무엇을 해야 하는지에 대한 결정이 내려지는 증거, 방법 및 개념 구조에 대해 추론을 제시한다. 따라서 비판적 사고의 핵심적 특징은 연역추론과 귀납추론, 문제해결과 반사적인 회의이다. 우수한 비판적 사고는 대안적 관점을 분석하고, 평가할 수 있고, 가정과 추론을 설명할 수 있고, 논증을 확인할 수 있다. 또한 비판적 사고는 창의적 사고를 따를 뿐만 아니라 지원한다. 따라서 비판적 사고를 통해 문제를 해결하고 새로운 대안을 위한 의사결정을 지원할 수 있다.

　창의나 통합은 창의적 사고와 유사하나 평가는 비판적 사고와 비슷하다. 창의적 사고와 비판적 사고 능력은 모두 가치 있고 우수하지만, 문제해결 과정에서 둘 중 하나를 생략하면 효율성이 떨어진다. 예를 들면, 논리적이고 분석적인 방법으로 주제에 집중하고, 상충되는 주장을 정리하고, 증거를 평가하고, 가능한 해결책을 생각할 수 있다. 공상을 하거나 정신이 산만해지고 아직도 문제가 명확히 해결되지 않는 듯하다. 해답을 발견하는 것이 어렵지 않더라도 어떤 것도 달성되지는 않는다. 이러한 경우에 창의적 사고를 동원하여 새로운 아이디어를 창안할 수 있다. 창의적 사고에 의해서 문제를 확인하거나 새로운 아이디어가 생성되면, 비판적 사고로 추론하여 결론을 도출한다. 따라서 창의적 사고와 비판적 사고가 결합될 때 효율적으로 문제를 해결할 수 있다.

그림 1-7 **창의적 사고와 비판적 사고의 결합**

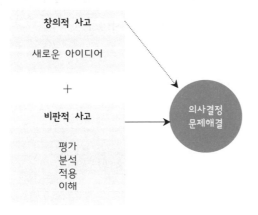

5. 본서의 구성

비판적 사고력을 향상하기 위한 목적으로 집필한 본서는 논리학에 관한 전반적인 내용을 포함하고 있다. 논리적인 사고는 논증의 구조를 파악하고, 논증의 유형을 이해하는 것을 토대로 논리적인 논증문을 구성하는 것이다. 이를 위해 논증의 구조와 유형을 파악할 수 있도록 명제 논리, 술어 논리, 생략된 진술문과 논증의 오류를 예제와 함께 설명한다. 특히 논증의 타당성 증명은 저자가 독창적으로 개발한 논증의 타당성 평가 기준으로 순방향의 원리와 역방향의 원리에 의해 증명하는 새로운 방법을 제시한다.

　　논증문에 있는 형식적 오류와 비형식적 오류를 기술하였다. 논
증의 평가는 논증문을 비판하고 구성하는 데 중요한 부문이다. 따라
서 독창적이고 간결하게 핵심적인 평가 방법을 제시하였다. 논증문을
구성하는 절차를 설명함으로써 타당한 논증문을 구성할 수 있는 능
력을 향상할 수 있다. 마지막으로 학습의 이해도를 점검하고 심화할
수 있도록 각장 말미에 연습문제를 실었다.

그림 1-8 **본서의 구성**

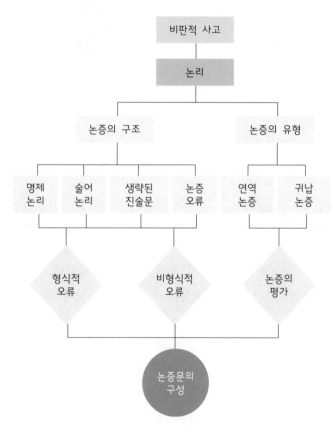

Logic Lens

소크라테스
Socrates
기원 전 470~399

고대 그리스의 철학자인 소크라테스는 아테네에 살면서 많은 제자들을 교육시켰는데, 플라톤도 그 중의 하나이다. 그러나 신성모독과 청년들을 현혹한다는 죄목으로 사형을 당했다. 새로운 신흥계급의 출현으로 반민주주의적인 귀족계급이 수세에 몰리고 있었다. 종래의 그리스의 유물론적인 자연철학에 대립하여 그는 "너 자신을 알라"라는 말을 기초로 하여 '영혼'에 대해 깊게 생각하면서 삶의 온당한 방법을 아는 것을 지식의 목적이라 하고 도덕적 행위를 고양시키는 것을 지향하였다.

단순한 지식이 아니라 실천지(實踐知)를 중시하였다. '영혼'을 주제로 한 학설은 정신주의적이고 관념론적인 것이고 플라톤에게 계승되었다. 소크라테스는 저작이 없으나 그의 사상은 플라톤이나 아리스토텔레스의 저작에 나타난다.

소크라테스는 왜소한 체격과 투박한 외모를 가졌으나 체력이 좋고 참을성이 많았다. 느긋한 성격이었으며 사색에 잠기는 일이 많고, 부에 연연하지 않는 삶을 살았다. 그는 자신보다 훨씬 나이가 어린 크산티페와 결혼하여 세 명의 자녀를 두었다. 크세노폰은 「회고록」에서 어머니의 엄격함에 대해 불평하는 아들과 아들을 타이르는 소크라테스에 대해 다루었다. 이를 근거로 후대 저작들에서 크산티페는 잔소리 많은 악처로 묘사되었다. 플라톤은 대화편 「파이돈」에서 소크라테스가 독약을 마시고 죽음을 의연하게 맞이하는 장면을 상세하게 묘사했다.

Chapter 01 비판적 사고

연습문제

다음은 사고, 창의성과 비판적 사고에 관한 문제이다. 각각의 개념을 정리하고, 사고력을 향상하기 위한 사례를 찾아본다.

01 사고와 창의성의 개념을 기술한다.

02 사고의 유형에는 5개가 있다. 각 사고의 유형에 대해 의미를 기술한다.

03 매슬로우(Maslow)가 제안한 창의성의 구성 요소 4개를 기술한다.

04 창의적 사고의 유형을 열거하고 기술한다.

05 비판적 사고 능력을 가진 사람은 어떤 태도를 갖는가?

06 비판적 사고의 평가 기준에 대해 기술한다.

07 비판적 사고에는 논리적 사고가 필요하지만 많은 장벽이 있다. 그 중 비
판적 사고에 대한 가장 일반적인 장벽을 열거한다.

08 비판적 사고와 창조적 사고의 결합이 주는 이점은 무엇인가?

09 비판적 사고의 공통적인 실수는 무엇인가?

10 희망적인 사고는 무엇인가?

CHAPTER 02

Logic and Fallacies

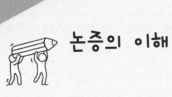 논증의 이해

1. 논리학의 이해

논리학은 논증과 추론을 평가하는 과학이다. 즉, 논리학은 생각
이나 추론을 의미하며 논증의 유형에 관한 체계적인 학문이다. 또한
비판적 사고는 거짓으로부터 참을 구별하기 위해 논리를 사용하는
평가 과정이다. 따라서 다양한 주장, 아이디어나 논증을 더 잘 평가
하려면 기본적인 논리와 비판적 사고의 과정을 이해해야 한다.

1) 논리학의 개념

논리학(logic)은 논증을 평가하고 추론하는 방법에 관한 학문이
다. 즉, 추론의 정확성과 논증의 평가에 관한 학문이다. 특히 논리학
은 설득적인 논증과 비설득적인 논증을 구별하는 기준과 이러한 기
준을 적용하는 방법에 관한 학문이다. 따라서 논리학은 특정한 주장
을 하는 문장들 간의 논리적 관계를 구별하는 원칙에 관한 학문이
다. 논리학은 모든 추론된 논증의 토대로 모든 지적 활동과 분석에
사용되고 논증의 형태로 표현된다. 이와 같이 논증은 증거, 가정과
추론의 토대로 평가된다.

• 논리학: 논증을 평가하고 추론하는 방법에 관한 학문

논증의 목적은 자신이나 다른 사람에게 이해나 확신을 주는 것
이다. 이외에도 인간 심리의 맹점이나 수사학적 방법의 사용으로 사
람을 설득할 수 있어야 한다. 논증이 지지를 얻기 위해 명제가 참을

유지하는 방식으로 전제가 결론과 관련되어야 한다. 또한 논증의 분류와 판단뿐만 아니라 생각과 의견을 형성하기 위해 추론하는 행동이 필요하다. 논증의 근거는 명제나 진술이다. 명제는 참이거나 거짓이다. 논증은 전제에서 시작된다. 전제는 논증을 구성하기 위해 사용된 명제이다. 추론은 전제로부터 온다.

2) 진리

진리(truth)는 모두가 인정할 수 있는 보편적인 법칙이나 사실이다. 즉, 명제가 사실에 정확하게 들어맞거나 논리의 법칙에 모순되지 아니하는 바른 판단을 의미한다. 따라서 진리는 사실이나 실제와 일치하는 것을 뜻한다.

진리에는 객관적 진리와 주관적 진리가 있다. 객관적 진리는 사용된 단어의 정의에 근거하여 관찰자와 관계없이 사실이다. 많은 객관적 진리는 측정될 수 있지만 전부가 측정될 수 있는 것은 아니다. 예를 들면, 개는 네 발 달린 짐승이다. 주관적 진리는 개인에 따라서 다르고 개인의 신념과 생활 경험에 달려있다. 다른 사람에게는 사실이 아닐지라도, 판단을 내리는 사람에게는 사실이다. 예를 들면, "여기 추워요"의 경우 다른 사람들은 더워서 땀을 흘릴 수도 있다. 주관적 진리를 갖고 있는 사람에게만 영향을 주기 때문에 주관적 진리는 언제나 논증할 가치가 없다.

• 진리: 모두가 인정할 수 있는 보편적인 법칙이나 사실

3) 생각의 법칙

아리스토텔레스는 추론의 패턴과 과정을 탐구한 최초의 학자로

서 논리학을 발견하였다. 논리학은 자연 언어를 사용하는 증거와 입증의 토대를 제공한다. 그는 추론된 증거의 형식적인 연구를 실제 인간 언어에 적용하는 방법으로 확대하였다. 철학, 과학과 기술은 지금까지 그가 개척한 길을 따라왔다. 아리스토텔레스는 논리학에 관한 광범위한 저작을 저술하였고, 논리학은 지식을 향상하기 위한 도구를 의미하는 오르가논(The Organon)[1]으로 알려졌다.

아리스토텔레스가 제시한 생각의 법칙은 논리적으로 정확한 사고를 성립시키는 근본 원리이다. 이것은 다시 증명할 여지가 없는 자명한 공리이다. 모든 논리적 사고는 이 법칙을 근거로 해서 이루어질 수 있다. 그는 생각이 일어날 수 있는 근본 원리를 설명하였고, 이 기초에서 생각에 대한 세 가지 법칙을 제시했다. 즉, 동일률의 법칙, 모순의 법칙과 배중률의 법칙이다. 따라서 어떤 판단을 내릴 때 긍정, 부정하거나 여러 대안 중에서 택일한다.

(1) 동일률의 법칙(principle of identity)

A는 A이다. 모든 것은 자체와 동일하다. 어떤 사물은 그 사물 이외의 다른 것이 될 수 없다. 산은 산이고 물은 물이고 하늘은 하늘이다. 산을 물이라 생각하거나 물을 하늘이라고 생각하면, 이것은 맞지 않다. 즉, 어떤 것도 자기 자신과는 같다. 동일률은 긍정판단의 기초가 된다.

(2) 모순의 법칙(principle of contradiction)

A는 A가 아니다. 어떠한 것도 동시에 존재할 수 없고 존재하지 않는다. 어떤 명제도 동시에 참과 거짓이 아니다. 어떤 명제도 동시

---

1 아리스토텔레스의 후계자들이 B.C. 1세기경에 그의 논리학상의 저작들을 「오르가논」이라는 이름으로 발표하면서 책 이름으로 쓰였다.

에 참이면서 거짓일 수는 없다. 따라서 모순이 있는 것을 주장해서
는 안 된다. 모순은 부정판단의 기초가 된다.

(3) 배중률의 법칙(principle of excluded middle)

A이거나 A가 아니다. 어떤 것은 존재하거나 존재하지 않는다.
존재하는 것과 존재하지 않는 것 사이에는 중간은 없다. 어떤 명제
도 참이나 거짓일 뿐 중간은 존재하지 않는다. 모든 진술은 참이거
나 거짓이다. 배중률은 선언판단의 기초가 된다.

(4) 충족이유율(principle of sufficient reason)

독일의 철학자인 Leibniz(1646~1716)가 제창한 것으로 어떠한
것도 충분한 이유 없이는 존재할 수 없다는 원리이다. 즉, 모든 존재
는 나름대로 존재하기 위한 충분한 이유가 있다는 의미이다. 영국의
철학자인 William Hamilton(1788~1856)은 근거나 이유 없는 것은 추
론하지 말라고 한다.

Logic Lens

아리스토텔레스
Aristoteles
기원 전 384~322

그리스 철학자인 아리스토텔레스는 소크라테스, 플라
톤으로 이어지는 그리스의 3대 철학자이다. 고대 그
리스의 지식을 형이상학, 자연과학, 사회학에서 실학
에 이르기까지 하나의 체계로 집대성한 철학자이다.
특히 논리학을 창시하였다. 논리학은 생각하는 행
위, 즉 사유 자체를 대상으로 한다. 또한 아리스토텔
레스는 「수사학」에서 감정에 대한 생각을 정리했다.

수사학은 사람들을 설득하는 방법을 말하는데, 에토스(ethos, 도덕), 파토스

(pathos, 감정), 로고스(logos, 이성) 등 세 가지가 있다. 아리스토텔레스의 저서에
는 「논리학」, 「자연학」, 「형이상학」, 「니코마코스 윤리학」, 「정치학」 등이 있다.

4) 논리학의 학습 목적

논리학을 왜 배우는가? 논리 분석과 평가 기술은 비판적 사고의
핵심이다. 논리 능력을 향상하면 전체적인 비판 능력이 증가된다. 심
리적 오류 가능성과 조작적인 수사에 대해 자신을 잘 보호할 수 있
다. 논리는 믿어야 하는 것을 결정하지는 않지만, 강력한 비판적 사
고가 되는 데 필수적인 도구이다. 글을 쓰든, 토론을 하든, 신문을
읽든, 상품을 구매하든 항상 비판적 사고를 하는 것이 좋다. 논증은
새로운 것을 발견하고 배운다. 또한 추상적인 구조와 제도에 있는
심미적이고 지적인 즐거움이 있다.

좋은 논증을 학습하는 중요한 요소가 있다. 첫째, 좋은 논증은
올바른 의사결정을 하는 데 도움이 된다. 합리적인 기준을 사용하는
사람들은 목표를 달성할 때 성공의 기회가 많다. 좋은 논증은 어려
운 도덕적 결정을 하는 데 중요한 역할을 한다. 또한 좋은 논증은 긍
정적인 행동을 선택하고 해로운 결과가 있는 행동을 피하는 데 도움
이 된다. 결점이 있는 추론으로 인한 거짓 믿음은 결국 다른 사람들
에게 피해를 야기한다. 따라서 행동의 결과에 책임이 있기 때문에
좋은 논증의 결론에 근거하여 신념과 결정을 내리는 것이 중요하다.

둘째, 좋은 논증은 사실이라고 믿거나 방어할 수 있는 이유를
갖는 데 관심을 촉진한다. 스스로 좋은 논증을 요구한다면, 그 요구
는 새롭고 더 나은 아이디어로 이끌고, 현재의 많은 신념을 강화시
키거나 그러한 신념의 약점을 드러내야 한다. 따라서 좋은 논증은
현실에서 존재하는 많은 오류의 근원을 밝혀낸다.

셋째, 좋은 논증의 사용은 사회적, 사업적, 개인적 맥락에서 생각과 토론의 수준을 향상한다. 이러한 논증은 협박 또는 정서적 뇌물 수수와 같은 방법보다 다른 사람들에게 관점을 확신시킬 때 매우 효과적이다. 적어도 좋은 논증은 지속적인 효과가 있다.

마지막으로 논증의 질에 집중하는 것은 개인적 말다툼이나 갈등을 해결하는 효과적인 방법이다. 다른 사람의 논증의 장점에 주의함으로서 상황을 방어할 수 있는 힘이나 약화시킬 수 있는 힘을 발견할 수 있다. 좋은 논증이나 오류가 없는 논증이 중요하다면 나쁘거나 오류가 있는 논증을 공부해야 한다. 추론의 오류를 구별하는 능력은 좋은 추론에 필요조건이다. 좋은 논증과 나쁜 논증의 차이를 알지 못한다면 좋은 논증을 구성할 수 없다.

2. 논증의 본질

논증은 비판적 사고의 핵심이다. 비판적 사고의 중요 부분은 논증을 식별하고, 구성하고, 평가하는 것이다. 일상생활에서 사람들은 논증이 사람들 사이의 다툼을 의미하기도 한다. 그러나 논증은 다른 사람을 공격하거나 비판하는 것이 아니라 결론을 받아들이기 위한 이유로써 전제를 제공하는 것이다.

1) 논증의 개념

논증(argument)은 결론이 참이라는 것을 믿을 이유를 제공하는 전제가 하나 이상의 문장으로 구성된다. 진술문(statement)은 참 또는 거짓을 선언하는 문장이다. 문장(sentence)은 문법적으로 정확한 문자열이며 진술문 외에 문장의 종류가 다양하다. 의문문, 명령문과 감탄문은 모두 문법적으로 정확한 문장이다. 문장과 진술문은 상호 교환적으로 사용된다. 다음은 논증의 구조적 특징이다.

- 전제와 결론으로 구성된다.
- 전제와 결론은 하나 이상이다.
- 결론은 전제에 의해 뒷받침된다.

논증은 다른 사람을 설득하거나 주장을 정당화하기 위해 근거를 제시하여 주장이 타당하다는 것을 논리적으로 증명하는 방식이다. 논증의 중심은 근거와 주장이다. 근거는 주장을 뒷받침하는 이유이며 주장은 의견 제시이다. 따라서 주장과 근거를 논리적이고 타당하게 연결하여야 한다. 논증은 전제와 결론으로 구성되어 전제가 결론을 증명하는 증거로 사용된다. 다음은 논증의 내용적 특징이다.

- 명확하고 근거가 있는 의견
- 논점에 대한 설득력 있는 주장
- 근거와 주장을 논리적으로 연결한 진술

논증은 어떤 주제에 관하여 토론이나 불일치가 있고, 사람들이 이러한 불일치를 합리적으로 해결하려고 노력하는 과정이다. 논증은 자신의 신념이 옳다는 것을 다른 사람들에게 설득시키기 위한 이유와 증거를 제공한다. 다음은 간단한 논증의 예이다.

사례 2-1 **논증의 예**

> 대마초의 지속적인 사용은 사람들의 기억을 약화시키고, 정신력에 부정적인 영향을 준다. 따라서 대마초를 법적으로 허용해서는 안 된다.

이 논증은 대마초를 합법화해서는 안 된다는 주장(claim)이다. 주장에 대한 이유가 제시되고, 이것은 논증의 전제(premise)이다. 이러한 주장에 동의하거나 동의하지 않을 수 있다. 이 논증은 대마초가 기억을 약화시키고 정신력에 부정적인 영향을 준다는 두 가지 전제와 대마초의 지속적인 사용은 법적으로 허용해서는 안 된다는 주장인 결론(conclusion)이 있다

그림 2-1 **논증의 구조**

전제 1 ——— 대마초의 지속적인 사용은 사람들의 기억을 약화시킨다.

전제 2 ——— 대마초의 지속적인 사용은 정신력에 부정적인 영향을 준다.

결론 ——— 따라서 대마초를 법적으로 허용해서는 안 된다.

2) 논증의 중요성

왜 논증에 대해서 난리를 치는가? 왜 논증이 많은 시험에서 중요한 과목으로 다루어지는가? 왜냐하면, 묘사, 농담, 이야기, 질문이나 설명과 달리 논증은 주장을 정당화하기 때문이다. 논증을 제시할 때 이유를 제시하여 주장을 정당화한다. 다른 사람의 논증을 평가할 때 그들이 주장하는 내용과 주장하는 이유를 분석적으로 생각한다. 논증을 구성하고 평가하는 것은 비판적 사고의 필수 불가결한 요소이다. 논증은 자신의 신념과 의견을 다른 사람들에게 합리적으로 설득하고 정당화하기 위해서 사용하는 중요한 도구일 수밖에 없다.

논증은 주장의 정당화와 합리적 설득의 과정이다. 이것은 사회적, 개인적, 실제적으로나 지적으로 중요하다. 의심스런 주장이 제시되는 실제적인 맥락에서 논증이 없다면 상대방을 설득하기 어렵다. 때때로 어떤 주장은 논증에 의한 근거가 없다. 예를 들면, 정치 분석가가 어떤 증거를 제공하지 않고 다음 대선에서 야당이 승리할 것이라고 주장한다면 이것은 적절하지 않다.

논증을 분석한다면 사람들이 자신의 주장에 왜 동의하는지, 동의하지 않는지를 이해할 수 있다. 이것은 자신의 견해를 다시 생각하게 하는 좋은 이유가 된다. 다른 사람의 논증에 주의를 기울이면 자신이 잘못되었다고 결론을 내리는 이유를 발견할 수 있다. 자신의 오류를 발견하는 것은 자신의 신념을 수정할 기회가 되기 때문에 매우 중요하다. 따라서 오류의 이유를 고려하지 않는다면 옳다는 것을 알 가능성이 적다.

믿는 것을 이해하기 위해 왜 믿는지를 고려해야 한다. 논증을 청취하고, 평가하고, 구성하는 과정은 논증을 가장 잘하는 방법이다. 다각적인 논증은 의견을 달리하는 비교적 건설적인 방법이고, 고성, 위협이나 물리적 공격과 같은 대안보다 더 바람직하다. 다각적인 논증이 정직하고 진지하게 이루어진다면 불일치가 해결되기 때문에 당사자들은 자신의 견해를 변경할 수 있다. 심지어 합의가 이루어지지 않은 경우에도 과정을 통해 서로를 더 잘 이해할 수 있다.

추론에 의해 사람들의 신념을 정당화하는 것은 실용적이고 이론적인 과업이다. 받아들일 만한 전제에서 결론에 이를 수 있는 신중한 추론은 합리적인 결정과 신뢰할 수 있는 신념에 도달하는 가장 좋은 방법이다. 왜냐하면 논증을 구성하고 검토할 때 이유와 증거를 분명하게 생각하는 것과 이유를 반영할 기회를 제공하기 때문이다. 따라서 추론은 사려가 깊고 신중하며 체계적이어야 한다.

3) 논증의 종류

논증이란 근거를 수반한 주장이다. 상대방을 설득하기 위해 근거와 주장의 연결은 타당해야 한다. 바로 논증은 자신의 주장이 타당한 이유나 근거를 제시하는 방법이다. 논증은 다른 사람을 설득하거나 정보를 제공하기 위해 근거를 사용하여 결론을 추론하는 과정이다. 근거를 제시하는 방법은 논증의 목적에 따라 다소 다르다. 이러한 논증은 목적에 따라 대화 논증, 수학적 논증, 심리적 논증, 과학적 논증, 법적 논증과 정치적 논증 등으로 구분된다.

(1) 대화 논증

자연적으로 발생하는 대화에 대한 연구는 사회언어학 분야에서 시작되었다. 이것을 보통 대화 분석이라고 한다. 대화 논증은 현재 사회학, 인류학, 언어학, 커뮤니케이션이나 심리학에서 확립되었다. 이러한 학문 분야뿐만 아니라 사회언어학, 담화 분석이나 담론 심리학에 특히 영향이 크다. 음성학자들은 소리의 미세한 발음을 탐색하기 위해 순차 분석의 기술을 사용한다.

(2) 수학적 논증

수학적 진실의 기초는 오랫동안 논증의 주제였다. 수학적 진실은 순전히 논리적인 공리에서 파생될 수 있고, 결국 논리적 진실이다. 논증이 기호 논리의 문장 형태로 변환될 수 있으면 수용된 증명 절차를 적용하여 검증할 수 있다. 수학적 논증은 참인 전제와 거짓인 결론을 갖지 않는다는 것을 보여줄 때만 타당하다.

(3) 심리적 논증

심리학은 논증의 논리적 측면을 오랫동안 연구해왔다. 예를 들면, 아이디어의 단순한 반복은 근거에 호소하는 것보다 더 효과적인 논증 방법이라는 것을 연구하였다. 선전은 종종 반복을 이용한다. 특히 나치 수사학은 반복적인 조직 활동으로 광범위하게 연구되어 왔다. 카리스마라고 불리는 의사 전달자의 신뢰성과 매력에 대한 연구 또한 경험적으로 일어나는 논증과 밀접하게 연관되어 있다. 이러한 연구는 설득 이론과 실천의 영역 내에서 논증을 가져온다.

일부 심리학자들은 삼단논법을 추론의 기본 단위라고 믿는다. 이런 사고방식의 핵심은 논리가 희망적인 사고와 같은 심리적 변수에 의해 오염되고, 피험자는 예측의 가능성과 예상의 가능성을 혼동한다. 사람들은 듣고 싶은 것을 듣고 보고 싶은 것을 본다. 기획자가 어떤 일이 일어나길 원한다면 일어날 가능성이 있는 것으로 생각한다. 그들이 무엇인가가 일어나지 않을 것으로 희망한다면 그들은 일어날 것 같지 않은 것으로 본다.

(4) 과학적 논증

과학적 지식은 공동의 검증 방법이 신뢰할 수 있는 경우에만 구체적인 권위를 갖는다. 기존의 기대와 관련된 과학적 아이디어와 실제적인 관찰에 의해 형성된 기대는 과학적 논증이다. 이것은 무엇을 생각하고, 왜 생각하는지에 관한 논리적 기술이다. 과학적 논증은 과학적 아이디어가 정확한지 여부에 대해 증거를 사용한다. 따라서 과학적 논증은 과학적 아이디어, 아이디어에 의해 형성된 기대와 관련된 관찰이 결합된다. 이러한 요소들은 다른 순서로 결합될 수 있다. 때때로 현상을 관찰하고 특정한 아이디어를 창안한다. 증거로 아이디어를 검증하는 것은 간단한 상식처럼 보이지만 핵심적이다.

그림 2-2 과학적 논증의 절차

과학적 논증	=	과학적 아이디어	+	기대	+	관찰

(5) 법적 논증

법적 논증은 항소 법원에서 판사나 변호사 또는 당사자가 승소해야 하는 법적 이유를 제시하는 것이다. 항소 수준에서의 구두 논증은 서면 보고서를 수반하며, 법정 분쟁에서 각 당사자의 주장을 진전시킨다. 최후 논증이나 최후 변론은 사실을 판결하기 위한 중요한 논증을 재촉하는 각 당사자의 변호인의 최종 변론이다. 최후 변론은 증거를 제출한 후에 이루어진다.

(6) 정치적 논증

정치적 논증은 학계, 미디어 전문가, 정치 후보자 및 정부 공무원 등이 사용한다. 정치적 논증은 정치적 사건에 대해 논평하고 이해하기 위한 논증이다. 대중의 합리성은 중요한 질문이다. 정보가 부족한 유권자는 투표 결정을 정치 평론이나 수신된 전단지에 기초할 수 있다. 이러한 정치 평론이나 수신된 전단지는 후보자에 대한 정치적 입장을 제시할 수 있다.

4) 논증의 구조

논리(論理)는 이치(理)를 논(論)한다는 합성어로 논(論)은 말(言)과 조리를 생각하다(侖)를 뜻한다. 즉, 말이나 생각의 이치이다. 논리

는 논증을 평가하는 과학이다. 논리는 논증이나 추론을 분석하고, 그
것이 맞는지 아닌지를 알아내는 데 사용된다. 논증은 지지하는 진술,
즉 전제를 가진 결론이다. 따라서 논증은 두 개 이상의 명제들이 모
여서 어떤 주장을 제시하는 진술이다. 논증에서 결론은 주장을 나타
내는 명제이다. 전제는 결론을 뒷받침하기 위하여 사용된 명제이다.
논증에서 발생할 수 있는 오류를 최소화하기 위해 규칙이 사용된다.

철학자 스티븐 툴민(Stephen Edelston Toulmin)은 설득력 있는 논
증의 요소를 주장, 근거와 이유라고 제시한다. 설득적인 논증은 명제
에서 제시하는 근거를 다른 명제에서 찾을 수 있고, 명제들 간의 인
과관계를 나타내는 논리적 접속사가 있다. 논리적(logical)이라는 말은
이미 알고 있는 사실과 주장하는 새로운 사실과 관련이 깊다는 의미
이다. 판단이 상호 모순되지 않고, 질서 정연한 방식으로 추론을 사
용할 수 있을 때 논리적이다. 논증이 성립할 수 있는 요건은 전제, 인
과관계와 결론이다.

- 전제: 결론을 뒷받침하는 명제
- 인과: 전제와 결론 간의 인과관계
- 결론: 주장을 나타내는 명제

(1) 명제

언어(language)는 인간이 사회 집단의 구성원 및 문화의 참여자
로서 자신을 표현할 수 있는 상징 체계이다. 언어의 기능에는 커뮤
니케이션, 정체성의 표현, 놀이, 상상력 표현 및 정서적 표현이 포함
된다. 이처럼 인간은 내면의 생각과 감정을 표현하고, 복잡하고 추상
적인 생각을 하고, 다른 사람들과 의사소통을 하고, 욕구를 충족시키
고, 규칙을 제정하고, 문화를 유지하기 위해 언어를 사용한다. 문장

은 생각이나 감정을 언어로 표현한 것이다. 논증을 구성하는 문장은 모두 명제이다.

명제(命題, proposition)는 내용이 참인지 거짓인지를 판별할 수 있는 문장이나 식이다. 즉, 결론을 이끌어 내는 기초가 되는 가정이다. 따라서 명제는 신념, 주장, 판단, 지식, 식견 등을 표현한 문장이다. 문장의 의미가 참이거나 거짓인 속성을 포함하지 않는다면 명제가 아니다. 예를 들면, "아리스토텔레스는 철학자이다"는 명제이다. [예제 2-1]은 명제가 아닌 문장의 예이다.

예제 2-1 **문장의 예**
- 예 1: 아리스토텔레스는 누구인가?
- 예 2: 전등사는 어디에 있는가?
- 예 3: 논리학을 공부해라.
- 예 4: x + 5 = 9
- 예 5: 재물은 사람을 행복하게 해준다.

• 명제: **내용이 참인지 거짓인지를 판별할 수 있는 문장이나 식**

예 1, 예 2와 예 3은 참 또는 거짓으로 판별할 수 없으므로 명제가 아니다. 예 4는 x 값에 따라서, 예 5는 사람에 따라 참 또는 거짓이 달라질 수 있기 때문에 명제가 아니다. 실제로 나타난 대상이나 사건을 표현한다면 참인 명제이지만 아니라면 거짓인 명제이다. 그러나 많은 문장은 참이나 거짓을 말하지 않는다. 질문, 제안, 의견, 명령과 감탄은 명제가 아니다. 따라서 참이거나 거짓인 속성을 포함한 문장은 명제이지만 참이거나 거짓인 속성을 포함하지 않은 문장은 명제가 아니다. 즉, 참인지 거짓인지를 명확하게 기술하지 않은 문장은 명제가 아니다.

표 2-1 **명제와 비명제의 예**

명제		비명제
1 + 1 = 2	참	1 + 1 > x
1 + 3 > 3	참	1 + 3 > 3 + x
한국은 아시아에 있다.	참	한국은 아시아에 있는가?
홍콩은 유럽에 있다.	거짓	논리학을 공부하거라.

　　논증을 구성하는 명제는 하나 또는 이상의 전제와 결론으로 이루어져 있는데, 문장의 구성에 따라 단순명제와 복합명제로 구분한다. 단순명제는 단일한 문장으로 구성된 명제이다. 예를 들면, "인간은 합리적인 존재이다"라는 명제는 단순명제이다. 그러나 복합명제는 하나 이상의 문장으로 구성된 명제이다. 즉, 단순명제가 결합된 명제이다. 예를 들면, "논리학은 추론을 연구하고, 경영학은 기업을 연구한다"이다.

　　명제는 내용에 따라 사실 명제, 가치 명제와 정책 명제 등으로 구분한다. 사실 명제는 어떤 것이 참인지 거짓인지를 표현한 문장이다. 사실 명제를 지지하기 위해서는 주장에 사용된 객관적인 사실은 논리적이어야 한다. 가치 명제는 어떤 것이 좋은지 나쁜지, 옳은지 그른지, 바람직한지 바람직하지 않은지를 판단하는 문장이다. 가치 명제는 청중들의 정서에 호소하거나 전문가나 변호사의 증언을 인용한다. 정책 명제는 어떤 것을 허용하거나 제한하는 것을 옹호하는 문장이다. 다음은 지구 온난화의 주제를 사실 명제, 가치 명제, 정책 명제로 나타낸 것이다.

- 사실 명제: 지구 온난화 원인은 온실 가스의 사용 증가이다.
- 가치 명제: 중국의 많은 오염물질은 지구 온난화에 책임이 있다.
- 정책 명제: 자동차에 대한 엄격한 배출가스 규제가 필요하다.

(2) 전제

전제(前提, premise)는 결론에 대한 이유 또는 근거를 제공하는 가정이다. 이를 근거가 되는 진술로 논거(論據)라고도 한다. 전제는 적어도 증거나 이유를 제시해야 하며 증거나 이유가 뒷받침되거나 암시하는 주장이 있어야 한다. 즉, 전제란 결론을 받아들일 수 있게 하는 증거나 이유로 제공된 논증의 진술이다.

- 전제: 결론에 대한 이유 또는 근거를 제공하는 가정

전제는 근거를 포함한다. 근거는 주장을 뒷받침하는 데 사용된 이유, 증거, 사실이나 자료이다. 이유는 주장을 뒷받침하는 진술로서 근거를 바탕으로 도출해 낸 논리이다. 증거는 전제가 참이라는 것을 입증하는 구체적인 자료이다.

이유, 증거, 사실이나 자료인 전제에는 사실 전제와 소견 전제가 있다. 사실 전제는 명제를 뒷받침하기 위해 구체적이고 현실적인 사례를 근거로써 제시한 전제이다. 상식, 사실, 통계수치나 자료, 경험이나 실험결과 등이 해당된다. 소견 전제는 권위 있는 사람이나 전문가의 의견을 인용해서 주장의 근거로 삼는 전제이다.

- 사실 전제: 구체적이고 현실적인 사례
- 소견 전제: 권위 있는 사람이나 전문가의 의견

(3) 추론

추론(推論, inference)은 하나 또는 이상의 근거를 전제로 새로운 판단을 이끌어내는 사고방식이다. 이미 알려진 이유, 증거, 사실이나 자료를 근거로 하여 새로운 사실을 이끌어 내는 것이다. 즉, 특정한 명제에서 다른 명제를 이끌어내는 사고과정이다. 추론에서 전제는 이미 알고 있거나 지식이나 믿음이고, 결론은 그 전제로부터 도출되는 새로운 지식이나 믿음이다. 따라서 추론은 이미 알고 있는 전제들에서 어떤 결론을 이끌어 내는 과정을 말한다. 추론을 시작하는 명제는 전제이고, 추론을 통해 이끌어내는 명제는 결론이다.

• 추론: 하나 또는 이상의 근거를 전제로 새로운 판단을 이끌어내는 사고방식

객관적인 추론을 통한 효과적인 논증은 청중들을 행동하게 한다. 이를 위해 강력한 증거와 건전한 논리로 결론을 지지해야 한다. 추론은 파생된 해석이나 결론이고 논리적으로 증거를 따라야 한다. 다음은 추론할 때 고려할 주요 질문이다.

• 어떤 결론을 내릴 수 있는가?
• 추론은 논리적인가?
• 고려해야 할 다른 결론들이 있는가?
• 해석이 의미가 있는가?
• 해결은 필연적으로 자료에서 오는가?
• 대체 가능한 그럴 듯한 결론이 있는가?

(4) 결론

결론(結論, conclusion)은 전제에 의해서 뒷받침되는 주장하는 내

용이다. 즉, 추론에 의해 전제로부터 유도되는 명제를 말한다. 하나
의 논증에서 전제는 다수일 수 있으나 결론은 하나이다. 주장(claim)
은 다른 사람이 받아들이기를 원하는 결론이다. 주장은 결론에 해당
하지만 특정한 문제에 대한 해결책이다. 주장을 지지하려면 논리적
인 전제가 필요하다. 주장은 사실 주장과 추론 주장이 있다. 사실 주
장이란 문장이 실제로 참인 주장을 말하고, 추론 주장이란 알려진
정보를 근거로 판단을 이끌어낸 주장을 말한다.

- 결론: 전제에 의해서 뒷받침되는 주장하는 내용
- 사실 주장: 문장이 실제로 참인 주장
- 추론 주장: 알려진 정보를 근거로 판단을 이끌어 낸 주장

논증이 설득력 있는 증거를 뒷받침한 진술이 되려면 구체적인
요소를 포함해야 한다. 이러한 논증의 3요소는 전제, 추론과 결론이
다. 전제는 결론에 대한 이유 또는 근거, 추론은 근거에 따라 의견을
주장하는 과정, 결론은 주장을 의미한다.

그림 2-3 **논증의 3요소와 예**

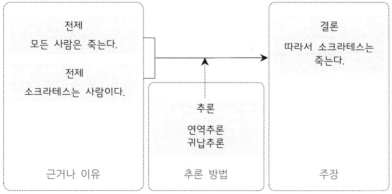

(5) 증거

증거(evidence)는 주장의 진실을 결정하거나 입증하는 데 사용되는 사실이나 자료로 구성된다. 증거는 사람들의 신뢰를 얻거나 태도 변화에 사용되는 사실의 문제이다. 즉, 명제를 증명하는 데 사용되는 사실적 문제이다. 따라서 증거는 추론이 결론을 지지하는 근거가 된다. 다음은 증거를 확보할 때 고려할 주요 질문이다.

- 어떤 증거가 필요한가?
- 증거가 관련이 있는가?
- 증거가 충분한가?
- 반대하고 뒷받침하는 증거가 있는가?
- 증거가 정확한지 어떻게 알 수 있는가?

논증에 대한 증거의 사용과 일반 연구에서의 사실의 사용 간에는 차이가 있다. 논증은 의사소통의 과정, 다른 사람들의 신념을 얻는 과정이며, 사실은 논증에 필수적인 요소이다. 이 과정은 사실에서 결론까지의 추론 과정이다. 이러한 증거의 종류는 사례, 통계, 권위자 의견, 일반인 증언과 문서, 법률 보고서 등이 있다.

❶ 사례

사례는 실제 사건이었기 때문에 증거가 된다. 사건은 때때로 일어나고 목격되는 경우가 많다. 예를 들면, 자동차 사고가 일어나면, 피해 자동차가 발견되고 누군가가 목격한다. 사건사고를 실제적으로 기술하는 것은 사실을 구성하는 것이다. 논증을 지지하기 위해 자동차 사고의 예를 사용할 때 예증이 된다.

사례에는 사실 사례와 가설 사례가 있는데, 양자는 차이가 있다. 가설 사례는 일어날 수 있는 사례로 논증을 설명하기 위해 사용되지만 논증을 지지하는 증거는 아니다. 가설보다 오히려 사실 사례를 사용할 때 더 강한 논증을 만들 수 있다. 사실 사례는 믿음에 영향을 주지만 가설 사례는 그렇지 않을 수 있기 때문이다.

❷ 통계

통계는 사실 사례를 모아 놓은 것이다. 통계는 특정 집단의 현상을 나타내는 수적인 자료이다. 따라서 특정 집단의 현상을 한눈에 쉽게 파악할 수 있다. 논증을 뒷받침하는 통계는 전체 사례 수, 사례 연령 비율 또는 사례 비율(예: 4명 중 1명), 상관관계 등과 관련하여 가장 자주 나타난다. 통계는 특정한 집단이나 대상의 일어난 일들에 대한 요약이기 때문에 증거를 구성한다.

❸ 권위자 의견

어떤 분야의 권위자는 의견에 편견과 과장이 없고 일관성이 있다. 권위자의 의견은 권위자의 연구를 기반으로 한 의견이라는 점에서 증거를 구성한다. 아마 그들은 많은 수의 사례를 연구했고, 오랜 관찰 경험을 가지고 있고, 결과적으로 특정한 문제에 대한 연구와 경험에 기초한 결론에 도달했을 것이다. 청중들은 권위자의 의견에 따라 행동하고, 특히 권위자로서 그들을 이미 알고 있다면 청중들은 그들을 권위자로 인정할 것이다. 주어진 논증을 뒷받침하는 가장 좋은 증거는 관련된 질문에 대해 권위자로 간주되는 사람들의 증언이다.

❹ 일반인 증언

문제의 사건을 검증하기 위해 종종 개인들을 초청하고, 이들은 훈련받지 않은 관찰자로 참고인 증언이라 한다. 훈련받지 않은 관찰자이지만 보고하는 내용은 사실로 간주될 수 있다. 그들이 자신의 관찰을 보고하고 추론을 하지 않는다면 증언은 사실이다. 재판 법정은 일반인 증인을 잘 활용하고, 일반인 증언은 무죄나 유죄를 결정할 때 사용된다. 여론 조사는 단지 시민들의 증언을 모은 것이다.

❺ 문서, 법률 보고서

많은 종류의 문서나 법률 서류는 증거로 사용된다. 주민등록등본은 나이, 거주지 또는 국적에 대한 유효한 증거로 인정된다. 가족관계증명은 가족, 결혼과 이혼 관계에 대한 증거가 된다. 부동산 소유권을 입증하는 문서는 토지나 건물 등기부등본이다. 이것들은 어떤 경우에 특별한 증거 형식으로 사용될 수 있다. 서류 및 법조문은 종종 특별한 경우에 증거가 되나 일반적인 말하기는 증거로 다소 부족하다. 이러한 것들은 재판 절차에서 가장 빈번하게 사용된다.

(6) 지시어

"나는 생각한다. 그러므로 나는 존재한다" 이것은 데카르트가 한 말로 사람들이 이성적으로 의심하는 것과 이성적으로 의심하지 않는 것을 고려한 것이다. 의심은 생각을 포함한다. 그것은 생각하는 사람이 존재하는 경우에만 가능하다. 데카르트의 논증에서 논증문은 전제와 결론이 각각 하나이다. '그러므로'는 합리적인 지지를 제공하는 결론 지시어이다. 지시어는 논증의 존재를 암시하며 구조를 나타낸다. '때문에', '왜냐하면'과 같은 전제 지시어는 전제 앞에 온다. '그러므로'와 같은 지시어는 논증의 결론 앞에 온다. 한편 명제와 명제 사이에 지시어가 생략된 논증도 있다.

사람들에게 자신의 결론을 합리적으로 설득하려고 할 때, 논증자는 청중에게 전제에서 결론까지 추론하도록 요구한다. 지시어는 어떤 진술이 전제이고 어떤 진술이 결론인지를 나타내는 역할을 하며, 이러한 방식으로 추론의 방향을 나타낸다. 다른 사람들의 논증을 이해하고, 스스로 명확한 논증을 구성하고, 제시하기 위해 전제와 결론 간의 구분을 분명히 하는 것이 중요하다. 다음은 논증에서 전제가 되는 많은 지시어 단어 및 구이다.

표 2-2 **전제 지시어와 결론 지시어**

전제 지시어	결론 지시어
왜냐하면	그러므로
~ 때문에	따라서
~ 까닭에	그래서
~ 이므로	결과적으로
~ 이니	그러니까
~ 함으로써	이런 이유로
~ 인 이유로	이 근거에 따르면
~ 로부터 추론될 수 있다	그렇다면
~ 에서 파생될 수 있다.	다음과 같다.
~ 에 의해 보여지는 것처럼	유추할 수 있다.
~ 을 고려하면	추론할 수 있다.
~ 그 이유는	~을 의미한다.

5) 의견, 사실, 설명, 보고와 기술

일정한 근거를 들어 주장을 도출하는 논증(argument)은 의견, 사실, 설명, 보고나 기술과 다른 개념들이다. 전제나 근거가 없는 일반적인 문장은 논증이 아니다. 의견(opinion)은 진실이 아직 명백하지 않거나 식별할 수 없는 어떤 대상이나 현상에 대해 갖는 생각이다. 즉, 특정한 문제에 관해 마음속에 형성된 견해, 판단, 신념이나 인상이다. 의견은 자신의 마음에서 사실, 타당하거나 가능하게 보이는 것을 근거로 형성된 신념이다. 사실(fact)은 실제로 있었던 일이나 지금 현재 있는 일이다.

설명(explanation)은 이미 알려진 어떤 사건이나 현상이 왜 발생했는지를 밝히려는 것이다. 즉, 설명은 어떤 현상이나 사건이 어떤 법칙적인 연관에 의해서 발생했는지를 분명히 하는 것이며 일반적으로 어떤 현상의 원인을 발견했을 때 현상이 설명되었다고 한다. 설명은 설명 주제와 설명으로 구성된다. 설명 주제는 사건이나 현상을 설명한 주제이고, 설명은 어떤 사건이나 현상이 이해될 수 있도록 제시되는 과정이다. 논증은 결론이 참이라고 믿을 만한 이유를 제공하나 설명은 어떤 주장이 왜 참인지를 밝히는 것이다.

기술(description)은 대상이나 과정의 내용과 특징을 있는 그대로 진술하는 것을 뜻한다. 즉, 관찰이나 실험을 통하여 현상을 속성에 따라 사실대로 기록하는 것이다. 보고(report)는 어떤 주제나 사건에 관한 정보를 전달하는 진술이다.

- 논증: 설득력 있는 증거를 뒷받침한 진술
- 의견: 어떤 대상이나 현상에 대해 갖는 생각
- 사실: 실제로 있었던 일이나 지금 현재 있는 일
- 설명: 이미 알려진 어떤 사건이나 현상의 발생 이유를 밝히는 것
- 기술: 대상이나 과정의 내용과 특징을 있는 그대로 진술하는 것
- 보고: 어떤 주제나 사건에 관한 정보를 전달하는 진술

불확실한 세상에 살고 있는 인간은 어떤 지식이나 확실한 기준이 없는 많은 문제에 관해서 주장을 한다. 의견은 신념이고 종종 확신의 정도가 낮다. 의견을 제시할 때 지지 이유나 증거를 보여주는 것은 주장을 지지받기 위해서이다. 예를 들면, 야외 스키가 안전하다는 의견과 위험하다는 의견이 있을 수 있다. 이러한 의견에도 불구하고 이유와 증거는 분명히 신뢰성과 관련이 있다. 많은 지역에 있는 눈 위험과 많은 종류의 장비 위험이 있다는 것은 사실이다. 국민안전처가 발표한 스키장 사고 유형에 따르면, 스키장에서 지난 3시즌 평균 9,688건의 안전사고가 발생했고, 이 중 중대 사고로 이어질

위험이 높은 두부손상 건수는 연평균 304건에 달했다. 3년 간의 스키장 안전사고를 부상 유형별로 살펴보면, 비교적 경미한 타박상(3,984건)과 염좌(2,274건)가 주를 이뤘지만, 두부손상과 골절(1,413건) 등 심각성을 요하는 부상도 상당한 비중을 차지했다. 이러한 사실은 다소간 신뢰할 수 있는 방식이다.

누구나 정치적, 법적으로 어떤 의견이라도 자유롭게 가질 수 있다. 사람들은 종종 "나는 내 의견을 말할 권리가 있다"라고 주장한다. 정상적인 상황에서 다른 사람들이 믿지 않는 것을 믿으라고 강요할 수 없다. 그러나 어떤 의견을 가질 권리가 모든 의견이 지적으로 동일하다는 것을 의미하지는 않는다. 어떤 의견은 단순한 의견이지만, 어떤 의견은 증거, 추론과 우수한 판단에 근거할 수 있다. 의견은 정확하고 신뢰할 수 있어야 행동을 이끌 수 있다. 자신의 생각은 자신을 어떻게 이해하고, 어떻게 살아가고, 자신이 살고 있는 세계와 어떻게 상호작용하는지에 영향을 미친다. 따라서 논증을 주장하고 평가하는 관점은 합리적인 추론과 올바른 판단에 근거해야 한다.

그림 2-4 **논증과 설명의 차이**

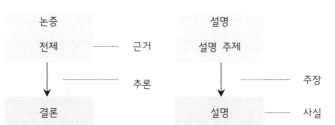

6) 비논증문

학교, 직장, 광고, 신문 사설, 정치 토론, TV 평론 및 라디오 토크 쇼에서 자주 논증에 마주친다. 물론 사람들은 논증만을 위해서 언어를 사용하지는 않는다. 사람들은 농담을 말하고, 노래를 부르고, 시를 암송하고, 감정을 표현하고, 사건을 보고하고, 질문하고, 설명하고, 지시하기 위해서 언어를 사용한다. 비논증문은 일상적이지만 결론을 지지하는 전제가 없거나 약하다. 따라서 비논증문은 어떤 것이 입증되었다는 주장이 부족한 문장이다. 비논증문의 형태는 의견, 충고, 보고서, 지지되지 않는 주장, 조건문, 삽화, 설명 등이 있다.

보고서는 특정한 주제에 관한 정보를 전달하는 것이다. 지지되지 않는 주장은 화자 또는 작가가 무엇을 믿는지에 대한 설명이다. 이러한 표현은 참이거나 거짓, 합리적이거나 불합리할 수 있지만, 사람들이 화자의 주장을 지지한다면 논증의 일부이다. 삽화(illustration)는 주장을 증명하거나 지지하기보다는 주장의 사례를 제공하는 것이다. 설명(explanation)은 어떤 사건이나 현상의 내용이나 발생한 이유를 이해하기 쉽게 밝혀 주는 것이다. 즉, 무엇이 발생했고, 왜 발생했고, 어떤 영향을 미쳤는지에 관한 진술이다. 진술(statement)은 어떤 상황이나 사실에 관해 자신의 생각을 말이나 글로 표현하는 것을 말한다.

논증에서 진술문은 적어도 하나의 증거를 제시하고 어떤 것을 주장한다. 조건문에서 가설이나 결과가 증거를 제시하는 주장은 없다. 그러나 추론 과정의 결과를 표현하기 때문에 어떤 조건문은 논증과 비슷하다. 조건문의 가설과 결과 간의 연결은 논증의 전제와 결론 간의 추론적 연결과 비슷하다. 그러나 논증의 전제는 참이라고 주장하는 반면 조건문의 전제는 이러한 주장이 없다는 점이 양자의 차이이다. 어떤 단일 조건문은 논증이 아니지만 어떤 조건문은 논증의 전제나 결론으로서 역할을 한다. 다음은 조건문과 논증의 관계이다.

- 단일 조건문은 논증이 아니다.
- 조건문은 논증의 전제, 결론 또는 둘 모두의 역할을 할 수 있다.
- 조건문의 추론 내용은 논증을 형성하기 위해 재표현될 수 있다.

Chapter 02 논증의 이해
연습문제

01 진술문과 비진술문에 관한 문제이다. 다음 문장을 읽고 진술문과 비진술문을 구분한다.

❶ 박정희는 한국의 대통령이었다.

❷ 사과는 인기 있는 과일이다.

❸ 영희야, 올라와!

❹ 수원은 서울의 남부에 있다.

❺ 경수는 천안이 대전의 북쪽에 있다고 믿는다.

❻ 누가 트윈스 야구단을 응원합니까?

❼ 감히 개처럼 굴지 마라.

❽ 논증은 다른 사람을 설득시키는 기술이다.

❾ 참으로 기쁘구나!

❿ 정제는 탁월한 학자이다.

02 다음은 논증문과 비논증문을 구별하는 문제이다. 논증문과 비논증문의 근거를 제시한다.

❶ 철수와 영희는 월요일에 학교에 함께 갔다. 사소한 자동차 사고가 났다. 학교에 가는 중에 그들은 논리학 수업에 늦었다. 그날 논리학 시험이 있었다. 그러나 그들은 시험을 볼 수가 없었다.

❷ 철수와 영희는 월요일에 학교에 가기 위해 집을 나왔으나, 그날 영화를 보기로 결정했다. 그날 논리학 시험이 있었고, 두 학생은 시험을 보지 않았다. 이것이 그들이 성적이 좋지 않은 이유이다.

❸ 철수와 영희, 너희 둘은 미쳤다! 너희들은 논리학 시험이 있는 월요일에 영화관에 가지 말아야 했다. 너희들은 수업이 있는 날에 학교에 가야 한다.

❹ 철수와 영희는 이번 주 매일 학교에 함께 갔고, 수업에 필요한 자료를 공부했다. 수업에 정기적으로 참석하고, 정기적으로 열심히 공부하는 학생들이다. 따라서 이들은 아마 이번 주에 열심히 공부했을 것이다.

❺ 일부 학생들은 수업에 정기적으로 참석하지 않는다. 예를 들면, 철수와 영희는 월요일에 함께 학교에 갔으나, 주말 여행을 계획하기 위해 일찍 집으로 돌아왔다. 그러한 행동은 좋지 못한 학습 습관을 나타낸다.

❻ 철수는 축구를 좋아한다. 영희는 야구를 좋아한다.

❼ 허준은 동의보감을 썼고, 동의보감은 한국 한의사가 썼다. 그러므로 허준은 한국 한의사가 틀림없다.

❽ 여자들은 성대가 짧기 때문에 남성들보다 음조가 높다. 짧은 성대는 긴 성대보다 높은 주파수로 진동한다.

❾ 물은 많은 다른 물질에 대해 좋은 용매이며 환경을 통과할 때 물은 흡수된다. 따라서 지하 및 지하에 흐르는 빗물은 석회석과 같은 미네랄을 용해시킨다.

❿ 사람은 결코 자립할 수 없다. 비록 사물을 효과적으로 다루더라도 이것을 가르쳐준 사람에게 필연적으로 의존한다. 그들은 자신이 의존하는 것을 선택하고 의존성의 종류와 정도를 결정한다.

03 논증의 구조를 파악한다. 다음 논증문을 보고 전제와 결론을 확인한다.

❶ 잘 훈련된 군대는 자유국가의 안보에 필요하다. 따라서 무기로 무장할 권리는 침해되어서는 안 된다.

❷ 어떤 사람이 상속을 자발적으로 포기할 때 그가 갖고 있는 재산권을 상실한다. 따라서 상속을 포기한 재산에서 발생하는 이득을 가질 수 없다.

❸ 빛은 우리 눈에 도달하는 데 시간이 걸리기 때문에 우리가 보는 모든 것은 실제로 과거에 존재했다.

❹ 요행에 대한 좋은 증거가 없을 때 요행은 전제를 믿는다는 것을 의미하기 때문에 요행은 악이라고 생각한다.

❺ 과학은 실험, 오래된 신념에 대한 자발적인 도전, 있는 그대로 우주를 보는 개방성에 근거한다. 따라서 과학은 때때로 전통적인 지혜에 의문을 품을 수 있는 용기가 필요하다.

❻ 동물들에게 영혼이 있다는 것을 어떻게 알았는가? 왜냐하면 평균적으로 가장 열등한 동물은 이 지구에 서식하고 있는 대부분의 인간보다 훨씬 민감하고 친절하기 때문이다.

❼ 원자력 발전을 정지하는 것은 전력을 감소시킨다. 에너지 대안이 없다면 증가되는 전력 수요를 감당할 수 없다.

❽ 우주가 인간을 궤멸시켰을 때 인간은 우주보다 더 고상할 것이다. 왜냐하면 인간은 죽는다는 것을 알지만 우주는 아무 것도 알지 못하기 때문이다.

❾ 도덕적 책임은 자유 의지를 전제로 하기 때문에 이 자유는 보편적인 인과적 결정론과 양립할 수 없으며 보편적인 인과적 결정론이 그럴듯하게 보이기 때문에 대부분의 사람들이 믿는 것과는 달리 인간은 도덕적으로 책임이 없다.

❿ 제 정신인 사람이면 속도위반 단속 지역에 있는 경찰관을 어떻게 비난할 수 있을까? 당신이 속도를 위반하지 않는다면 경찰관을 염려할 필요가 없다. 다른 차가 속도를 위반하지 않는다면 당신의 생명은 안전할 것이다.

CHAPTER 03

Logic and Fallacies

 논증의 구조

1. 언어

인간은 의사나 감정을 전달할 때 기호를 사용한다. 언어는 생각
이나 느낌을 말이나 글로 전달하는 수단이다. 일상적인 언어는 인지
와 정서적 기능을 제공한다. 대부분의 언어는 모호하지 않지만 언어
가 모호성을 갖는 것은 특정 단어나 구절이 전후 문맥에 따라 뜻이
다르기 때문이다. 또한 언어의 모호성은 분쟁을 유발한다. 따라서 언
어적 불일치를 발견하고 해결하기 위해 분쟁에서 사용된 중요한 용
어의 의미를 구분하고 명확히 해야 한다.

1) 언어의 기능

언어는 정보 전달, 주장, 지시, 친교나 감정 표현 등의 기능을
수행한다. 사람들은 논리적 추론할 때 또는 다른 사람들에게 정보를
제공할 때 언어를 사용하고 명제를 조직한다. 언어는 다양한 방법으
로 사용되며, 그 중 일부는 유익하다. 정보를 제공하지 않고 언어를
사용하여 자신을 표현할 수 있다. 일부 표현적인 담화는 유익한 내
용을 담고 있으며, 신념뿐만 아니라 태도를 표현할 수도 있다. 어떤
담론은 표현이나 정보제공 요소의 유무에 관계없이 지시표현이다.
이것은 지시하거나 명령하려는 표현이다. 낯선 사람을 처음 소개받
을 때, "잘 부탁합니다"라는 친교 언어를 사용한다. 자신이 원하는
대로 상대방을 움직이도록 하는 수행 언어가 있다. 감정이나 태도를
표현하는 언어의 정서적 기능은 단순히 말뿐만 아니라 표정, 말투,
억양이나 음조 등을 통해서도 실현된다.

언어의 기능 중 정보 전달과 감정 표현 기능이 특히 중요하다. 다음 예제는 정보 전달과 감정 표현을 담고 있다. ①번 진술문은 주로 정보를 제공하고, ②번 진술문은 감정을 표현하거나 자극하는 진술문이다. 정보를 전달하는 용어는 인지적 의미를 가지고 있고, 감정을 표현하거나 불러일으키는 용어는 감정적 의미를 갖고 있다.

> ① 사형폐지국이 전세계적으로 증가되고 있는 실정이다. 사형폐지국은 10년 이상 사형 집행을 하지 않는 국가이다. 우리나라는 사형제도는 있지만 1997년 12월 30일 이후 현재까지 사형이 집행되지 않고 있어 사실상 사형폐지국이다.

> ② 사형은 인간의 존엄, 가치와 생명권을 침해하는 비인간적이고 참혹한 형벌이다.

2) 언어와 논쟁

주어진 문장이나 단락이 여러 가지 기능을 수행할 수 있기 때문에 언어의 고의적인 악용은 기만적이거나 조작적일 수 있고, 언어의 부주의한 사용은 불필요한 오해와 논쟁을 유발할 수 있다. 신념을 전하기 위해 사용하는 단어는 중립적이며 정확할 수도 있지만, 의도치 않았더라도 듣는 사람들의 태도에 영향을 줄 수도 있다.

대부분의 의학 용어는 중립적이며 불쾌감을 주지는 않지만, 어떤 의학 용어는 환자들이 느끼는 태도에 충격을 줄 수 있다. 감정적인 언어는 일부 상황에 적합하지만 다른 문맥에서는 매우 부적합하다. 예를 들면, 조사 연구의 경우를 보자. 설문 조사에 대한 응답은 질문을 하는 데 사용된 단어에 따라 의미가 달라진다. 감정적인 언어를 피하거나 의존해야 하는지 여부는 문맥에 달려 있다. 사실에 대한 편견 없는 보고서를 제공하고자 한다면, 감정적 의미가 짙은 단어를 사용하면 그 본래 목적이 훼손된다.

사실과 감정적 측면 모두를 가지고 있는 분쟁을 해결하고자 할 때, 분쟁 당사자들 간에 실제로 어떤 문제가 있는지를 파악하는 것이 중요하다. 많은 경우 어떤 사건이나 가능한 결과에 대한 태도의 불일치는 사실에 관한 어떤 믿음의 불일치에서 발생된다. 한편, 신념이나 태도에 관계없이 많은 분쟁은 언어적 오해의 결과로써 발생할 수도 있다. 분쟁 당사자들이 사용하는 언어는 하나 이상의 의미를 갖고 있기 때문이다. 이것은 언어의 모호성이다. 이러한 모호성은 분쟁 당사자들이 문제를 정확하게 인지하지 못하게 하는 요인이다.

2. 정의

철학자들의 정의는 평화, 진리나 사랑과 같은 어떤 영원한 본질이나 형태의 의미를 설명하기 위한 것이었다. 그러나 오늘날 대부분의 논리학자들은 단어의 의미를 설명하기 위해 정의를 사용한다. 정의는 어떤 단어나 단어 집단에 의미를 부여하는 과정이다. 정의는 논증의 끝이 아니라 시작이다. 좋은 정의는 언어 불통을 해소하는 데 도움이 되고 논증에서도 중요하다. 기호만이 정의가 설명하는 의미를 갖고 있어 정의는 대상이 아니라 기호의 정의이다.

1) 정의의 개념

질문과 답변을 하는 사람이 서로 엇갈리게 말을 하는 경우가 있다. 이것은 정의가 부정확하기 때문이다. 정의는 추론의 중요한 부분이다. 정확한 정의는 모호성과 애매한 대화의 문제를 피하는 데 도움이 된다. 어떤 말은 일반적으로 이해되는 의미를 지니지만, 구체적인 의미가 불명확할 때가 있다. 구체적인 의미가 불분명한 것은 단어의 사용이 모호하기 때문이다.

정의(definition)는 어떤 대상이나 사물의 뜻을 명백히 밝혀 규정하는 것을 의미한다. 즉, 설명하고자 하는 대상의 의미를 밝히는 것이다. 정의는 보통 "A는 B이다" 식으로 표현되는데 A는 피정의항, B는 정의항이다. 어떤 개념(A)을 다른 명제(B)로 규정하고 설명하는 것이다. 이때 정의되는 개념(A)을 피정의항(definiendum)이라 하고, 정의하는 명제(B)를 정의항(definiens)이라 한다. 정의항은 피정의항의 의미를 설명하기 위해서 사용된 기호이다. 예를 들면, "사람은 사회적 존재이다"에서 '사람'은 피정의항(A)이고, '사회적 존재이다'가 정의항(B)이다.

- 피정의항: **정의되는 개념(사람)**
- 정의항: **정의하는 명제(사회적 존재이다)**

무엇이 정의를 좋은 것으로 만드는가? 첫째, 정의는 논쟁의 한쪽 또는 다른 쪽에 대해 편견을 가져서는 안 된다. 정의는 사람들이 일종의 중립적인 영역을 성취하려고 하는 경우에 사용하기 때문이다. 둘째, 정의는 명확해야 한다. 이것은 명확하고 단순한 언어로 표현하는 것을 의미한다. 모호한 단어로 정의하면 아무 것도 성취하지 못한다. 또한 가능한 한 감정적인 언어 사용을 피하는 것이 좋다.

2) 정의의 목적

대부분 단어나 구절은 여러 가지 뜻을 갖고 있다. 단어나 구절을 명확히 하려는 많은 이유가 있다. 설명이나 논증에서 정확하게 사고하려면 단어나 구절의 의미를 한 가지 뜻으로 제한해야 한다. 단어나 구절을 정의하지 않으면 말의 뜻이 다르게 이해될 수 있다. 정의는 다양한 목적을 가지며 여러 가지 형태가 있다. 정의의 목적에는 사전적 목적, 명료화 목적, 규정적 목적, 설득적 목적이나 이론적 목적이 있다.

(1) 사전적 목적

사전적 목적은 단어의 일상적인 의미를 부여하기 위해 필요한 정의이다. 이것은 대다수의 일반 사람들이 이해하는 단어나 구의 일반적인 의미를 제공한다. 대중이 일반적으로 사용하는 방식으로 단어를 정의하는 것을 뜻한다. 이미 갖고 있던 말의 의미를 분명히 밝히는 것을 목적으로 한다. 특정 언어를 사용하는 사람들이 실제 사용하는 단어의 의미로 표현한다.

(2) 명료화 목적

어떤 개념이 가진 뜻을 사전적 정의로 말의 모호성을 줄일 수 없을 때 모호성을 감소하는 방향으로 정의를 내린다. 모호성이나 일반성을 감소하기 위해 특정 상황에서 더 정확한 정의가 필요하다. 정의는 일반적으로 이해되는 의미를 특정한 상황에 보다 구체적으로 만드는 것을 목적으로 한다. 때때로 단어는 하나 이상의 의미를 지니기 때문에 문맥에서 의도된 특정 의미를 알려주기 위해 정확한 정의가 필요하다. 단어가 여러 가지 일반적인 의미를 가질 수도 있기 때문에 정확한 정의는 단어의 개념과 겹칠 수 있지만 각각은 별개의 상황에서 사용된다.

(3) 규정적 목적

논증이나 토론의 목적을 위한 새로운 특정한 의미가 필요한 경우가 있다. 규정적 목적은 새롭게 선택된 대상을 명명하기 위해 새로운 단어가 필요하거나 제정된 의미의 단어에 새로운 사용법이 주어지는 경우에 제시된다. 즉, 어떤 의미를 처음으로 부여하기 위해 규약하는 정의이다. 예를 들면, 새로 발명한 단어에 규정적 정의를 부여한다. 사전적 의미와 반대되어 정확하지 않을 수 있다. 조작적 목적은 규정적 목적의 한 형태이다. 이것은 추상적인 단어를 구체적인 경험의 용어로 정의할 때 필요하다. 즉, 관찰할 수 없는 것을 관찰할 수 있는 용어로 전환하는 것을 의미한다.

(4) 설득적 목적

누군가를 감정적으로 설득하는 것이라면 설득적 정의가 필요하다. 설득적 목적은 감정적이고 정서적인 언어를 사용하여 사람을 동요시키거나 행동 또는 태도에 영향을 주는 것이다. 감정은 단어가 의미하는 바를 대개 말하지 않으므로 논리적인 어휘가 아니다. 설득적 목적의 예는 누군가의 마음을 바꾸는 논증이다.

(5) 이론적 목적

이론적 정의는 주어진 말이 적용되는 대상의 성격을 이론적으로 설명해내려는 정의이다. 이론적으로 개념을 명확하게 하기 위해 철학적 또는 과학적으로 복잡한 단어는 이론적 정의가 필요하다. 이론적 정의는 인간의 태도나 선호와 같이 심리적인 변수로 측정이 복잡한 단어에 대한 진정한 정보를 제공하기 위한 시도이다.

3) 정의의 유형

정의의 목적과 정의를 제공하는 데 사용되는 정의 유형을 구분하는 것이 필요하다. 예를 들면, 음식의 목적은 신체를 유지하고 건강하게 하지만, 음식의 종류는 밥, 야채, 생선이나 고기 등이 있다. 용어를 정의함으로써 어떤 목적이 제공되는지와 관계없이 대부분의 정의는 다음 세 가지 유형이 있다.

(1) 사례에 의한 정의

어떤 대상에 대한 구체적인 정의로 해당 용어가 적용되는 구체적인 종류의 예를 가리키고, 지명하거나 식별하는 경우이다. 구체적인 사례는 공감과 이해를 얻는데 매우 효과적이다. 예를 들면, 이것은 컴퓨터이고, 저것은 전화기이다.

(2) 동의어에 의한 정의

정의된 용어와 동일한 의미를 지닌 다른 단어나 구를 제시하는 경우이다. 예를 들면, 추론과 추리, 유비와 유추, 생각과 사고, 기업과 사업 등이 있다. 때로는 중복적 의미로 지루할 수 있다.

(3) 분석적 정의

어떤 대상을 정의된 용어에 적용하기 위해 있어야 하는 특징을 명시한다. 이러한 정의는 흔히 분류의 형태를 취한다. 예를 들면, 늑대는 개과에 속하는 동물이며, 한국·시베리아·사할린·중국·인도 등에 서식한다. 꼬리를 위쪽으로 구부리지 않고 항상 밑으로 늘어뜨리고 있는 것이 개와 늑대의 차이점이기도 하다.

3. 논증의 표준화

논증은 어떤 문제에 대한 주장이다. 지금까지 설명한 대부분의 논증은 상대적으로 단순하고 추론이 쉽게 따라갈 수 있도록 간단한 방법이었다. 그러나 모든 것이 항상 단순한 것은 아니다. 때때로 논증의 구조를 보기 위해 면밀히 관찰해야 한다. 따라서 전제를 확인하고 논증의 결론을 내는 문제를 살펴봄으로써 논증이 진술된 특정한 방식을 주의 깊게 검토하는 것이 중요하다.

1) 논증의 조건

설득력이 있는 논증의 기본적인 요소가 있다. 기본적으로 논증을 평가하기 위해서는 전제가 결론을 뒷받침하는지를 분석해야 한다. 논증의 전제를 합리적으로 수용할 수 있고 그 전제가 결론에 합리적인 지지를 제공한다면 논증은 설득력이 있다. 설득력이 있는 논증의 필수적인 요소는 전제의 수용가능성, 전제와 결론의 관련성과 전제의 좋은 근거이다.

그림 3-1 설득적 논증의 필수 요소

(1) 전제의 수용가능성

논증에는 수용할 수 있는 전제가 있어야 한다. 논증을 제공받은 사람이 전제를 믿을 수 있다면 합리적이다. 즉, 전제가 참인지 모르는 경우라도 전제를 받아들일 만한 이유가 있고 전제가 거짓이라는 것을 나타내는 증거가 없다면 논증은 합리적이다.

(2) 전제의 좋은 근거

전제는 결론에 충분하거나 적절한 근거를 제공한다. 전제가 결론을 받아들이는 것이 합리적이라는 충분한 이유를 제공해야 한다.

(3) 전제와 결론의 관련성

전제는 결론과 관련되어 있다. 전제가 결론을 지지하는 증거를 기술하고 이유를 제공하거나 결론을 도출한 증명들을 배열한다. 전제와 결론의 관련성은 논증의 설득력에 필수적이다.

2) 논증 표준화의 개요

논증을 평가할 때 논증의 내용을 더 분명하도록 논증을 표준 형식으로 바꿔 쓰는 것이 필요하다. 논증의 표준화는 논증문을 표준 형식, 즉 전제와 결론 순으로 재구성하는 것을 의미한다. 논증의 표준화는 전제, 결론과 지시어를 식별할 수 있기 때문에 유용하다. 그것은 전제나 결론과 구별되는 주변 비평이나 배경 자료를 구분할 수 있고, 전제와 결론을 분리할 수 있다. 또한 간접적으로 표현된 주장이 명시적으로 표시되도록 일부 자료를 다시 언급해야 한다.

표준화로부터 어떤 진술이 전제로 사용되고 결론이 무엇인지를 알 수 있다. 또한 논증자가 전제에서 어떻게 결론을 내렸는지를 아는 데 유용하다.

☑ **수렴형 논증**

① 전제 1

② 전제 2

③ 전제 3

　전제 N …

④ 따라서 **결론**

논증의 표준화는 전제와 결론에 번호를 매기고, 효율적인 방법으로 구체적인 진술을 언급한다. 논증자는 결론 ④를 뒷받침하기 위해 전제 ①, ② 및 ③을 사용한다. 논증의 표준화는 논증에 대한 명확한 시각을 제공하며, 논증자의 말을 신중하게 검토하도록 한다. 따라서 논증의 표준화는 논증을 비판하는 진보된 단계에 도달할 때 어

떤 요소가 필수적이고 비판이 적절한지를 알 수 있게 해준다. 다음
은 가장 간단한 논증의 표준화 예이다.

그림 3-2 **수렴형 논증문**

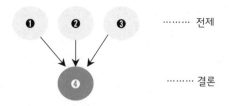

········ 전제

········ 결론

(1) 간단한 논증문

간단한 논증문은 전제와 결론이 각각 한 개의 진술문으로 이루
어진 논증이다. 진술문 ①은 전제이고, 진술문 ②는 결론인 가장 간
단한 논증문의 구조이다. 전제와 결론이 하나인 논증문이다.

그림 3-3 **간단한 논증문**

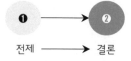

전제 ────▶ 결론

☑ 원 논증문

대수층에서 나오는 전국의 음용수 중 절반은 수십 년 동안 토양에 버려진 화학
폐기물에 의해 오염되고 있다. 지하부 대수층의 오염은 엄청난 양의 오염 문제
를 나타낸다.

☑ 표준화된 논증문

① 대수층[1]에서 나오는 전국의 음용수 중 절반은 수십 년 동안 토양에 버려진 화학 폐기물에 의해 오염되고 있다.
② 따라서 지하부 대수층의 오염은 엄청난 양의 오염 문제를 나타낸다.

(2) 두 전제가 결합된 결론 논증문

[그림 3-4]처럼 논증문은 두 전제가 결합하여 결론을 뒷받침하는 논증문이다. 표준화가 논증의 일부가 아닌 설명의 삭제를 필요로 하는 방법을 보려면 다음 구절을 고려한다.

☑ 원 논증문

나는 많은 사람들이 과학에 충실하고 삶의 모든 영적인 측면을 무시하는 것을 혐오한다. 이것은 우리 시대의 슬픈 모습이다. 이것은 매우 부패한 시대에 살았던 고대 로마인들을 생각나게 한다. 로마 황제 중 한 명인 네로 황제에 관한 내용이 있다. 그는 로마가 불타고 있는 동안 빈둥거렸다. 그것은 과학이 우리에게 가치를 제공하지 않기 때문이다. 여기서 내가 지적하고 싶은 것은 과학이 인간의 삶에 충분한 지침을 제공하지 못한다는 것이다. 우리는 삶을 이끌어 갈 가치가 필요하다.

이 구절에서 주장하는 요점은 과학이 인간의 삶에 충분한 지침을 제공하지 못한다는 것이다. 이것이 이 구절에 담긴 논증의 결론이다. 첫 진술문인 "나는 ~을 혐오한다"는 표현은 감정적 언어를 사용한 주장이다. 주장이 다시 이루어지며, 마지막 문장에서 "내가 지적하고 싶은 것은"을 도입할 때 결론이 분명하게 나타난다. 고대 로마인과 네로 황제에 대한 언급은 결론을 뒷받침하기 위한 전제로 제공되지 않는 부수적인 말이다. 결론은 두 가지 전제에 의해 뒷받침

1 물을 보유하고 있는 층으로 지하수로 포화된 투수성이 좋은 지층.

된다. 즉, 과학은 우리에게 가치를 제공하지 않으며 우리는 삶을 이끌어 갈 가치가 필요하다.

그림 3-4 두 전제가 결합된 결론 논증문

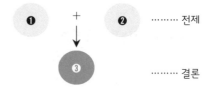

☑ 표준화된 논증문

① 과학은 우리에게 가치를 제공하지 않는다.
② 우리는 삶을 이끌어 갈 가치가 필요하다.
③ 따라서 과학은 인간의 삶에 대한 충분한 지침을 제공하지 못한다.

3) 논증 표준화의 유형

논증을 평가하기 위해서는 우선 논증이 무엇인지 이해해야 한다. 이것은 전제와 결론을 이해하고 전제가 결론을 어떻게 지지할 것인지 이해하는 것을 의미한다. 논증을 보다 정확하게 이해하려면 간단한 표준 형식으로 전제와 결론을 설정하는 것이 좋다. 전제가 결론을 뒷받침할 수 있는 여러 가지 방법을 검토한다.

전제가 결론을 지지하는 수렴형 논증부터 전제가 결론이 되고 그 결론이 다시 결론의 전제가 되는 매개형 등 표준화의 유형은 매우 다양하다. 주요 표준화의 유형은 수렴형, 결합형 하위 논증문, 매개형 하위 논증문, 병렬형 논증문, 다중 결론 논증문, 연속적 매개형 논증문, 수렴형과 매개형의 결합형 논증, 병렬형과 수렴형의 결합형 논증과 반례 등이 있다.

(1) 수렴형 논증문

수렴형 논증문은 둘 이상인 전제가 결론을 각각 지지해주는 논증문이다. 전제 둘이 각각 하나의 결론을 뒷받침하는 논증문이다.

☑ **원 논증문**

> 의학적 문제를 약물로만 치료할 수 있다고 생각하는 것은 실수이다. 첫째, 약물 치료는 심리적 및 생활 방식의 문제를 다루지 않는다. 둘째, 약물 치료에는 종종 부작용이 있다.

이 예에서 결론은 전제 앞에 기술되어 있다. 결론은 첫 번째 문장이다. 이 결론을 뒷받침하는 두 개의 전제가 결론 다음에 차례로 제공된다. 전제에서 결론까지의 추론 경로를 보여주기 위해 문장의 순서를 변경한다. 이 예제에서 ①과 ②는 전제이며 ③은 결론이다.

그림 3-5 **수렴형 논증문**

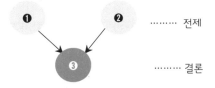

☑ **표준화된 논증문**

① 약물 치료는 심리적 및 생활 방식의 문제를 다루지 않는다.
② 약물 치료에는 종종 부작용이 있다.
③ 따라서 의학적 문제를 약물 치료만으로는 치료할 수 없다.

논리적으로 전제 후에 결론을 기술하는 것이 관례이기 때문에 문장의 순서를 변경하였다. 결론은 주장으로서 전제에서 도출된다. 그러나 말하기와 쓰기에서 순서는 종종 반대이다. 사람들은 먼저 결론을 내고 그 이유를 뒤에 오게 할 수 있다.

(2) 결합형 하위 논증문

하나의 논증문 안에 또 다른 논증문이 포함되어 있는 경우에 논증의 평가는 종종 단계적으로 진행된다. 하위 논증(subargument)은 어떤 논증 안에 있는 전제가 다른 논증 안에 있는 결론이 되는 논증이다. 전체 논증인 큰 논증의 구성 요소인 또 다른 논증이 있는 경우 하위 논증은 전제를 지지하기 위해 주어질 수 있다.

☑ 원 논증문

속임수는 이기기 위해 고의적인 규칙 위반이 필요하기 때문에 컴퓨터는 게임에서 속일 수 없다. 컴퓨터는 행동의 자유가 없기 때문에 컴퓨터는 고의적으로 규칙을 어길 수 없다.

표준화를 위해 순서의 역전이 필요하다. 결론은 첫 진술문의 뒷부분에 진술되어 있다. 논증을 다음과 같이 수립할 수 있다. 이 논증문은 전체 논증문을 구성한다. ④를 지지하는 전제는 ②와 ③이다. 전제 ②는 하위 논증에서 결국 전제 ①에 의해 지지받는다. 이 논증에서의 방향은 '때문에' 단어에 의해 여러 지점에서 나타난다.

그림 3-6 결합형 하위 논증문

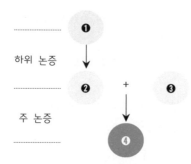

☑ 표준화된 논증문

> ① 컴퓨터는 행동의 자유가 없다.
> ② 컴퓨터는 고의적으로 규칙을 어길 수 없다.
> ③ 속임수는 고의적인 규칙 위반이 필요하다.
> ④ 그러므로 컴퓨터는 속일 수 없다.

[그림 3-6]은 ①이 ②를 지지하고, ②와 ③이 결론인 ④를 지지하기 위해 연결되어 있다. 하위 논증에 있는 결론인 ② 진술문은 하위 논증이다. 이것은 ①에 의해 지지된다. 또한 진술문 ②는 주 논증의 전제이다. 예제에 있는 하위 논증 구조에서 두 개의 서로 다른 논증이 포함되고 따라서 결론과 전제의 두 개 집합이 확인된다. ①에서 ②까지의 하위논증은 하나의 논증이고, ③에서 ④까지의 주 논증은 또 다른 논증이며, 결국 두 개의 논증이 결합된 논증이다.

(3) 매개형 하위 논증문

매개형 하위 논증문은 하나의 전제는 결론을 지지해주고, 이 결론은 또 다른 결론을 지지해 주는 논증문이다. 즉, 전제가 하위 논증의 결론을 지지해주고, 하위 논증의 결론이 전제가 되어 주 논증의 결론을 지지해주는 논증이다.

☑ 원 논증문

> 인생의 목적은 일반적으로 알려질 수 있는 것이 아니다. 그것은 인생을 이끌어 가는 사람에 의해 주어진 다른 목적을 가지고 있기 때문이다. 인생을 이끌어가는 사람만이 인생에 목적을 줄 수 있다.

첫 문장은 결론이다. 둘째 문장과 셋째 문장은 전제이다. 왜냐하면 '때문에'로 연결된 전제 지시어에 의해 나타나기 때문이다. ②

는 ①의 결론이지만 주 결론 진술문인 ③의 전제이면서 ①과 ③을 연결하는 매개 진술문이다.

☑ 표준화된 논증문

① 인생을 이끌어가는 사람만이 인생에 목적을 줄 수 있다.
② 모든 인생은 다른 목적을 갖고 있다.
③ 그러므로 인생의 목적은 일반적으로 알려질 수 있는 것이 아니다.

주 결론은 단일 전제에 의해서 지지되고. 이것은 단일 전제를 갖고 있는 하위 논증의 결론이다. [그림 3-7]은 ①이 ②를 지지해 주고, ②는 ③을 지지해준다. 다른 사람들이 인생에 어떤 의미를 부여하는 것이 가능한 이유로 ①에서 ②까지의 추론을 제시하였으나 부인하기를 원할 수 있다.

그림 3-7 매개형 하위 논증문

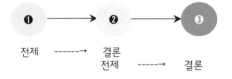

(4) 병렬형 논증문

병렬형 논증문은 논증 구조는 동일한 전제나 전제가 두 개의 뚜렷한 결론을 내리기 위해 사용될 수 있는 구조이다. 그래서 한 가지 주장이 두 가지 결론을 갖는 것처럼 보일 수 있으나 두 가지 결론이 각각 또는 동일한 전제에 의해서 지지된다. 다음은 영국의 철학자이자 정치사상가인 존 로크(John Locke)의 정치 철학 "노동은 모든 재산의 기초이다"라는 주제에서 응용한 예이다.

☑ 원 논증문

어떤 사람은 노동을 하지만 어떤 사람은 노동을 하지 않는다. 따라서 노동을 하는 사람은 재산이 있지만 노동을 하지 않는 사람은 적절한 재산이 없다.

여기에서 논리적 지시어로 사용되는 구절이 이어진다. 이것은 존 로크가 동일한 전제에서 끌어내는 두 개의 아주 명백한 결론을 소개한다. 전제는 노동이 모든 재산의 기초라는 것이다. 이 전제에서 두 가지 결론이 추론된다. 즉, 노동을 하는 사람은 재산이 있지만 노동을 하지 않는 사람은 적절한 재산이 없다.

전제가 다른 전제에 의해 뒷받침되지 않기 때문에 이 논증에는 하위 논증이 없다. 이 전제를 받아들일 의사가 없다면 결론을 내릴 근거가 없다. 결론은 명백한 주장이다. 짧은 구절로 상당히 다른 두 가지 논증을 매우 간결하게 표현한 논증문이다.

그림 3-8 **병렬형 논증문**

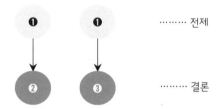

☑ 표준화된 논증문

① 어떤 사람은 노동을 한다.
② 따라서 노동을 하는 사람은 재산이 있다.
   그리고
② 어떤 사람은 노동을 하지 않는다.
③ 따라서 노동을 하지 않는 사람은 적절한 재산이 없다.

Logic Lens

존 로크
John Locke
1632~1704

존 로크는 영국의 철학자이자 정치사상가로서 계몽철학 및 경험론철학의 원조이다. 자연과학에 관심을 가졌고, 「인간오성론」 등의 유명한 저서를 남겼다. 교육에도 많은 관심을 보여 소질을 본성에 따라 발전시켜야 한다고 주장하였다. 로크의 정치사상이 근대 자유주의 전통에 미친 영향은 지대하다. 로크의 자연권은 천부인권으로 발전했고, 제도적 구상은 삼권분립으로 진화되었으며, 저항권은 자유주의의 정신이 되었다. 그러기에 로크로부터 개인의 이익과 공공의 선을 조화시킬 혜안을 찾으려는 노력이 다시금 활발해졌다. 로크는 철학 외에도 화학, 의학, 경제, 정치 등의 다양한 학문을 연구했다. "왕이 왕답지 못하면 엎어 버려라"는 「정부론」에서 만약 통치자가 권력을 악용한다면 폭력으로 쫓아내야 한다고 주장했다. 다음은 존 로크의 어록이다.

• 모든 부는 노동의 산물이다.
• 인내는 덕을 보호하고 지지한다.
• 저항은 국민의 권리이다.
• 어떤 사람의 지식도 그의 경험을 뛰어 넘을 수 없다.
• 자신을 괴롭히는 것이 자신을 지배한다.
• 유일한 방어는 철저한 지식이다.
• 어린이의 예기치 않은 질문은 사람들의 담론보다 더 유익하다.

(5) 다중 결론 논증문

다중 결론 논증문은 하나의 전제가 두 개의 결론을 지지하는 논증이다. 즉, 단일 전제로부터 두 개의 결론을 도출하는 형식이다.

☑ 원 논증문

후진국에서 고교 중퇴와 혼외자의 출산은 빈곤의 주요 원인이다. 따라서 빈곤 퇴치를 위해 사람들이 고교 졸업장을 받도록 인센티브를 제공해야 한다. 어린아 이를 갖기 전에 사람들이 결혼하도록 장려하는 방법을 찾아야 한다.

그림 3-9 **다중 결론 논증문**

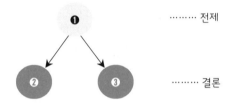

········ 전제

········ 결론

전제 ①이 결론 ②와 결론 ③을 지지해 주는 다중 결론 논증문 이다. 이 논증문은 하나의 전제와 복수의 결론으로 구성되어 있다.

☑ 표준화된 논증문

① 후진국에서 고교 중퇴와 혼외자의 출산은 빈곤의 주요 원인이다.
② 따라서 빈곤 퇴치를 위해 사람들이 고교 졸업장을 받도록 인센티브를 제공 해야 한다.
③ 또한 어린아이를 갖기 전에 사람들이 결혼하도록 장려하는 방법을 찾아야 한다.

(6) 연속적 매개형 논증문

연속적 매개형 논증문은 첫 번째 결론이 다음 하위 논증의 전제 가 되고, 이 전제가 다음 결론을 지지하는 순환적인 구조이다. [그림 3-10]에서 ①은 ②에 대한 지지이고, ②는 ③에 대한 지지이고, ③ 은 ④에 대한 지지이다. 주 논증은 ③에서 ④까지이고, 하위 논증은

②에서 ③까지이며, 또 다른 하위 논증은 ①에서 ②까지이다. 결론을 뒷받침하는 모든 단계가 필요하다. 시작 전제 ① 및 모든 후속 단계를 허용하지 않으면 결론에 도달할 수 없다. 기독교 작가인 클라이브 스테이플스 루이스(Clive Staples Lewis)의 예를 든다.

☑ **원 논증문**

> 욕망에 대한 만족이 존재하지 않는다면 창조물은 욕망으로 태어나지 않았다. 아기는 배고픔을 느낀다. 음식이 있다. 새끼 오리가 수영하고 싶어 한다. 물이 있다. 사람들은 성적 욕망을 느낀다. 성이 있다. 세상에서 만족될 수 없는 어떤 욕망을 발견하면 가장 가능한 설명은 내가 또 다른 세계를 위해 창조되었다는 것이다. 세속적인 즐거움 중 어느 것도 만족시키지 못하더라도 그것은 우주가 거짓말을 한다는 것을 증명하지 못한다.

　루이스가 설정하려고 하는 결론은 무엇인가? 그는 어린아이, 오리새끼와 성에 관해서 말하고, 만족시킬 수 없는 욕망으로 태어난 지구의 창조물이 있다는 증거로서 이러한 현상을 제시한다. 세속적인 즐거움 중 어느 것도 만족시키지 못하더라도 우주가 거짓말한다는 것을 증명하지 못한다. 세상에서 만족될 수 없는 어떤 욕망을 발견한다면 가장 가능한 설명은 다른 세계를 위해 창조되었다고 그는 말한다. 이것은 그가 수립하려는 주요 요점이고 결론이다.

　이 세상에서 만족할 수 없는 욕망을 가진 사람들은 아마도 다른 세상을 위해 만들어질 것이다. 세상에서 경험할 수 있는 욕망이 만족스럽지 않다는 것을 스스로 발견한다면 가장 가능성 있는 설명은 다른 세상을 위해 만들어진 것이라는 것이다.

그림 3-10 **연속적 매개형 논증문**

전제 ┈┈┈┈▶ 결론
　　　　　전제 ┈┈┈┈▶ 결론
　　　　　　　　　전제 ┈┈┈┈▶ 결론

☑ **표준화된 논증문**

① 배고픈 아기, 수영을 원하는 새끼 오리, 섹스를 원하는 사람은 이 세상에서 만족할 수 있다.
② 욕망에 대한 만족이 존재하지 않는 한 창조물은 욕망으로 태어난 것이 아니다.
③ 세속적인 즐거움 중 어느 것도 만족시키지 못하더라도 우주가 거짓말한다는 것을 증명하지 못한다.
④ 그러므로 세상에서 만족될 수 없는 어떤 욕망을 발견한다면 가장 가능한 설명은 다른 세계를 위해 창조되었다는 것이다.

(7) 수렴형과 매개형의 결합형 논증문

수렴형과 매개형의 결합형 논증은 전제 부분과 결론 부분이 결합되어 첫째 결론이 마지막 결론의 전제가 되는 논증문이다. 전제가 무엇인지, 결론이 무엇인지 알지 못하면 전제가 결론을 지지할 좋은 이유를 제공하는지 정확하게 판단할 수 없다. 논증의 장점 또는 결함은 표준화된 형태로 볼 때 더 명확하게 나타난다. 표준화가 논증을 평가할 때 매우 기본이기 때문에 또 다른 예를 통해 확인한다.

☑ 원 논증문

데카르트(Descartes)는 17세기에 종교 전쟁이 많이 일어나 종교 재판[2]이 여전히 활발했던 시기에 살았던 철학자였다. 그는 성실한 가톨릭 신자였지만, 자신의 철학적 사상 중 일부는 카톨릭 교회에 충분히 정통하지 않을 것이라고 두려워했다. 그는 에그몬트라고 불리는 네덜란드의 마을에서 살았다. 이상하게도 여전히 데카르트와 그의 일과 삶에 관한 박물관이 없다. 정말, 네덜란드 사람들이 박물관을 얼마나 사랑하는지에 비추어 볼 때, 데카르트 박물관이 1개는 있어야 하며, 그렇지 않은 것이 이상하다. 데카르트는 서구 사상사에 중대한 영향을 미쳤다. 그는 스피노자(Spinoza)와 라이프니츠(Leibniz)에게 영향을 주었다. 그는 로크에게 영향을 미쳤는데, 로크와 의견을 달리했다. 그는 대단히 중요했던 자신에 대한 사고의 추세를 설정했다. 그래서 네덜란드에 데카르트 박물관이 있어야 한다.

　　결론은 네덜란드에 데카르트 박물관이 있어야 한다는 것이다. 이것에 대한 전제는 데카르트가 서구 사상사에 중대한 영향을 미쳤다는 것이다. 전제는 데카르트의 영향에 대한 증거를 제공하는 하위 논증에 의해 지지된다. 주장은 네덜란드에 있는 박물관에 대한 역사

그림 3-11 **수렴형과 매개형의 결합형 논증문**

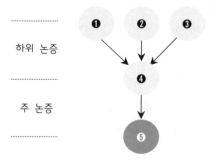

적 배경을 제공한다. 이것은 맥락을 설정했지만 실제로 논증의 일부가 아니다. 다음은 표준화된 형식의 주장이다.

☑ 표준화된 논증문

> ① 데카르트는 스피노자(Spinoza)와 라이프니츠(Leibniz)가 개발한 합리주의 전통에 영향을 미쳤다.
> ② 데카르트는 자신의 사상에 동의하지 않은 로크에게 영향을 미쳤다.
> ③ 데카르트는 스스로 사고의 추세를 설정한다.
> ④ 따라서 데카르트는 서구 사상사에 중대한 영향을 미쳤다.
> ⑤ 그러므로 네덜란드에 데카르트 박물관이 있어야 한다.

(8) 병렬형과 수렴형의 결합형 논증문

병렬형과 수렴형의 결합형은 최종 결론에 이르기 전에 최종 결론에 대한 전제가 복수이고, 전제는 전제나 결론의 일차적 역할을 한다. 전제가 결론이 되고, 이 결론이 전제가 되어 하위 논증 안에 있는 최종 결론을 지지한다. 따라서 이 논증문은 병렬형인 하위 논증과 수렴형인 주 논증이 결합된 형태이다.

☑ 원 논증문

> 밀렵꾼들이 상아를 얻으려고 코끼리를 죽이기 때문에 케냐는 동물의 멸종으로 위협을 받고 있다. 코끼리는 자연포식자가 없기 때문에 생존하기 위해 상아를 필요로 하지 않는다. 따라서 야생 코끼리 포획을 감시하는 조직화된 프로그램이 있어야 한다. 이러한 프로그램은 밀렵꾼들의 포획을 저지할 것이다.

그림 3-12 **병렬형과 수렴형의 결합형 논증문**

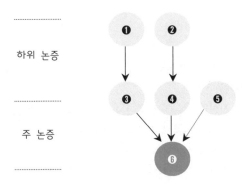

하위 논증

주 논증

표준화된 논증문

① 밀렵꾼들이 상아를 얻으려고 코끼리를 죽인다.
② 코끼리는 자연포식자가 없다.
③ 케냐는 동물의 멸종으로 위협을 받고 있다.
④ 생존하기 위해 상아를 필요로 하지 않는다.
⑤ 이러한 프로그램은 밀렵꾼들의 포획을 저지할 것이다.
⑥ 따라서 야생 코끼리 포획을 감시하는 조직화된 프로그램이 있어야 한다.

   최종 결론을 찾는다. 진술문에서 확립하려고 하는 궁극적인 주
장은 ⑥이다. 다음으로 전제와 결론 지시어를 찾는다. ①번이 ③번
을 지지하고 ②번이 ④번을 지지한다. 마지막으로 ③번, ④번과 ⑤
번이 ⑥을 지지한다. 이러한 지지 진술문은 서로 의존적이다. 따라
서 이러한 것들이 최종 결론을 공동으로 지지한다.

   (9) 반례
   어떤 사람이 거짓을 주장할 때 반례를 제시할 수 있다. 반례법
은 논증이 타당하지 않다는 것을 반대 사례로써 증명하는 방법이다.

다음은 반례를 평가하는 예이다. 9장 논증의 평가 → 2. 연역논증의 평가 → 3) 반례의 평가에서 반례를 자세히 설명한다.

☑ 원 논증문

산업계의 수요를 충족하기 위해 대학교의 교수진에 산업계 교수가 더 있어야 한다. 이것이 새로운 다양성 프로그램이 인정받아야 하는 이유이다. 사실, 이론 교수에게는 불공평한 요소가 포함될 수 있지만 더 많은 산업계 교수가 대학생들에게 주는 이점은 단점보다 더 크다.

결론 ④는 전제 ①, ②와 ③으로 구성된 논증문이다. 기술된 논증의 결론에 역행하는 고려 사항을 소개하고, 점선으로 표시함으로써 반대 주장을 나타내는 것을 주의한다. 이 도형은 항목 ③이 작성자에 의해 ②와 반대되는 고려 사항으로써 도입되었다.

그림 3-13 **반례 논증문**

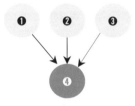

☑ 표준화된 논증문

① 대학교의 교수진에 산업계 교수가 더 있어야 한다.
② 이것이 새로운 다양성 프로그램이 인정받아야 하는 이유이다.
③ 사실, 이론 교수에게는 불공평한 요소가 포함될 수 있다.
④ 더 많은 산업계 교수가 대학생들에게 주는 이점은 단점보다 크다.

Logic Lens

데카르트
Descartes, René
1596~1650

프랑스의 철학자, 수학자, 물리학자, 생리학자인 데카르트는 '근대철학의 아버지'라 불리며, 합리주의 철학의 길을 열었다. 데카르트는 대상을 냉철하게 바라보며 시대의 본질을 꿰뚫는 철학자였다. 그는 모든 인간은 이성을 지니고 있다는 것을 깨달았고, "나는 생각한다, 그러므로 존재한다"는 명제를 이끌어냈다. 이 명제만큼은 의심할 수 없는 명제라고 여겼다. 그는 신이 아닌 인간의 이성을 중시함으로써 근대 서양 사상사의 흐름을 바꿨다. 지식 연구의 목적은 인간이 자연을 지배하고 기술을 개발하며, 원인·결과의 연관을 취하여 인간 본질을 개선하는 데 있다고 보았다. '파스칼의 정리'가 포함된 「원뿔곡선 시론」 등 수학과 물리학에서 여러 업적을 남겼다. 다음은 데카르트의 어록이다.

• 나는 생각한다. 그러므로 나는 존재한다(I think; therefore I am).
• 자연의 모든 것들이 수학적으로 발생한다.
• 가능한 한 많은 부분으로 나누어 해결한다.
• 진실보다 더 큰 지혜는 없다.
• 세계보다는 자신을 정복하라.
• 의심은 지혜의 근원이다.
• 좋은 마음을 갖는 것만으로는 충분하지 않다. 중요한 것은 그것을 잘 사용하는 것이다.
• 모든 양서를 읽는 것은 지난 세기의 가장 훌륭한 사람들과 대화하는 것과 같다.
• 사람들이 실제로 생각하는 것을 알기 위해서는 그들이 하는 말보다는 그들이 하는 행동에 주의를 기울이십시오.

4) 논증 표준화 전략

① 논증을 이해하기 위해서는 논증을 여러 번 주의 깊게 읽는다.

② 실제로 다루고 있는 구절이 논증을 포함하고 있는지를 확인한다. 자신이 지지받으려는 주장만 논증에 포함한다.

③ 주요 결론, 결론을 뒷받침하기 위해 사용된 전제와 전제를 뒷받침하기 위해 제안된 하위 논증을 식별한다. 논증에 있는 지시어와 맥락을 파악한다. 어떤 입장을 찬성하거나 부인하는 주장이 있는 논증은 전제에 이유나 근거를 파악한다.

④ 부연 설명, 배경정보에 사용된 자료나 논점에 대한 맥락은 설정하지 않는다.

⑤ 이미 포함된 자료는 생략한다. 이 지침은 같은 전제나 결론이 약간 다른 단어로 여러 번 언급되었을 때 적용된다.

⑥ "나는 오랫동안 생각했다" 등과 같은 개인적인 구절을 생략한다. 이것들은 논증 내용의 일부가 아니라 논증자가 어떻게 느끼는지에 대한 지시어이다.

⑦ 각 전제와 결론에 번호를 매기고, 결론 앞의 전제와 함께 표준 형식으로 논증을 재구성한다.

⑧ 각 전제와 결론이 독립적으로 되어 있는 완전한 문장인지 확인한다. 전제와 결론에 '그들', '나', '그것', '저', 그리고 '이것'과 같은 대명사는 포함하지 않는다. 대신에 적절한 명사를 사용한다. 전제와 결론은 의문문, 명령문이나 감탄문이 아닌 문장의 형태이어야 한다.

⑨ 전제나 결론 자체가 논증을 표현하지 않는지 확인한다. 예를 들면, "지도자가 심각한 실수를 저질렀기 때문에 당이 선거에서 역할을 제대로 하지 못할 것이다"라는 하나의 전제가 말하는 경우, 이 전제를 ① 당의 지도자가 심각한 실수를 저질렀다는 것과 ② 당이 선거에서 역할을 제대로 하지 못할 것이라

는 점을 분류할 필요가 있다. 표준화에서 ①과 ②는 별개의 문장이 될 것이며, ①은 ② 하위 논증을 지지하는 것으로 표시되어야 한다. 단일 전제의 형태로 이것을 함께 쓴다면 하위 논증은 명확하게 표시되지 않을 것이다.

⑩ 필수 항목이 생략되거나 불필요한 것이 포함되었는지 확인하기 위해 원래 문장과 비교하여 표준화된 논증을 검토한다.

그림 3-14 **논증의 표준화 전략**

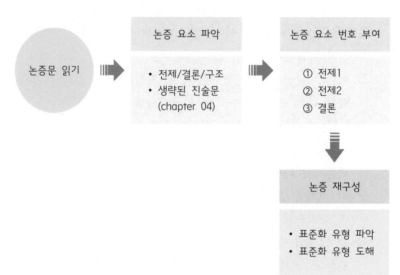

Chapter 03 논증의 구조
연습문제

01 논증의 구조 파악에 관한 문제이다. 다음 문장에 대해 어떤 정의 목적인지를 기술해본다.

❶ 안락사는 도움을 호소할 수 없는 의지할 데 없는 영혼의 냉담한 살인자이다.

❷ 인(仁)이라는 단어를 사용한 공자는 사람들이 다른 사람들과 공감할 수 있고 또 바랄 수 있는 발전된 인간 본성의 충만함을 가리킨다.

❸ 멀미는 항공, 자동차 또는 선박 여행에서 흔들림에 의해 유발되는 질병을 의미하며 메스꺼움이 특징이다.

❹ 골프에서 핀(pin)이라는 단어는 홀의 위치를 표시하는 깃대를 가리킨다.

❺ 분쟁은 격렬하고 때로는 폭력적인 갈등 또는 반대를 의미한다.

❻ 공산주의는 지적으로 약한 나라를 곪게 하고, 아무 생각이 없고 게으른 대중에게 스며드는 이데올로기이다.

❼ 지식이란 진정으로 세계와 일치하는 명제에 대해 적절하게 정당화된 인지적 동의를 의미한다.

❽ 비행 자동차는 보통 지상에서 주행하지만 교통 혼잡을 피하기 위해 공중을 날아갈 수 있는 자동차이다.

❾ 폭행은 즉각적으로 해롭거나 모욕적인 접촉으로 의도적이고 비특권적인 행동이다.

❿ 과학자들은 의심할 여지없이 정직하고 충실한 사람이다. 집단 지성을 갖고 있는 사람들은 우주선을 발사하고, 그것을 위협하는 암초와 떼에서 보호한다.

02 논증이 포함된 구절에 대해서는 표준화 형식으로 재구성하고, 전제와 결론에 번호를 붙인다. 모든 하위 항목을 주목하고 주 논증과 주 결론을 표시한다. 일부 진술문은 논증을 포함하지 않으며 따라서 전제나 결론을 포함하고 있지 않다. 논증이 포함되어 있지 않다고 생각한다면, 왜 그렇게 하지 않는지 간략하게 설명한다.

❶ 자동차에 신뢰할 수 있는 브레이크가 있다면, 브레이크는 습한 날씨에 작동한다. 자동차의 브레이크는 습한 날씨에는 잘 작동되지 않는다. 나의 차는 신뢰할 수 있는 브레이크가 없다는 것을 알 수 있다.

❷ 청년 실업이 증가하면 역시 폭력과 폭도가 증가한다. 실업이 아마 이러한 혼란의 주요한 원인이라는 증거로부터 알 수 있다. 따라서 폭력이 마약에 의해서 일어났다고 말하는 사람들은 모두 잘못 알고 있다.

❸ 내가 지금까지 연구한 모든 종교에는 여성에 대한 편견이 담겨있다. 나는 모든 종교가 여성에 편향되어 있다고 결론을 내린다.

❹ 다음은 공룡의 한 종류인 시조새[3]에 관한 기사에서 발췌한 내용이다. 시조새의 주요 깃털은 현대 조류의 비대칭적, 공기 역학 형태이다. 시조새의 깃털은 비행에 사용되었다는 것을 증명한다.

❺ 사람들이 과학을 하기 때문에 과학은 사회적으로 체화된 활동이다.

❻ 대리점이 문제이다. 여기에 이유가 있다. 점화 플러그에는 전류가 흐르지 않는다. 그리고 점화 플러그에 전류가 흐르지 않는다면 발전기가 고장났거나 대리점이 문제이다. 그러나 문제가 발전기에 있다면 계기판 경고등이 켜진다. 그래서 경고등이 켜지지 않았기 때문에 문제는 대리점에 있다. 도움이 되기를 희망한다.

❼ 그들은 정말로 신공항을 건설해야 한다. 그것은 현재 공항이 과밀하고 위험하다는 사실은 말할 것도 없고 이 지역에 더 많은 사업을 유치할 것이다.

❽ 인삼은 날씬해지고, 젊어지고, 아름다워지는 데 도움이 된다. 인삼을 자주 먹어라.

---

3 1억 5천만 년 전에 존재한 것으로 여겨지는 새로 몸집이 작고 재빠른 육식 공룡으로부터 진화했다.

⑨ 오늘날 한국에서 자유 언론의 아이디어는 웃음거리이다. 작은 집단, 광고
주들은 그들이 소유한 것보다 더 효과적으로 미디어를 통제한다. 그들은
프로그램부터 새로운 보고 내용에 이르는 모든 것을 좌우할 수 있다. 정
치가와 편집인들은 그러한 불매의 생각으로 떤다. 이러한 상황은 감내하
기 어렵고, 변화되어야 한다. 나는 텔레비전과 라디오 방송에 모두 귀 기
울일 것을 제안한다.

⑩ 위치가 좋고, 건전한 부동산은 가장 안전한 투자이다. 은행에 있는 돈처
럼 부동산은 사라지지 않을 것이다. 물가상승률 때문에 부동산 가치는 사
라지지 않을 것이다. 사실, 재산가치는 적어도 물가상승률과 같은 비율로
증가하는 경향이 있다. 대부분의 주택은 주로 강한 구매자 수요와 신축
주택의 공급부족으로 물가상승률보다 더 높게 평가되었다.

생략된 진술문

1. 생략된 진술문

논증에서 전제나 결론이 종종 기술되지 않는다. 생략된 진술문 (unstated statement)은 정언 삼단논법으로 표현할 수 있는 논증이지만 전제 또는 결론이 누락된 진술문이다. 즉, 완전한 삼단논법은 대전제, 소전제와 결론으로 구성되어 있지만 이중 한 개라도 생략되면 생략된 진술문(unstated statement) 또는 생략 삼단논법(enthymeme)이라 한다. 이처럼 생략된 진술문은 보통 말하기 및 쓰기에서 빈번하게 발생한다.

• 생략된 진술문: **전제 또는 결론이 누락된 진술문**

논쟁에서 모든 진술을 표현하는 것이 지루하기 때문이다. 독자 들은 생략된 진술문을 찾을 때 지적 기능을 수행하고 관심을 유지한 다. 논증자는 부당하거나 건전하지 않은 논증을 부주의한 독자에게 슬며시 놓는 것을 원하고, 전제나 결론을 남겨둠으로써 이러한 목적 이 촉진될 수 있다.

생략 삼단논법은 삼단논법으로 전환하는 것은 어렵지 않다. 생 략 삼단논법을 완전한 논증으로 전환하는 것을 목표로 독자는 무엇 이 생략되었는지, 전제나 결론이 있는지를 파악해야 한다. 지시어에 주의를 기울이면 진술문의 생략된 단서를 찾을 수 있다. 생략된 진 술문은 선언문 형태로 표현될 필요가 없다.

1) 생략된 진술문 발견 규칙

사람들이 약하거나 타당하지 않은 논증을 제시하고 있다고 의심될 때 대부분은 핵심 전제가 생략된 것이다. 흔히 이러한 핵심 전제는 명시적으로 기술된 경우라 하더라도 우스꽝스럽고 논증은 쓸모없다. 때때로 논증자는 자신의 주장을 과감하고 정직하게 제시할 수 있는 기회를 포기하고, 선언적 전제가 아닌 수사학적인 질문을 한다. 생략된 전제나 결론이 있는 논증이 생략 삼단논법이다. 다음은 생략 삼단논법에서 생략된 진술문을 찾는 규칙이다.

(1) 논증자의 의도

논증자의 의도를 정확하게 해석한다. 생략된 전제와 결론을 보충하는 가장 중요한 규칙은 가능한 한 정확하게 논증자의 의도를 해석하는 것이다. 생략된 전제나 결론은 논증의 중요한 부분일 수 있다. 결과적으로 논증자가 자신의 생각을 표현하는 것으로 인식할 수 있는 방식으로 논증에서 빠진 단계를 채워야 한다. 생략된 부분을 파악하는 방법은 논증자가 무엇을 가정했는지를 질문하는 것이다. 논증에 추가하는 모든 가정은 논증자가 말하는 것과 일치해야 한다.

(2) 자비의 원리

논증자의 논증을 해석하여 재구성할 때 따라야 할 일반적 원리가 자비의 원리이다. 자비의 원리(principle of charity)는 논증자의 주장을 가장 설득력 있고 타당한 입장에서 이해해 주는 것을 의미한다. 논증을 재구성하는 과정에서 마치 논증자가 자신의 논증을 평가하는 것처럼 논증자의 입장에서 가능한 한 최상의 논증이 되도록 논증을 재구성해야 한다는 원리이다. 논증자가 마음속에 갖고 있는 생략된 전제나 결론이 무엇인지를 아는 것은 어렵거나 불가능하다. 이러한 경우 자비의 원리는 가능한 관대하게 논증을 해석하는 것이다.

2) 생략된 진술문 발견

논증에서 생략된 전제(unstated premises)를 파악하면 논증을 명백하게 평가할 수 있다. 논증자가 논증에서 생략한 전제를 어떻게 알 수 있는가? 자신의 논리적 방향감과 논증자가 실제로 의미하는 것을 일치시키는 것이 어렵다. 논증에 있는 공백을 보고 채울 때는 생략된 전제를 적고 논증자가 실제로 말한 것을 신중하게 살핀다. 사례에 대한 표현과 배경 지식을 참조하여 전제를 정당하게 추가할 수 있는지 확인한다. 명시된 문장에서 너무 멀리 나아가거나 다른 사람들의 주장을 자신의 것으로 바꾸지 않도록 한다.

(1) 생략된 진술문 발견 과정

논증에서 생략된 전제를 확인하는 것이 중요하다. 논증의 일부로서 전제를 생략했는지를 논증자에게 질문할 수 있다. 생략된 전제를 보충하지 않으면 논증이 정당화될 수 없는지를 파악한다. 또한 논증을 정확하게 표준화한다. 그렇지 않다면 논증의 의미를 이해할 수 없다. 논증의 논리적인 흐름이 자연스럽지 못할 때마다 생략된 전제를 추가한다면 논증의 추론과 왜곡을 읽을 수 있다.

논리와 추론을 익히기 위해 배워야 할 가장 중요한 기술 중의 하나는 생략된 진술문의 개념을 이해하는 것이다. 많은 논증에는 생략된 전제가 포함되어 있으며, 추론의 명백한 결함을 피하기 위해 근거가 부족한 방법이 사용될 수 있다. 그러나 생략된 전제가 있는 논증이 반드시 타당하지 않다는 것을 의미하는 것은 아니다. 생략된 전제를 다루는 기법에서는 생략된 전제가 무엇인지 인식하고 명확히 기술하여 논증에 올바르게 포함될 수 있도록 하는 것이 중요하다.

(2) 전제가 생략된 간단한 논증문

어떤 진술문은 타당한 논증이 아니다. 그렇다면, 무엇이 잘못되었는가? 생략된 전제의 가정이 없으면 결론은 아무런 의미가 없고, 논증은 타당하지 않다. 다음은 원 논증문의 생략된 전제를 찾아 재구성하는 과정에 대한 설명이다.

☑ 원 논증문

내 책 가방은 네 가방보다 더 좋다. 왜냐하면 내 것은 파란 색 조각이 더 많기 때문이다.

논증의 건전성을 판단하기 위해 파란 색이 더 좋다는 전제를 받아들일지를 결정해야 한다. 파란 색이 더 좋다는 것이 타당한 전제라고 동의하면 논증은 건전하고 결론은 합리적이다. 노란 색이 파란 색보다 더 좋다고 믿는다면 전제를 거절하고, 결론은 합리적으로 보이지 않는다. 노란 색에 대한 선호도는 차치하더라도 중요한 점은 논증을 평가할 때 이러한 생략된 전제를 고려해야 한다는 점이다.

☑ 재구성 논증문

전제 1: 내 책 가방에 파란 색이 많이 있다.
[생략된 전제 2]: 파란 색은 다른 색보다 더 좋다.
결론: 내 책 가방은 너 가방보다 더 좋다.

(3) 다양한 생략된 전제

생략된 전제는 숨겨진 전제이다. 생략된 전제는 명시된 결론에 도달하기 위해 필요한 전제이지만 논증에서 분명하게 명시되어 있지 않다. 명시적으로 기술된 결론을 믿을 충분한 이유를 제공하는지를 알아야 하고, 생략된 전제가 무엇인지를 판단해야 한다. 전제를 자세히 살펴보면 믿을 수 있는 충분한 이유가 있는지를 판단할 수 있다. 다음 네 가지 논증을 고려한다.

① 모든 개는 포유류이다. 따라서 모든 개는 동물이다.

② 법사위원은 보수당 의원이거나 진보당 의원이다. 따라서 그 사람은 진보당 의원이다.

③ 선진국 문화의 규범에는 봉사활동이 포함됨다. 따라서 선진국 문화의 사람들은 봉사활동을 해야 한다.

④ 아무도 도덕에 대해 보편적으로 받아들여지는 객관적인 근거를 찾아내지 못했다. 따라서 도덕에 대한 객관적 근거는 없다.

각각의 논증에는 중요하고 실질적인 전제가 없다. 명시된 전제만으로는 결론을 믿을 만한 충분한 이유가 못된다. 논증자는 생략된 전제가 명백하게 사실이기 때문에 명시적으로 진술할 가치가 없다고 생각할 수 있지만, 논증을 받아들이는 사람은 지적으로 혼란스럽다. 생략된 전제가 사실인지 아닌지가 논증의 핵심이다.

위의 ②와 ③ 논증에서 생략된 전제는 거짓일 수 있는 것을 주장한다. ① 논증에서 생략된 전제는 쉽게 발견된다. 생략된 전제는 모든 포유류는 동물이다. 이 주장은 부인할 수 없는 진실이고 모두 동의하는 것이다. 그래서 논증자는 논증에서 거짓을 주장하지 않는다. ② 논증에서도 마찬가지이다. 생략된 전제는 법사위원은 보수당 의원이 아니다. 이러한 주장은 쉽게 검증되거나 반증된다. 논증자는 아마도 느슨하게 말하면서 중요한 문제에 대한 필요성을 거의 느끼지 못한다.

그러나 ③과 ④ 논증의 생략된 전제는 중요하고 실질적인 주장이고, 많은 사려 깊고 유식한 사람들은 동의하지 않을 것이다. ③ 논증에서 생략된 전제는 "선진국 문화에 대한 문화적 규범이 있는 모든 활동은 선진국 문화의 사람들에게 도덕적으로 의무이다"라는 것이 필요하다. ④ 논증의 생략된 전제는 "도덕에 대한 객관적 기준이 존재한다면 누군가 지금까지 보편적으로 받아들여질 수 있도록 제시했을 것이다"이다. 그러나 이 주장은 너무 문제가 많다. 주제에 대해 객관적으로 올바른 견해가 없기 때문에 모든 사람들이 믿을 만한 충분한 이유가 없다. ③과 ④ 논증의 생략된 전제가 알려지면 논증의 취약성은 분명하다. 그러나 사람들은 추론의 취약성을 원하지 않는다.

(4) 생략된 전제 추가 조건

정확하고 정당한 해석을 위해 생략된 전제를 추가할 필요가 있을 때 기술된 전제를 기술된 결론과 연결하기 위해 가장 그럴듯한 전제를 선택한다. 논증의 이유나 전제를 확실히 이해하고, 상식의 문제가 되는 전제를 선택한다. 생략된 전제의 문제에 관한 몇 가지 지침이 있다. 다음 조건 하에서 생략된 전제를 추가한다.

- 논증 안에 논리적인 공백이 있다.
- 추가적인 전제를 삽입함으로써 논리적인 공백을 채울 수 있다.
- 논증자가 받아들일 수 있는 전제이어야 한다.
- 증거는 맥락, 상식이거나 믿음에 근거해야 한다.
- 생략된 전제의 보충 문장은 원 전제와 일치해야 한다.

일반적으로 생략되거나 기술되지 않은 전제를 추가할 때 주의해야 한다. 생략된 전제를 추가하려면 먼저 논증자의 논증을 표준화해야 한다. 충분한 정당화 없이 논증을 보충하고 그럴듯하지 않은 어떤 주장을 생략된 전제에 추가하면 논증을 오역하고 허수아비 오류라 하는 실수를 하게 된다.

2. 생략된 전제 발견

논증에서 전제가 없거나 생략될 수 있다. 때때로 논증자가 중요한 것을 빠뜨렸다는 인상을 가질 수 있다. 논증에서 있어야 할 자료가 있는 것 같지만 진술되지는 않는다. 즉, 논증의 전제가 없다. 독자들이 논증을 듣거나 읽고 하나 이상의 생략된 전제가 있다고 생각할 때, 채우기를 원하는 논리적인 공백을 느낀다.

1) 전제가 생략된 간단한 논증문

전제가 생략된 간단한 논증문은 가장 간단한 유형의 논증문이다. 예를 들면, 어떤 어린이들은 아빠가 엄마보다 키가 크다는 것을 알고 있기 때문에 아빠는 엄마보다 더 많이 알고 있다고 주장한다. 즉, 아이들은 큰 키로부터 많은 지식을 추론한다. 이것은 논리에서 상당히 불합리한 비약이다. 이 아이들이 언급하지 않은 전제에 의존하고 있다는 것을 알게 되면 공백을 메울 수 있다. 다음은 생략된 전제가 있는 논증의 예이다.

☑ 원 논증문

실제로 보통 오렌지는 소형 화학 공장이다. 그리고 좋은 감자에는 150가지가 넘는 구성 성분 중에 비소가 들어 있다. 이것은 자연식품이 위험하다는 것을 의미하지 않는다. 위험하다면 시장에 나오지 않을 것이다.

이 논증은 식품가공 회사가 내 보낸 광고의 일부이다. 광고의 요지는 안전성에 관한 한 자연재배 식품과 인위적으로 가공된 식품 간에 일반적인 차이가 없다는 것이다. 광고의 일반적인 주장은 가공 식품이 위험하지 않다고 독자들에게 확신을 갖게 하는 것이다. 이 논증에는 하위 논증이 있고, 여기서 하위 논증에 주목한다. 이것을 다음 세 문장으로 논증을 재구성한다.

☑ 재구성 논증문

① 감자와 오렌지와 같은 자연식품이 위험하다면 시장에 나오지 않을 것이다.
[생략된 전제]: ③ 감자와 오렌지 같은 자연식품이 시장에 나와 있다.
② 그래서 감자와 오렌지 같은 자연식품은 위험하지 않다.

이 논증문에 있는 ①에서 ②까지의 추론을 살펴보면 광고가 명백한 사실에 근거한 것을 알 수 있다. 감자와 오렌지 같은 자연식품이 시장에 나와 있다. 사실적인 주장으로 전제를 추가함으로써 추론을 명확하게 할 수 있다. 추가된 전제 ③은 광고주가 확실히 받아들여졌을 일반적인 지식의 문제이므로 ③을 추가할 때 논증이 잘못 표현되는 것이 아니다. 이것은 [그림 4-1]과 같이 나타낼 수 있다.

그림 4-1   전제가 둘인 논증문

········ 전제

········ 결론

2) 복수 논증문이 결합된 논증문

복수의 전제와 복수의 결론이 있는 논증문은 다소 복잡하다. 즉, 하위 논증의 결론이 주 논증의 전제가 있는 논증문이다. 하위 논증문의 전제와 결론, 주 논증문의 전제와 결론이 연결되어 있다. 두 개의 논증문이 종속적으로 결합되어 주 논증문이나 하위 논증문에서 생략된 전제를 찾는 것이 다소 복잡할 수 있다. 다음은 복수 논증문이 종속적으로 결합된 논증문이다.

☑ 원 논증문

어떤 사회단체는 원자력이 안전하다는 것을 확신할 때까지 핵 시설에 대한 조언을 받아서는 안 된다고 주장한다. 원자력 발전소를 만들고 운영하는 사람들은 큰 재앙이 결코 없을 것이라고 확신한다. 그러나 원자로 제조업체는 토스터, 건조기, 세탁기, TV와 기타 가정용 전자제품을 제조한다. 이러한 단순한 제품들은 완벽하게 신뢰할 수 없다. 또한 복잡한 원자로가 완전히 신뢰할 만하지 않다. 신뢰할 수 없는 원자로는 수백만의 생명을 잃을 수 있으며 재산 피해로 수십조 원을 잃을 수 있다.

종속적으로 복수 논증문이 결합된 논증문을 표준화하고, 생략된 전제와 결론을 찾아 생략된 부분을 채워 넣는다. 다음은 위 논증문을 표준화하여 명시된 전제와 결론이 있는 논증문이다.

☑ 재구성 논증문

① 원자로 제조업체는 토스터, 건조기, 세탁기 및 기타 간단한 가정용 기기를 제조한다.

② 원자로를 만드는 제조업체가 만든 토스터, 건조기, 세탁기, TV와 기타 가정용 전자제품은 완전히 신뢰할 수 없다.

③ 따라서 복잡한 원자로는 완전히 신뢰할 만하지 않다.

④ 신뢰할 수 없는 원자로는 수백만의 생명을 잃을 수 있으며 재산 피해로 수십조 원을 잃을 수 있다.

⑤ 그러므로 원자력이 안전하다는 것을 확신할 때까지 핵 시설에 대한 조언을 받아서는 안 된다.

[생략된 전제]: ⑥ 회사는 신뢰할 수 있는 간단한 제품을 만드는 것보다 신뢰할 수 있는 복잡한 제품을 만드는 경향이 적다.

여기에서의 주 결론은 처음에는 명령으로 명시되어 있다. 이것을 표준화에서 선언적 진술로 바꾼다. 여기에 하위 논증이 있다는 것을 주목한다. 전제 ①과 ②는 하위 논증 ③ 결론을 지원하기 위해 연결되어 있다. 그런 다음에 ③과 ④는 주 논증 ⑤ 결론을 지원하기 위해 연결된다. 이 경우 하위 생략된 전제의 문제가 발생하기 때문에 논증에만 집중한다.

그림 4-2 **복수 논증문이 결합된 논증문**

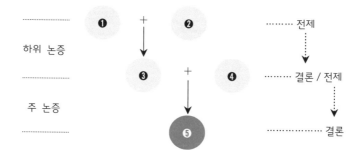

①에서 논증자는 토스터와 같은 제품을 다루고 간단하다고 말한다. ②에서 이 간단한 제품을 신뢰할 수 없다고 기술한다. 이 진술에서 동일한 회사에서 제조한 간단한 제품보다 복잡한 원자로가 신뢰할 가능성이 더 적다고 결론 ③을 낸다. 여기서 생략된 것은 복잡한 제품이 동일한 회사에서 제조한 간단한 제품보다 신뢰할 가능성이 더 적다는 명백한 주장 ⑥이다. 이 간단한 제품은 완전히 신뢰할 수 없고 복잡한 원자로가 완전히 신뢰할 수 있다고 믿는 이유가 훨씬 낮다는 것이 생략된 전제이다. 회사가 신뢰할 수 있는 간단한 제품을 만드는 것보다 신뢰할 수 있는 복잡한 제품을 만드는 경향이 적다는 생략된 전제 ⑥을 암시한다.

하위 논증은 생략된 전제 ⑥으로 간주될 수 있다. 이 해석에서 하위 논증은 ①과 ②에서 ③이 아니라 ①, ② 및 ⑥에서 ③으로 이동한다. 생략된 전제 ⑥을 추가함으로써 원래 논증의 구조를 더 명확하게 한다. 왜냐하면 논증자가 원자로의 오류와 관련이 있는 토스터의 오류 가능성을 어떻게 이해하는지를 알 수 있기 때문이다. 생략된 전제가 삽입된 상태에서 하위 논증의 구조는 [그림 4-3]과 같다.

그림 4-3 **생략된 전제를 추가한 논증**

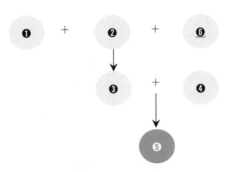

3) 전제가 셋인 논증문

다음은 루이스의 순전한 기독교(Mere Christianity)[1]에서 생략된 전제가 있는 예제를 확인해 보는 과정이다.

> 여담이지만 전체주의와 민주주의의 차이와 관계있는 다른 차이를 불멸이 만들어낸다. 개인이 단지 70년을 산다면 천년 동안 지속되는 국가나 문명은 개인보다 더 중요하다. 그러나 기독교가 사실이라면, 개인은 비교할 수 없을 정도로 중요하다. 왜냐하면 개인은 영속적이고 국가나 문명의 생명은 순간이기 때문이다.

원래의 구절로 다시 돌아간다. 단락의 첫 번째 문장의 첫 번째 부분은 주제를 도입한다. 루이스는 이 도입에서 '여담이지만'으로 시작함으로써 논증을 엄격하게 말하지 않는다. 두 번째 문장은 비기독교적인 견해이다. 즉, 개인은 70년을 살기 때문에 국가나 문명이 개인보다 더 중요하다. 그러나 논증자의 주된 관심사는 기독교적인 관점의 결과에 있다. 대안적 견해는 배경의 일부로 포함되며 실제로 전제 또는 결론이 아니다. 그는 개인의 중요성에 대한 기독교의 결과를 말해준다. 이것이 요점과 결론이다. 즉, 이 논증의 핵심은 기독교적인 견해이다. 다음은 기술된 자료만 사용한 원 논증문이다.

☑ 원 논증문
① 기독교가 사실이라면 개인은 영원하다.
② 국가와 문명은 영원하지 않다.
③ 따라서 기독교가 사실이라면, 개인은 국가나 문명보다 훨씬 더 중요하다.

1 Lewis, C. S.(2012), *Mere Christianity*, New York: Collins.

논증자는 결론을 중요한 방식으로 제한한다. 그는 논증에서 기독교가 사실임을 밝히지 않았다. 오히려 진실로 간주하고, 개인은 국가나 문명보다 훨씬 더 중요하다고 주장한다. 지시어 '왜냐하면'은 결론을 도입하는 이유에 해당한다. 개인은 영속적이지만, 국가나 문명은 그렇지 않다. 기독교 가설에 따라 개인의 영원한 삶에서 개인의 중요성을 추론한다. 영원한 삶은 언급된 개인의 유일한 특징이기 때문에 언질로 볼 수 있으며, 개인은 국가나 문명보다 "비교할 수 없을 정도로 중요하다"로 말한다.

논증을 정확하게 평가하기 위해 논증의 표준화를 진행한다. 논증의 표준화는 배경과 여담을 생략하고 전제와 결론만을 포함한다. 논증을 더욱 명확히 하려면 논증자가 말한 것과 논증의 방향을 정확히 파악한다. 논증에서 생략된 전제로 "영원한 존재는 단순한 유한 존재보다 더 중요하다 ④"를 삽입한다. 밑줄은 진술을 추가했음을 의미한다. 다음은 생략된 전제를 삽입하여 수정된 논증이다.

☑ 재구성 논증문

① 기독교가 사실이라면 개인은 영원하다.
② 국가와 문명은 영원하지 않다.
[생략된 전제]: ④ 영원한 존재는 단순한 유한 존재보다 더 중요하다.
③ 따라서 기독교가 사실이라면 개인은 국가나 문명보다 훨씬 더 중요하다.

[그림 4-4]에 표시된 대로 추가된 문장 ④는 밑줄이 그어져 있다. 전제 ①, ② 및 ④는 ③을 지원하기 위해 연결된다. 생략된 전제 ④가 포함되어 원 논증문을 표준화하여 재구성한 논증문이다.

그림 4-4   재구성한 논증문

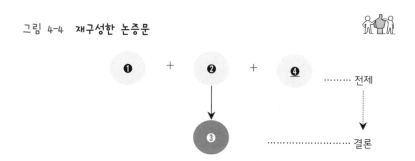

생략된 전제 ④는 논증을 분명히 하기 때문에 논증의 추론을 평가할 때 도움이 된다. 그러나 생략된 전제 ④의 삽입은 반론의 여지가 있을 수 있다. 개인이 더 오래 사는 것이 정체성을 더 중요하게 하거나 가치 있게 만드는 이유는 명확하지 않기 때문이다. 그래서 생략된 전제는 때때로 반론의 여지가 있다. 생략된 전제를 추가하면 문장이나 말의 표현을 보충하는 데 충분한 이유를 제공하거나 전제가 논증을 적합하게 한다.

3. 생략된 결론 발견

논증문에서는 전제뿐만 아니라 결론도 생략된 경우가 있다. 즉, 어떤 논증에는 결론이 없거나 누락되어 있다. 이러한 결론은 문맥상 나타나는 단어에 의해 제시되는 경우가 있다. 생략된 결론을 찾아 채워 넣는다면 논증의 의미를 정확하게 파악할 수 있다.

1) 결론의 생략 원인

결론은 다양한 이유로 숨겨져 있을 수 있다. 요점이 너무 명확하면 논증은 건조하고 진부할 수 있다. 결론이 감탄과 질문 형식을 통해 간접적으로 표현되기도 한다. 이러한 경우 결론이 명시적으로 표현되지 않더라도 적어도 부분적으로 표현된다. 때때로 결론은 문체상의 이유로 기술되지 않는다.

제안이나 암시가 철저한 직접 진술보다 더 효과적일 수 있다. 논증자는 결론을 솔직하게 표현하는 것보다 암시하는 것이 메시지를 더 받아들일 수 있다. 그러나 어떤 맥락에서 생략된 전제는 다소 교활한 측면이 있을 수 있다. 대부분의 광고의 결론이나 메시지는 광고를 듣거나 읽는 사람들에게 언급한 제품을 구입해야 한다는 것을 암시한다.

2) 생략된 결론의 재구성

논증문의 결론이 생략되는 이유는 많이 있다. 생략된 전제뿐만 아니라 생략된 결론을 찾아 채워 넣는 논증문의 재구성은 논증의 의미를 정확하게 파악하는 과정이다. 다음은 결론이 생략된 논증문의 예를 통해서 논증문을 재구성하는 과정의 설명이다.

☑ 원 논증문

▌철수

냉동 배아에 대해 들었는가? 한 부부가 시험관에 있는 정자로 수정된 여성의 난자를 갖고 있었다. 아이디어는 자궁에 배아를 이식하여 아기를 가질 수 있게 하는 것이었다. 태아가 발달하기 시작하고 태아를 얼게 했다. 그래서 어쨌든 이 배아들은 얼어붙었고 부부는 이혼했다. 그들은 누가 배아를 소유하고 있는지 밝히려고 법원의 재판에 참여하고 있다.

▌영수

누가 배아를 소유하고 있는가? 이것은 나를 아프게 한다. 배아는 인간의 생명에 필요한 모든 유전 물질을 가진 인간을 성장시키고 있다. 인간의 생명을 위한 유전 물질은 재산이 아니다.

이 대화에서 영수는 생략된 결론으로 논증을 제시했다. 그는 태아의 소유권에 대한 법원의 판결에 충격을 받는다. 왜냐하면 소유권이 재산이라는 것을 이 맥락에서 암시하기 때문에 그는 배아 소유권에 관한 재판 사건에 충격을 표현했다. 다음은 영수의 논증이다.

☑ 재구성 논증문

① 배아는 인간의 삶에 필요한 모든 유전 물질을 가지고 있다.
② 인간 생명에 필요한 모든 유전 물질은 재산이 아니다.
③ 따라서 배아는 재산이 아니다.

명시된 전제는 생략된 결론 ③을 지지하기 위해 연결된다. 논증에 추가할 것이 있기 때문에 여기서 밑줄 그은 ③으로 표시한다. 주장이 명시되지는 않았으나 그럼에도 불구하고 암시적이거나 강하게 제안된 경우, 그리고 맥락이 논증인 것처럼 보일 때 결론의 역할인 주장을 추가할 수 있다. 사실 결론은 생략되어 있다. 전제를 추가할 때 자비의 원리를 사용해야 한다. 어떤 진술이나 구절에 결론을 추가하면 논증으로 바꿀 수 있다.

그림 4-5 재구성 논증문

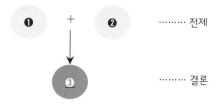

Chapter 04 생략된 진술문

연습문제

❖ 논증에서는 전제가 생략된 경우가 있다. 전제는 한 가지 이상의 방식으로 기술될 수 있다. 다음의 각 논증에서 실체적 전제나 결론이 없는 것은 무엇인가? 생략된 전제나 결론을 찾아본다.

➊ 어떤 고양이도 새가 아니다. 따라서 캐츠는 새가 아니다.

➋ 홍준이는 화성이 금성보다 크다고 말한다. 따라서 화성은 금성보다 크다.

➌ 논리학자는 철학자이다. 따라서 민석이는 철학자이다.

➍ 논리학을 공부하는 학생들은 우수하고 명망이 있다. 따라서 한국대학교 학생들은 우수하고 명망이 있다.

➎ 미아는 매일 논리학 수업을 듣고 정기적으로 공부하여 취업시험에 합격하였다. 따라서 영수는 아마도 취업시험에 합격할 것이다.

➏ 내일 비가 많이 오면 야구 경기가 취소된다. 따라서 잠실 운동장에 내일 예정된 야구 경기가 아마도 취소될 것이다.

➐ 흥수는 단체의 활동을 대중적으로 홍보하기 위해 법을 위반하고자 한다. 따라서 흥수는 무정부주의자이며 사회질서를 존중하지 않는다.

➑ 어떤 경찰관은 법의 공평한 집행을 훼손한다. 왜냐하면 주차 위반 딱지를 붙이지 않기 때문이다.

➒ 고래를 과도하게 포획하기 때문에 고래 개체수가 최근 몇 년 동안 줄어들고 있다.

➓ 모든 것이 결정론적 규칙에 의해 지배되기 때문에 기계론적 유물론자들은 자유의지를 믿지 않는다.

⑪ 바람은 남쪽에서 분다. 비가 올 것이다.

⑫ 현대차라면 소나타이다. 따라서 이것은 소나타가 아니다.

⑬ 휘태커는 호주 출신이다. 따라서 그는 영어를 잘한다.

⑭ 오늘이 금요일이면 박사장은 미국에 있다. 따라서 박사장은 일하고 있다.

⑮ 아파트 분양가 상한제를 유지해야 한다. 주택가격의 폭등은 서민의 상실
   감을 조장한다.

논증의 유형

1. 논증의 유형

　추론(inference)은 전제와 주장을 타당하게 연결시키는 과정이다. 즉, 한 개나 여러 개의 판단을 근거로 새로운 판단을 도출하는 사고 과정이다. 추론에는 비약, 모순이나 오류가 있어서는 안 된다. 추론은 전제와 결론의 두 부분으로 구성되어 있다. 추론의 과정에서 근거로 삼는 판단을 전제(premise)라 하고, 전제로부터 도출되는 새로운 판단을 결론(conclusion)이라 한다. 논증(argument)은 결론을 이끌어내기 위한 증거나 이유를 명시함으로써 결론을 이끌어내는 추론이다.

　논증은 설득력 있는 증거로 뒷받침되는 주장이다. 전제와 결론 간의 관계에 따라 논증의 형식은 연역논증과 귀납논증으로 나눌 수 있다. 모든 논증은 이 두 논증 중 하나이다. 연역논증은 타당성과 건전성을 확보하는 것을 목표로 하는 반면, 귀납논증은 일반화와 예측을 목표로 한다. 논증자는 논증 자체가 연역적인지 귀납적인지를 알려주지 않는다. 논증이 연역적인지 귀납적인지는 논증자가 사용하는 추론의 유형에 달려있다.

1) 연역논증

　연역논증(deductive argument)은 전제에서 결론을 필연적으로 (necessarily) 이끌어내는 논증이다. 결론에 의해서 표현된 정보는 전제에 의해서 표현된 정보를 충분히 포함한다. 결론의 진릿값을 알 수 있는 경우는 건전한 논증(sound argument)이다.

• 연역논증: 전제에서 결론을 필연적으로 이끌어내는 논증

연역논증은 전제에서 결론을 연역하는 것을 의미한다. 즉, 이미 알려진 일반적인 원리나 법칙에서 구체적이고 개별적인 결론을 이끌어 내는 논증 방식이다. 결론에서 주장하는 내용은 모두 전제에 이미 포함되어 있다. 이를 전제가 결론을 함축하고 있다고 표현한다. 결론은 전제와 관련된 새로운 지식을 생성하는 것을 의미하는 것이 아니라 전제가 제시하는 것을 재기술하는 것이다. 다음은 연역논증의 전형적인 예이다.

전제: 모든 사람은 죽는다.

전제: 소크라테스는 사람이다.

결론: 따라서 소크라테스는 죽는다.

연역논증의 목적은 전제가 모두 참이면 결론이 참이라고 보증하는 방식으로 결론을 확실하게 완성하는 것이다. 전제가 결론을 함축하는 논증은 연역적 타당성이 있다. 연역논증은 타당하거나 부당하다. 전제가 참일 때 결론은 참이어야 한다. 따라서 연역은 논리적 관계이다. 전제가 연역적으로 추론된 결론을 함축한다.

(1) 두 개의 전제가 있는 논증

두 개의 전제가 있는 논증은 전제가 둘이고 결론이 하나인 간단하고 단순한 형태이다. 전제는 결론을 연역적으로 함축한다. 전제가 참이나 결론이 거짓인 상황은 존재하지 않는다. 함축은 두 개의 명제가 전제와 결론의 관계로 결합된 형태를 말한다.

☑ 예: 두 개의 전제와 하나의 결론

전제: 모든 산업장관은 박사이다.

전제: 유정제 교수는 산업장관이다.

결론: 따라서 유정제 교수는 박사이다.

그림 5-1 두 개의 전제가 있는 논증

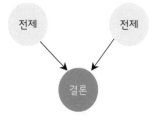

(2) 세 개의 전제가 있는 논증

세 개의 전제가 있는 논증은 전제가 세 개이고 결론이 하나이다. 명제들은 조건문을 갖고 있는 순환연결 형태를 띠고 있다. 그러나 연역적으로 타당한 논증에서 전제가 참이지만 결론이 거짓인 경우는 존재하지 않는다. 즉, 전제가 연역적으로 결론을 함축하지 않기 때문에 가능한 결합이 아니다.

☑ 예: 세 개의 전제와 하나의 결론

전제: 채무자들이 상환자금이 부족하다면 대출기관은 자금이 부족할 것이다.

전제: 대출기관이 자금이 부족하다면 창업이 감소할 것이다.

전제: 창업이 감소하면 실업이 증가할 것이다.

결론: 따라서 채무자들이 상환자금이 부족하다면 실업이 증가할 것이다.

그림 5-2 세 개의 전제가 있는 논증

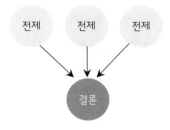

(3) 유도논증

유도논증(conductive argument)에서 각각의 전제는 결론과 개별적으로 관련된다. 결론에 대한 지지는 항상 수렴적이다. 이것은 전제가 결론을 위해 개별적으로 설명된다는 것을 의미한다. 논증에서 각각의 전제는 결론과 개별적으로 관련이 있으며, 다른 전제가 거짓이라 할지라도 결론을 뒷받침하는 이유로 간주된다. 즉, 각각의 전제는 결론에 독립적으로 영향을 미친다. 따라서 논증에서 하나 이상의 전제가 제거되더라도 나머지 전제의 결론에 대한 관련성은 영향을 받지 않는다. 즉, 하나의 전제를 제거하면 결론은 약화되지만 나머지 전제에 의해 여전히 지지된다.

예를 들면, 전제 ①은 결론 ④의 이유이고, 전제 ②는 결론 ④의 이유이고, 전제 ③은 결론 ④의 이유이다. 사안의 내용에서 결론이 나오도록 유도한 숨은 이유를 찾고, 그 이유를 근거로 설명을 통해 결론이 옳은지를 확인할 수 있기 때문이다. 따라서 유도논증은 타당한 결론을 얻을 가능성이 크다. 유도논증은 법적인 사안에서 특히 중요하다. 예를 들면, 어떤 사람이 범죄를 저질렀다고 믿을 몇 가지 특징적인 이유가 있다. 살인 재판에서 검사는 피고인이 거짓말하고 있다고 논증한다.

전제 1: 알리바이가 없고,

전제 2: 범죄동기가 있고,

전제 3: 목격자가 범죄 현장 근처에서 확인되었고,

결론: 따라서 피고인이 범죄에 대해 거짓말한다.

　　이 논증의 전제는 피고인이 참으로 범죄를 저질렀다고 믿는 이유로 개별적으로 관련성 있는 조건이다. 전제는 결론을 개별적으로 지지하기 위해 제기되었다. 피고인이 알리바이[1]를 증명할 수 있다면 전제 ①은 거짓이고, 검사의 기소를 뒷받침하는 관련된 이유로써 전제 ②와 전제 ③이 남는다. 유도논증을 평가하는 중요한 측면은 결론과 다른 요인이나 이유인 반례의 생각이다. 유도논증에서는 전제가 결론을 수렴적으로 지지하기 위해 제기된다.

그림 5-3 **유도 논증**

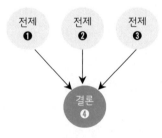

---

1 알리바이(Alibi : 현장 부재 증명): 용의자가 범행 시각에 범행 현장에 없었음을 증명하는 것.

2) 귀납논증

귀납논증(inductive argument)은 특정한 사례의 관찰에서 일반적인 결론을 이끌어내는 논증이다. 귀납논증은 전제에서 결론을 개연적으로(probably) 이끌어내는 논증이다. 전제가 모두 참이면 결론이 개연적으로 참이라고 주장한다. 귀납논증의 목적은 완전한 확실성이 아니라 개연성을 갖는 결론을 확립하는 것이다. 즉, 결론을 받아들이기에 좋은 이유를 갖는다는 것을 보여주기 위한 것이다. 그러나 귀납논증은 결론이 참이라는 것을 보증하기 위한 시도가 아니다.

• 귀납논증: 전제에서 결론을 개연적으로 이끌어내는 논증

개연성(probability)은 50% 이상의 가능성을 의미한다. 이것은 어떤 사건이 실제적으로 발생할 수 있는 가능성이나 정도를 의미한다. 즉, 현실화될 수 있거나 참이 될 수 있는 가능성이다. 그러나 결론이 참일 개연성을 계량화하는 것은 쉽지 않다. 결론이 개연성을 갖고 이끌어낼 수 있는 논증이라면, 즉 논증들을 각각 계량화할 수 있다면 다른 논증보다 더 좋거나 더 나쁜지에 관하여 논할 수 있다. 다음은 귀납논증의 예이다.

---

① 소연과 지은은 가장 친한 친구이다. 따라서 소연은 지은의 부모님을 개연적으로 안다.

② 날씨가 연속적으로 한 달 동안 맑았고, 하늘에는 구름이 없었다. 따라서 내일도 맑을 것이다.

③ 봉주는 3년 동안 마라톤 경기에서 우승했다. 따라서 내일 마라톤 경기에서도 우승할 것이다.

(1) 간단한 귀납논증

간단한 귀납논증은 하나의 전제로 결론을 도출하는 경우이다. 예를 들면, 1,000명의 학생이 있는 K고등학교를 졸업한 100명을 추출하여 조사하였다고 가정한다. 100명이 모두 논리학에서 좋은 성적을 받았다. 이를 근거로 하여 다음 학기의 학생들도 논리학에서 좋은 성적을 받을 것이라고 추론한다. 이렇게 추론할 때 학생들의 미래 경험에 관한 결론을 내기 위해 이미 조사했던 졸업생들의 과거 경험에 관한 추론을 사용한다. 이러한 방식으로 추론할 때 간단한 귀납논증이 된다.

K고등학교를 졸업한 내가 만난 모든 학생들은 논리학의 성적이 우수하다.

그래서 아마 K고등학교를 졸업한 모든 학생들은 논리학의 성적이 좋을 것이다.

추론할 때는 큰 표본의 수를 근거로 해야 한다. 추론할 때 관찰되지 않은 사례가 관찰된 사례와 유사하다고 가정할 것이다. 경험을 근거로 신뢰할 수 있는 예측이 가능하게 하는 것이므로 귀납추론의 기본적인 가정은 집단과 경험의 유사성과 규칙성이다. 귀납논증의 맥락에서 이유보다는 증거를 말하는 것이 일반적이고, 증거는 관찰과 경험에서 온다.

(2) 전제가 둘인 귀납논증

전제가 둘인 귀납논증에서 첫째 전제는 경험적 관찰이다. 둘째 전제는 관찰을 설명하는 가설에서 도출되고, 관찰에 대한 설명으로서 가장 좋고 가장 그럴 듯한 것은 교육이라고 주장한다. [그림 5-4]와 같이 전제는 결론을 지지하기 위해 연결되어야 한다. 이 결론에서 아마도 가설이 참이라고 추론한다. 이러한 유형의 논증은 가장 좋고 그럴 듯한 설명에 대한 추론에 근거한다.

> K고등학교를 졸업한 100명의 학생들은 논리학의 성적이 우수하다.
>
> 가장 좋고 그럴 듯한 설명은 K고등학교에서는 논리학을 잘 가르친다는 것이다.
>
> 따라서 아마도 K고등학교에서는 논리학을 잘 가르친다.

　　이 논증을 평가하기 위해 전제들을 받아들일 수 있는지를 평가
하고, 첫 전제에 있는 정보를 가장 잘 설명하는지를 탐구한다. 귀납
논증에서 경험한 것과 경험을 근거로 결론을 내리는 것과의 연결은
연역논증이 아니다. K고등학교의 다음 학기 학생들은 논리학이 약하
거나 학교가 논리학을 잘 가르치지 않을 수 있다. 관찰된 사례에 대
한 전제에서 관찰되지 않은 사례에 대한 결론의 논증은 타당하지 않
다. 어떤 귀납논증도 결론이 반드시 참이라는 것을 보여줄 수 없다.
이 점이 연역논증과 귀납논증의 근본적인 차이이다.

그림 5-4 **전제가 둘인 귀납논증**

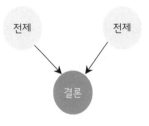

(3) 유추
　　현실적으로는 검사 또는 실험할 수 없는 경우가 많다. 예를 들
면, 월 1회 산아제한이 안전한지를 알고 싶지만 법과 윤리적 이유로
검사할 수 없다고 가정한다. 그래서 다른 동물을 구해서 실험을 한

다. 번식제한의 실험으로 100마리의 실험동물 중 20마리가 암으로
진전되었다는 것을 관찰했다. 이러한 정보에 근거하여 몇 가지 결론
을 낸다. 번식제한은 실험동물들에게 암을 유발하였고, 그래서 인간
에게도 암을 유발할 것이다. 이러한 논증은 추론에서 도출한 유추나
비교에 근거한다. 다음과 같이 이 논증에서 추론을 표현한다.

번식제한을 할 때 100마리의 실험동물 중에서 20마리는 암이 발생한다.

그래서 아마 번식제한이 실험동물에서 암의 실질적인 원인이다.

그래서 아마 산아제한이 인간에게도 암의 실질적인 원인이 될 것이다.

그림 5-5 **일반화와 유추**

첫 단계는 일반화이고 둘째 단계는 유추이다. 유추는 동물의 신
체조직과 인간의 신체조직 사이에 있다. 유추는 과학적 실험뿐만 아
니라 유사하게 보이는 법적인 사건에서도 많다. 이것은 유사한 사례
를 유사하게 다룬다는 의미에서 일관성의 문제이다.

2. 논증의 비교

논증은 어떤 것에 관한 의견이 정확하다는 것을 사람들에 확신시키기 위해 사용하는 진술이다. 논증은 지시하는 것이 아니다. 논증 기술을 향상할수록 더 비판적으로 생각하고, 추론하고, 선택하고, 증거를 평가할 수 있다. 연역논증과 귀납논증은 각각 특징이 있다.

1) 연역논증

연역논증은 이미 알려진 일반적인 원리나 법칙에서 개별적이고 구체적인 사실을 이끌어내는 논증 방식이다. 결론의 내용이 근거에 포함되어 있기 때문에 근거로 제시된 일반적인 원리가 참이면 결론은 언제나 참이다. 따라서 연역논증은 참이거나 거짓이다. 전제가 참이라면 결론은 항상 참이기 때문이다.

연역논증의 평가에는 타당(valid) 또는 부당(invalid)이라는 용어가 사용된다. 연역논증은 새로운 원리나 사실을 발견해내기 어렵기 때문에 개별 사실에 대한 진술이 참인지 거짓인지를 증명하는 데 주로 사용된다. 연역논증의 대표적인 방법은 삼단논법(syllogism)이 있다. 다음은 연역논증의 예이다.

표 5-1 **연역논증의 예**

① 모든 인간(A)은 죽는다(B).	일반적 사실	대전제
② 소크라테스(C)는 인간(A)이다.	구체적 사실	소전제
③ 따라서 소크라테스(C)는 죽는다(B).	구체적 사실	결론

그림 5-6 **삼단논법의 형식**

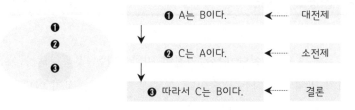

❶ A는 B이다. ◄········ 대전제

❷ C는 A이다. ◄········ 소전제

❸ 따라서 C는 B이다. ◄········ 결론

2) 귀납논증

귀납논증은 개별적이고 구체적인 사실에서 일반적이고 보편적인 원리나 법칙을 이끌어내는 논증 방식이다. 자연과학 법칙을 세울 때 유용하며, 새로운 지식을 확장해 나갈 수 있다는 장점이 있다. 그러나 하나의 예외만 발견되어도 결론이 부정돼 논리가 무너지는 것이 단점이다. 귀납논증은 전제가 참이면 결론이 반드시 참은 아니지만 어느 정도 참이라는 논증이다. 즉, 결론이 확률로만 전제를 추론할 수 있는 논증이다. 전제가 참일 때 논증은 아마도 사실이다. 따라서 귀납논증은 타당 또는 부당이 아니라 다른 논증보다 더 좋거나 더 나쁜지를 말할 수 있다. 다음은 귀납논증의 예이다.

표 5-2 **귀납논증의 예**

소크라테스는 죽는다.	구체적 사실	이유
아리스토텔레스도 죽는다.	구체적 사실	이유
따라서 모든 인간은 죽는다.	일반적 사실이나 원리	결론

귀납논증은 표본과 모집단의 유사성에 달려있다. 표본과 모집단 간의 유사성이 클수록 귀납논증은 더 신뢰할 수 있다. 그러나 표본

이 모집단과 다르다면 귀납논증은 신뢰할 수 없다. 모든 귀납논증이
완전히 정확하지는 않지만 단지 확률적으로 개연성[2]이 높다고 할 수
있다. 연역논증을 반박하려면 근거가 되는 전제를 반박하고, 귀납논
증을 반박하려면 근거가 되는 사실을 반박하거나 반증을 제시하면
된다. 연역논증은 전제가 참일 경우 결론도 참이지만, 귀납논증은 전
제가 참이라도 결론이 반드시 참은 아니다.

그림 5-7   **연역논증과 귀납논증의 특징**

연역논증	:	일반적 사실	→	구체적 사실
귀납논증	:	구체적 사실	→	일반적 사실

표 5-3   **연역논증과 귀납논증의 차이**

연역	귀납
전제가 참이면 결론도 참이어야 한다.	전제가 참이면 결론은 아마 참일 것이다.
결론은 필연적으로 전제로부터 도출된다.	결론은 개연적으로 전제로부터 도출된다.
모든 전제가 참이고 결론이 거짓인 경우는 불가능하다.	전제가 참이고 결론이 거짓인 경우는 있을 것 같지 않다.
전제를 주장하고 결론을 부인하는 것은 논리적으로 모순된다. 전제를 수용한다면 결론을 수용해야 한다.	전제를 주장하고 결론을 부인하는 것이 논리적으로 모순이 없더라도 전제가 참이면 결론은 아마 참일 것이다.

---

2 확실하지는 않으나 아마 그럴 것이라는 가능성의 정도.

Logic Lens

'백현동 허위발언' 법리공방…이재명측 "처벌불가"

백현동 한국식품연구원 부지 용도변경과 관련해 국정감사 허위발언 혐의로 기소된 더불어민주당 이재명 대표 측이 국회증언감정법 증인보호 조항을 토대로 "허위사실 공표라 하더라도 처벌할 수 없다"는 주장을 폈다. 하지만 검찰은 해당 조항의 제정 취지 및 대법원 판례와 배치되는 자의적 해석이라며 맞섰다.

이 대표의 변호인은 8일 서울중앙지법 형사합의34부 심리로 열린 공직선거법 위반 혐의 사건의 속행 공판에서 이같이 밝혔다.

앞서 이 대표 측은 6일 재판부에 "국회증언감정법에 따라 이 대표가 이 사건 혐의인 공직선거법상 허위사실공표로 처벌받을 수 없다"는 취지의 의견서를 냈다. 또한 이는 "당시 발언은 실제로 있었던 정부 압박을 이 대표의 기억에 의해 표현한 것으로 허위사실이라 단정할 수 없다"는 기존 입장과 다소 결이 다르다.

이제까지는 허위사실 여부를 중심에 놓고 '허위가 아니다'라는 취지로 방어막을 펴왔지만, 여타 관련자들에게서 불리한 발언이 나오는 상황에서, 기존 논리가 뚫릴 경우에 대비해 '설령 허위라고 하더라도 처벌 대상이 아니다'라는 빗장을 걸고 나선 것이다.

출처: 연합뉴스 2023-12-08

Chapter 05 논증의 유형
연습문제

❖ 연역논증과 귀납논증에 관한 문제이다. 다음은 연역논증과 귀납논증을 나열한 것이다. 연역논증과 귀납논증을 구별해 본다.

❶ 어떤 개는 포유류이다. 어떤 포유류는 동물이다. 그러므로 어떤 개는 동물이다.

❷ 로웰은 소설가이거나 천문학자였다. 그러나 그는 소설가가 아니었다. 따라서 그는 확실히 천문학자였다.

❸ 모든 수학 선생님들은 사각형은 네 면이 있다고 말할 때 진지하다. 따라서 그 기초 위에서 사각형이 네 면을 가지고 있다고 말할 수 있다.

❹ 일부 질병은 피부 접촉으로 한 사람에서 다른 사람에게 쉽게 전파될 수 있다. 따라서 일부 질병은 전염성이 확실히 있다.

❺ 어떤 인간도 200년 동안 살지 않았다. 따라서 현재 독재자들도 200년 동안 살지 않을 것이다.

❻ 윤보선이 한국의 대통령이었다면 그는 정치가였다. 윤보선은 정치가였다. 그러므로 윤보선은 한국의 대통령이었다.

❼ 일본군은 아시아에서 전쟁하는 동안 많은 폭탄을 떨어뜨렸다. 폭탄은 거의 항상 근처의 시설을 파괴한다. 따라서 일본군은 아마도 아시아에서 모든 시설을 파괴했을 것이다.

❽ 가수 황금심이 남성이라면, 황금심은 남성이다. 그러나 황금심은 남성이 아니다. 따라서 황금심은 남성이 아니다.

❾ 조선 시대의 과학자 장영실은 우주인이었다. 따라서 장영실은 우주인이었다.

❿ 아부다비 사막 한가운데서 동물이 아직 발견되지 않았다. 따라서 내년에는 어떤 동물도 발견되지 않을 것이다.

⑪ 이 병의 라벨에는 '비타민'이라고 표시되어 있다. 따라서 병에는 비타민이 있어야 한다.

⑫ 7은 5보다 크고, 5는 3보다 크다. 따라서 2는 3보다 작다.

⑬ 대부분의 사람들은 도심지 시위를 반대한다. 따라서 도심지 시위는 잘못된 것이다.

⑭ 신은 완벽하다. 존재는 완벽하다. 그러므로 신이 존재의 완벽이 있다는 것은 필요하다. 그러므로 신이 존재해야 한다.

⑮ 삼각형 A는 삼각형 B와 일치하고, 삼각형 A는 이등변삼각형이기 때문에 삼각형 B는 이등변삼각형이다.

⑯ 어떤 연설문도 감성적이지 않다. 어떤 연애편지는 감성적이다. 따라서 어떤 연애편지는 연설문이 아니다.

⑰ 테러 분자들을 인질과 교환하기 위해 지불하는 것은 현명한 정책이 아니다. 이러한 행동은 앞으로 더 많은 사람이 인질로 잡히게 될 것이다.

⑱ 렌즈는 표면에서 빛을 굴절시켜 기능한다. 결과적으로 렌즈의 작용은 렌즈 표면의 형상뿐만 아니라 렌즈 물질 및 주변 매질의 굴절에 달려있다.

⑲ 운동은 대다수의 사람들에게 좋다. 따라서 90세의 할아버지가 내년 전국체전 마라톤 경기에 출전하는 것은 좋을 것이다.

⑳ 고려대학교는 수년 동안 한국의 선도적인 대학이었다. 따라서 고려대학교는 앞으로 한국의 선도적인 대학이 될 것이다.

CHAPTER 06

Logic and Fallacies

명제 논리

1. 명제 논리의 이해

논리는 명제 논리와 술어 논리로 구분된다. 명제 논리는 주어와 술어를 구분하지 않고 전체를 하나의 식으로 하여 참이나 거짓을 파악하는 것이지만 술어 논리는 주어와 술어를 구분하여 참이나 거짓을 파악한다. 일반 논리학이 언어를 사용하는 데 반해 기호 논리학은 기호를 사용하는 논리학이다. 기호 논리학은 명제 논리와 술어 논리를 포함한다. 명제 논리와 술어 논리는 논증에 포함된 명제의 성격과 문장의 구조에 따라 기호화되는 방식에 의해서 분류된다.

1) 명제 논리의 개념

명제와 명제와의 관계를 논하는 것은 명제 논리(propositional logic)이다. 논증은 전제와 결론으로 구성된다. 명제(proposition) 또는 진술문은 참이거나 거짓인 문장이다. 모든 명제는 참이거나 거짓인 진릿값을 갖고 있다. 명제가 참이면 진릿값은 참이고, 명제가 거짓이면 진릿값은 거짓이다. 명제는 논리의 가장 기본적인 요소이고, 참이나 거짓인 평서문이다. 다음은 명제와 비명제의 예이다.

• 명제: 참이거나 거짓인 문장

표 6-1 **명제와 비명제**

명제	비명제
• 하늘이 푸르다.	버스 타라.
• 서울은 대한민국의 수도이다.	오늘은 며칠인가?
• 1 + 0 = 1	x + 1 = 2

표 6-2 **진술문의 진릿값**

전제	진릿값
1 + 1 = 2	참
1 + 1 = 1	거짓
내일은 눈이 올 것이다.	알려지지 않음
논리는 재미있다.	의견
지구는 달의 주위를 돈다.	거짓 믿음

2) 명제 논리의 구조

긴 명제를 쓰는 것을 피하기 위해 명제변수가 사용된다. 명제변수(propositional variables)는 참 또는 거짓을 나타내는 변수이다. 명제변수는 영문 소문자 p, q, r, … 등으로 표기하고, 명제가 참 또는 거짓의 값을 가질 때 그 값을 명제의 진릿값(truth value)이라고 한다. 예를 들면, 다음과 같다.

p	q
비가 오고 있다.	도로가 젖는다.

단순명제(simple proposition)는 "오늘은 눈이 온다"처럼 단일 문장으로 이루어진 명제이다. 복합명제(compound proposition)는 "오늘은 눈이 오고 도로는 미끄럽다"처럼 둘 이상의 문장으로 이루어진

명제이다. 이러한 각각의 문장은 참 또는 거짓으로 판명되기 때문에 명제이다. 단순명제는 한 가지 사실을 주장하는 명제이나, 복합명제는 연결사를 사용하여 단순명제를 연결하여 한 가지 이상의 사실을 주장하는 명제이다. 복합명제도 두 개 이상의 명제들이 어떤 주장을 할 때는 논증이 된다.

- 명제변수: 참 또는 거짓을 나타내는 변수
- 단순명제: 단일 문장으로 이루어진 명제
- 복합명제: 둘 이상의 문장으로 이루어진 명제

명제 논리(propositional logic)는 주어와 술어를 구분하지 않고 전체를 하나의 식으로 처리하여 참 또는 거짓을 판별하는 논리로 단순명제와 복합명제를 포함하는 논증의 타당성을 다루는 기호 논리의 한 부분이다. 논증의 타당성은 논증의 형식에 의존하기 때문에 논증의 구조는 매우 중요하다. 명제 논증에서 논증의 형식은 문장 변수 및 논리 상수를 사용하여 표시된다. 단순명제는 문장 변수를 사용하여 표시된다. 복합명제는 문장 변수와 논리 상수를 사용하여 표시된다.

논리적 연산(logical operation)은 어떤 가치를 사용하는 명제를 결합한다. '∧'는 'and'를 의미하고, 'p∧q'는 p명제와 q명제의 결합이다. 예를 들면, 비가 오고 그리고 도로가 젖는다. p와 q가 참이면 p∧q는 참이다. '∨'는 'or'를 의미하고, p∨q는 p명제와 q명제의 선택이다. 예를 들면, 비가 오거나 도로가 젖는다. 어떤 명제는 진리표에 의해서 표시될 수 있고, 진리표는 구성변수의 모든 결합에 대해 진릿값을 보여준다.

술어 논리(predicate logic)는 주어와 술어로 구분하여 참 또는 거짓을 판별하는 논리로 단칭과 전칭명제(singular and general propositions)

를 포함한 논증의 타당성을 다루는 기호 논리학의 한 분야이다. 즉, 술어 논리는 주어와 술어 간의 관계를 다루는 논리 체계를 의미한다. 전칭명제는 어느 집합에 속한 모든 개체에 관한 명제로 술어 기호를 사용하여 표시된다. 개별 상수와 술어 기호는 각각 문장의 주어와 술어를 나타내기 위해 사용된다.

명제함수(propsitional function)는 변수의 값에 의해 함수의 진릿값이 결정되는 문장이나 식을 의미한다. 즉, 변수에 특정한 값을 주면 명제가 되는 문장이다. 명제함수를 명제로 만드는 방법은 변수값 지정과 변수값 한정이 있다. 변수값 지정은 변수에 값을 지정해주는 방법이고, 변수값 한정은 한정사를 이용해 변수의 값을 한정시키는 방법이다.

- 술어 논리: 단칭과 전칭명제를 포함한 논증의 타당성을 다루는 기호 논리학
- 명제함수: 변수의 값에 의해 함수의 진릿값이 결정되는 문장이나 식

한정사(quantifier)는 '모든' 또는 '어떤'과 같은 양을 나타내는 단어이다. 전칭 한정사(universal quantifier, $\forall$)는 '모든'을 의미한다. $\forall$은 for All 의 약자로 해당 변수가 속한 집단의 모든 값에 대한 수식어이다. 예를 들면, $\forall x$는 "모든 실수 x에 대하여"라는 뜻이 된다. 함수가 $P(x)$라 할 때 $\forall xP(x)$는 모든 x에 대하여 $P(x)$는 참이다. 만약 참이라면 $\forall xP(x)$의 진릿값은 참이고, 한 가지라도 거짓이 되는 반례가 있다면 $\forall xP(x)$의 진릿값은 거짓이다.

존재 한정사(existential quantifier, $\exists$)는 "존재한다"를 특정 함수에 대해 $\exists xP(x)$로 표기한다. $\exists$은 there Exist의 약자로 "해당 변수가 속한 집단의 어떤 값이 존재할 것이다"라는 뜻을 가진다. 예를 들어, $\exists x$는 "어떤 실수 x는 ~일 것이다"라는 뜻이 된다. 존재 한정사가 전체 한정사와 다른 점은 정의역 x에 존재하는 한 가지라도 참이

라면 진릿값이 참이 된다는 점이다.

- 전칭 한정사: 모든 값에 대한 수식어
- 존재 한정사: 어떤 값의 존재에 대한 수식어

2. 명제 논리의 유형

명제 논리에서 연결사는 한 개 이상의 명제 기호에 첨가하여 명제에 새로운 의미를 추가한다. 단순명제는 연결사를 포함하지 않고, 복합명제는 단순명제와 하나 이상의 논리 연결사로 구성된다. 연결사는 전제를 새로운 전제와 연결하는 방법이다. 명제 논리는 명제의 진릿값과 명제 간의 관계를 연결한다. 복합명제는 여러 가지 유형이 있다.

표 6-3 **명제의 유형**

복합명제	연결사	기호	이름	문장 표현
부정(negation)	NOT	~	tilde	~이 아니다.
연언(conjunction)	AND	∧, •	dot	그리고, 그러나
선언(disjunction)	OR	∨	vee	또는, 이거나
가언(conditional)	IF	→, ⊃	arrow	만약 ~라면, 오직 ~인 경우에만
이중조건(biconditional)	If and only if	↔, ≡	double arrow	만일 … 그리고 단지 그런 경우에만

단순 진술문은 간단한 문장으로 단 하나의 일을 수행하고, 뭔가가 사실이라고 선언한다. 이 진술문은 진실 또는 거짓일 수 있으며

진위 여부를 알지 못하거나 진위 여부에 대해서 의견이 다를 수 있
다. 예를 들면, 첫째 진술문은 단순 문장이지만, 나머지 진술문은 하
나 이상의 문장으로 구성되어 있는 복합 진술문이다. 부정문은 진술
문이 거짓임을 나타내고 내용에 동의하지 않는다.

- 부정문: 갑수가 공무원이라는 것은 거짓이다.
- 연언문: 갑수는 공무원이고 동수는 직장인이다.
- 선언문: 갑수는 공무원이거나 동수는 직장인이다.
- 가언문: 갑수가 공무원이라면 동수는 직장인이다.
- 이중 조건문: 내가 살아있고 그리고 단지 살아있을 때만 나는 숨을 쉰다.

---

1) 연언명제

연언명제(連言命題)는 두 개의 단순명제를 결합한 명제이다. 둘
이상의 진술문을 결합한 것은 모두 참임을 나타낸다. 두 개의 단순
진술문에 동의하기 때문에 두 개의 진술문의 결합문도 동의한다. 결
합된 두 개의 진술문이 참이면 연언문은 참이다.

연언문은 '그리고'로 연결되고, '·' 또는 '∧'로 나타낸다. 즉, p·q 또
는 p∧q이다. 예를 들면, 진달래는 붉은색이고 개나리는 노란색이다. p와
q가 모두 참일 경우에만 참이 되고, 둘 중 하나라도 거짓이면 거짓이다.

진달래는 붉은색이고 개나리는 노란색이다.
p · q 또는 p∧q

2) 선언명제

선언명제(選言命題)는 두 주장의 하나 또는 그 이상이 참을 나타

낸다. 포괄적(inclusive) 선언은 선언지의 어느 하나 혹은 둘 모두가 참일 경우에 선언명제를 참이라고 규정하는 것이고, 배타적(exclusive) 선언은 선언지의 어느 하나만이 참일 경우에 선언명제를 참이라고 규정하는 것이다.

선언문은 '또는'으로 연결되고, '∨'로 나타낸다. 즉, p∨q이다. 예를 들면, 진달래는 붉은색이거나 또는 개나리는 노란색이다. 선언문은 양쪽이 거짓일 때만 거짓이고, 한쪽 또는 양쪽이 참일 때는 참이다.

진달래는 붉은색이거나 또는 개나리는 노란색이다.
p∨q

---

3) 가언명제

가언명제(假言命題)는 if−then 구문으로 조건문이다. 가언은 '만약'과 '그러면'으로 구성된다. 만약(if) 단어 다음에 오는 문장은 가설(hypothesis) 또는 전건(antecedent)이고, 그러면(then) 단어 다음에 나오는 문장은 후건(conclusion)이다. 가언은 어떤 부분을 따르는 주장이 없기 때문에 논증이 아니다. 그러나 가언이 논증이 아니더라도 어떤 가언은 추론의 과정을 포함한다.

가언문은 "만일 ~이라면"으로 연결되고, '→' 또는 '⊃'로 나타낸다. 가언명제를 조건명제라고 한다. 논리 연산에서 조건문을 함축(implication)이라고 한다. 즉, p→q이다. 또는 p⊃q으로도 표시한다. p와 q는 각각 전건과 후건이라고 한다.

시험이 없다면 행복할 것이다.
p→q 또는 p⊃q

---

4) 이중조건

이중조건(biconditional)은 "만일 … 그리고 단지 그런 경우에만 (if and only if) …"처럼 두 개의 조건언이 연언형태로 연결되어 있는 진술로서 '↔' 또는 '≡'로 나타낸다. 두 개의 구성 명제들이 동일한 진릿값을 가질 때 참이고, 그렇지 않을 때 거짓이다.

내가 살아있고 그리고 단지 살아있을 때만 나는 숨을 쉰다.
p↔q 또는 p≡q

☑ **명제의 유형**

- 정언명제(定言命題): "S는 P이다"처럼 대상 또는 사건에 대하여 단언적으로 말하는 명제
- 연언명제(連言命題): "S는 P이고 Q이다"처럼 둘 또는 이상의 문장이 연결되어 있는 명제
- 선언명제(選言命題): "S는 P이거나 Q이다"처럼 여러 개념 중의 하나를 선택하게 구성되어 있는 명제
- 가언명제(假言命題): "만약 S가 P라면, Q는 R이다"처럼 어떤 가정이나 조건으로 표현되는 명제
- 전칭명제(全稱命題): "모든 S는 P이다"처럼 어느 집합에 속한 모든 개체에 관한 명제
- 특칭명제(特稱命題): 특칭은 특정한 것을 가리킨다는 의미로 "어떤 S는 P이다"처럼 하나 이상의 잘 알지 못하는 개체에 관한 명제
- 긍정명제(肯定命題): "S는 P이다"처럼 긍정하는 명제
- 부정명제(否定命題): "S는 P가 아니다"처럼 부정하는 명제
- 개연명제(蓋然命題): "S는 P일 것이다"처럼 어떤 가정이나 조건으로 표현되는 명제
- 실연명제(實演命題): "S는 P이다"처럼 실제 사실을 나타낸 명제
- 필연명제(必然命題): "S는 반드시 P이다"처럼 참이나 거짓을 결정할 수 있는 명제

3. 논리 연산자

논리 연산자(logical operator)는 단순명제를 연결시켜주는 ∧, ∨, ~, →, ↔과 같은 연결사이다. 진릿값은 참이나 거짓을 가리키는 값이고, 진리표는 명제를 연산하였을 때 각 명제의 진릿값에 따라 얻을 수 있는 가능한 진릿값을 표로 나타낸 것을 말한다. 진리표 문장이나 식에서 어떤 값이 정해지면 참, 거짓을 판별할 수 있게 되는 명제를 명제함수라고 한다. 명제는 두 개 이상을 결합하여 사용되기도 한다. 여러 명제를 결합할 때는 논리 연산자를 이용한다.

진리값 T는 참의 값을, 진리값 F는 거짓의 값을 의미한다. 즉, 명제의 내용이 참인지 거짓인지를 나타내는 값이다. 옳은 명제에 '참'(T, True)을, 그른 명제에 '거짓'(F, False)을 할당한 것이다. 명제식(propositional formula)은 유한개의 논리적 연결어(∧, ∨, ~, →, ↔)와 변수(p, q)가 포함된 식이다. 예를 들면, p, q가 명제이면 명제식은 p∧q이다. 논리 연산자는 논리식을 구성하는 요소이며 부정(NOT), 논리곱(AND), 논리합(OR), 조건과 이중조건, 배타적 논리합(exclusive - OR, XOR) 등이 있다.

1) 부정

어떤 명제 p가 있을 때 그 명제의 부정(negation: ~, ¬)은 명제 p의 반대되는 진리값을 가진다. 문장 p가 명제일 때 p가 아니다. 예를 들면, "오늘은 눈이 온다"라는 명제 p를 부정하는 ~p명제는 "오늘은 눈이 오지 않는다"이다. ~p는 not p 또는 p의 부정이라고 읽는다.

p가 참이면 ~p는 거짓이고, p가 거짓이면 ~p는 참이다. 예를 들면, "오늘은 눈이 온다"라고 했을 때 눈이 오면 참이고, 눈이 오지 않으면 거짓이다. 이때 가질 수 있는 진릿값은 두 가지가 있다.

p가 참이면 ~p는 거짓이다.
~p가 거짓이면 p는 참이다.

표 6-4 **부정의 논리 기호와 진리표**

오늘은 눈이 온다. 오늘은 눈이 오지 않는다.	p	~p
p: 오늘은 눈이 온다. ~p: 오늘은 눈이 오지 않는다.	T	F
~p: 오늘은 눈이 오지 않는다. p: 오늘은 눈이 온다.	F	T

2) 논리합

논리합(disjunction: ∨)은 어떤 두 명제 p, q가 '또는(OR)'으로 연결되어 있을 때 p∨q로 표시한다. 문장 p, q가 명제일 때 p, q의 진릿값이 모두 거짓일 때만 거짓이 되고, 그렇지 않으면 참이 되는 명제 p∨q는 'p or q' 또는 'p 또는 q'라고 읽는다.

예를 들면, "오늘은 흐렸다"와 "비가 온다"의 두 명제를 논리합하면 "오늘은 흐리거나 비가 온다"이다. 두 명제의 논리합 p∨q는 두 명제가 모두 거짓인 경우에만 거짓이다. 이때 가질 수 있는 진리값은 네 가지가 있다.

p가 참이고 q가 참이면, p∨q는 참이다.
p가 참이고 q가 거짓이면, p∨q는 참이다.
p가 거짓이고 q가 참이면, p∨q는 참이다.
p가 거짓이고 q가 거짓이면, p∨q는 거짓이다.

표 6-5 **논리합의 논리 기호와 진리표**

오늘은 흐리거나 비가 온다.	p	q	p∨q
p: 오늘은 흐렸다. q: 비가 온다.	T	T	T
p: 오늘은 흐렸다. ~q: 비가 오지 않는다.	T	F	T
~p: 오늘은 맑다. q: 비가 온다.	F	T	T
~p: 오늘은 맑다. ~q: 비가 오지 않는다.	F	F	F

3) 논리곱

논리곱(conjunction: ∧)은 어떤 두 명제 p, q가 '그리고(AND)'로 연결되어 있을 때 p∧q로 표시한다. 문장 p, q가 명제일 때 p, q의 진릿값이 모두 참일 때만 참이 되고, 그렇지 않을 때는 거짓이 되는 명제이다. p∧q는 'p and q' 또는 'p 그리고 q'라고 읽는다.

예를 들면, "오늘은 흐렸다"와 "비가 온다"의 두 명제를 논리곱 하면 "오늘은 흐리고 그리고 비가 온다"이다. 두 명제의 논리곱 p∧ q는 두 명제가 모두 참인 경우에만 참이다. 이때 가질 수 있는 진릿 값은 네 가지가 있다.

p가 참이고 q가 참이면, p∧q는 참이다.
p가 참이고 q가 거짓이면, p∧q는 거짓이다.
p가 거짓이고 q가 참이면, p∧q는 거짓이다.
p가 거짓이고 q가 거짓이면, p∧q는 거짓이다.

표 6-6 **논리곱의 논리 기호와 진리표**

오늘은 흐리고 그리고 비가 온다.	p	q	p∧q
p: 오늘은 흐렸다. q: 비가 온다.	T	T	T
p: 오늘은 흐렸다. ~q: 비가 오지 않는다.	T	F	F
~p: 오늘은 맑다. q: 비가 온다.	F	T	F
~p: 오늘은 맑다. ~q: 비가 오지 않는다.	F	F	F

4) 조건과 이중조건

조건문(conditional: →)은 두 부분으로 구성된 if−then 문이다. 조건문에서 비가 내렸다면(p) 땅이 젖었다(q). 비가 내린 것은 전건이고 땅이 젖은 것은 후건이다. if−then 문에 포함된 함축의 상징은 p→q이다. 조건문이 거짓일 경우는 전제가 참이고 결론이 거짓일 때뿐이다.

표 6-7 조건의 논리 기호와 진리표

비가 내렸다면 땅이 젖었다.	p	q	p↔q
p: 비가 내렸다. q: 땅이 젖었다.	T	T	T
p: 비가 내렸다. ~q: 땅이 젖지 않았다.	T	F	F
~p: 비가 내리지 않았다. q: 땅이 젖었다.	F	T	T
~p: 비가 내리지 않았다. ~q: 땅이 젖지 않았다.	F	F	T

이중조건(biconditional: ↔)은 조건과 결론이 일치해야 참이다. 즉, 두 개의 조건명제가 조건과 결론을 동시에 충족하는 경우에만 참이다. 이중 조건명제는 문장 p, q가 명제일 때 명제 p와 q가 모두 조건이면서 결론인 명제로 이중조건(if and only if)이다. 어떤 명제 p, q의 이중조건은 p↔q 또는 p≡q로 표시한다. 명제 p, q가 모두 참이거나 모두 거짓일 때 p↔q의 진릿값은 참이고 그 외에는 거짓이다. 이중조건 명제에서 p는 q의 필요충분조건 또는 q는 p의 필요충분조건이다. 이중조건을 쌍방조건이라고도 한다.

예를 들면, "인간은 살아있다(p)"와 "인간은 숨을 쉰다(q)"의 이중조건 명제는 "인간은 살아있고, 숨을 쉰다(p↔q)"는 참이다. 또한 "인간은 죽어있고, 숨도 쉬지 않는다(~p↔~q)도 참이다.

다음은 또 다른 예이다. p: 이 책은 재미있다. q: 나는 집에 있다. p↔q: 이 책은 내가 집에 있을 때만 재미있다. 이때 가질 수 있는 진릿값은 네 가지가 있다.

p가 참이고 q가 참이면, p↔q는 참이다.
p가 참이고 q가 거짓이면, p↔q는 거짓이다.
p가 거짓이고 q가 참이면, p↔q는 거짓이다.
p가 거짓이고 q가 거짓이면, p↔q는 참이다.

표 6-8 이중조건의 논리 기호와 진리표

이 책은 내가 집에 있을 때만 재미있다.	p	q	p↔q
p: 이 책은 재미있다. q: 나는 집에 있다.	T	T	T
p: 이 책은 재미있다. ~q: 나는 집에 있지 않다.	T	F	F
~p: 이 책은 재미없다. q: 나는 집에 있다.	F	T	F
~p: 이 책은 재미없다. ~q: 나는 집에 있지 않다.	F	F	T

5) 배타적 논리합

배타적 논리합(exclusive or: ⊕)은 주어진 2개의 명제 중 1개만 참이면 참이고, 그렇지 않으면 거짓이다. p⊕q는 'p xor q'라고 읽는다. 명제 p, q의 배타적 논리합은 p이고 q가 아니거나 q이고 p가 아니다. 즉, 명제 p, q의 배타적 논리합은 p나 q 중 어느 하나만 성립한다. $(p \land \sim q) \lor (\sim p \land q)$로 나타난다.

예를 들면, 명제 p는 "이 책은 재미있다"와 명제 q는 "나는 집에 있다"일 때 두 명제의 배타적 논리합은 "이 책은 재미있고 나는 집에 있지만, 둘 다 아니다"로 표현할 수 있다. 이때 가질 수 있는 진릿값은 네 가지가 있다.

p가 참이고 q가 참이면, p⊕q는 거짓이다.
p가 참이고 q가 거짓이면, p⊕q는 참이다.
p가 거짓이고 q가 참이면, p⊕q는 참이다.
p가 거짓이고 q가 거짓이면, p⊕q는 거짓이다.

표 6-9 배타적 논리합 p⊕q에 대한 진리표

이 책은 재미있고 나는 집에 있지만, 둘 다 아니다.	p	q	p⊕q
p: 이 책은 재미있다. q: 나는 집에 있다.	T	T	F
p: 이 책은 재미있다. ~q: 나는 집에 없다.	T	F	T
~p: 이 책은 재미없다. q: 나는 집에 있다.	F	T	T
~p: 이 책은 재미없다. ~q: 나는 집에 없다.	F	F	F

6) 복합명제

복합명제(compound proposition)는 하나 이상의 명제와 부정, 논리곱, 논리합, 조건문, 이중조건문 등을 결합하여 만든 명제를 뜻한다. 즉, 하나의 문장에 명제가 하나 이상이면 복합명제이다. 복합명제의 진릿값은 명제의 진릿값과 논리 연산자에 의해서 결정된다. [표 6-10]은 복합명제를 구성하는 논리 연산자의 연산 우선순위이다. 우선순위가 같은 연산은 괄호를 이용해 순서를 정한다.

표 6-10 논리 연산자의 우선순위

우선순위	논리 연산자
1	~
2	∧, ∨
3	→, ↔

논리적 동치(logical equivalence)는 명제 p와 q가 논리적으로 동등한 경우이다. 즉, 두 명제 p와 q가 항상 동일한 진릿값을 가지면 논리적 동치이다. 복합명제에서 진릿값이 항상 참이면 항진명제, 항상 거짓이면 모순명제, 일부가 참이거나 거짓이면 불확정명제이다.

항진명제(恒眞命題: tautology)는 진릿값이 항상 참인 명제이다. 즉, 명제의 진릿값과 관계없이 복합명제의 진릿값이 항상 참인 명제로 동의어 반복명제라고도 한다. 주어와 술어가 동일 개념으로 부정할 수 없는 명제이다. 논리 기호는 p∨~p이다. 모순명제(contradiction)는 항상 거짓인 명제이다. 논리 기호는 p∧~p이다. 불확정명제(contingency)는 항진명제나 모순명제도 아닌 명제로 일부가 참이나 거짓인 명제이다.

- 항진명제: 언제나 참인 명제
- 모순명제: 언제나 거짓인 명제
- 불확정명제: 일부가 참이나 거짓인 명제

표 6-11　**항진과 모순명제의 진리표**

		항진명제	모순명제
p	~p	p∨~p	p∧~p
T	F	T	F
F	T	T	F

논리적 동치(logical equivalence, ≡, =, ↔, ⇔)는 두 명제가 논리적으로 동등할 경우, 즉 동일한 진릿값을 가질 때이다. 복합명제 p와 q의 진릿값이 서로 같은 경우(p≡q)를 논리적 동치라고 한다. 즉, 명제 p↔q가 항진명제라면 명제 p와 q는 논리적으로 동치이다. p≡q는 "p와 q는 같다" 또는 "p와 q의 진릿값은 같다"라고 읽는다.

표 6-12　**논리적 동치법칙**

법칙	논리적 동치
교환법칙(commutative law)	p∨q≡q∨p, p∧q≡q∧p p↔q≡q↔p
결합법칙(associative law)	(p∨q)∨r≡p∨(q∨r) (p∧q)∧r≡p∧(q∧r)
분배법칙(distributive law)	p∨(q∧r)≡(p∨q)∧(p∨r) p∧(q∨r)≡(p∧q)∨(p∧r)

항등법칙(identity law)	p∧T≡p, p∨F≡p
지배법칙(domination law)	p∨T≡T, p∧F≡F
부정법칙(negation law)	p∨(~p)≡T p∧(~p)≡F
이중부정법칙(double negation law)	~(~p)≡p
멱등법칙(idempotent law)	p∨p≡p, p∧p≡p
드모르간의 법칙(de morgan's law)	~(p∨q)≡(~p)∧(~q) ~(p∧q)≡(~p)∨(~q)
흡수법칙(absorption law)	p∨(p∧q)≡p, p∧(p∨q)≡p
함축법칙(implication law)	p→q≡~p∨q
대우법칙(law of contraposition)	p→q≡~q→~p

7) 직접추론

추론은 직접추론과 간접추론이 있다. 직접추론(immediate inference)은 하나의 전제로부터 직접 결론을 도출하는 추론이다. 예를 들면, "모든 철학자는 논리학자이다"가 참이면 "어떤 철학자는 논리학자이다"라는 명제도 참이 된다. 이처럼 하나의 전제에서 하나의 결론을 도출하는 것을 직접추론이라고 한다. 이와 달리 간접추론은 삼단논법처럼 두 개 이상의 전제를 통해 결론을 도출하는 논증이다. 직접추론에는 대당관계, 환위, 환질과 전환질환위 등이 있다.

그림 6-1 **대당 정방형**

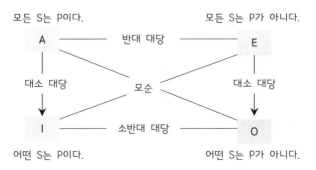

(1) 대당관계

대당관계(opposition)는 주어 개념과 술어 개념은 같으나 양이나 질이 다른 정언명제 간의 관계이다. 이러한 대당관계는 반대 대당, 모순 대당, 소반대 대당과 대소 대당이 있다. 이러한 명제들은 상호 간에 어떤 관계를 가질까? 네 가지 명제들 간의 관계를 나타낸 것이 바로 대당 정방형(對當正方形, square of opposition)이다. 또 명제에는 긍정과 부정이나 질과 양의 관계가 있다. 주어와 술어의 포함 관계를 긍정과 부정에 따라 구분하는 것은 질(質)이고, 전체적 포함 또는 부분적 포함에 따라 구분하는 것은 양(量)이다.

❶ 반대 대당(反對對當: contrary opposition)
A 명제와 E 명제의 관계로 양은 같지만 질이 다른 명제 사이의 관계로 동시에 참일 수는 없지만 거짓일 수 있는 전제의 쌍이다. 즉, 두 명제는 모두 참일 수는 없지만 모두 거짓일 수는 있다. 두 명제 중 적어도 하나는 거짓이다.

❷ 모순 대당(矛盾對當: contradictory opposition)
A 명제와 O 명제의 관계로 양과 질이 모두 다른 명제 사이의 관계로 반대 진리값을 갖는 전제의 쌍이다. 즉, 한편은 반드시 참이고 다른 한편은 반드시 거짓이다. 따라서 두 명제가 동시에 참일 수도 동시에 거짓일 수도 없다.

❸ 소반대 대당(小反對對當: subcontrary opposition)
I 명제와 O 명제의 관계로 양은 같지만 질이 다른 명제 간의 관계로 특칭명제에 적용된다. 각각 전자로부터 후자가 추론되는 관계이다. 즉, 두 명제가 모두 참일 수는 있지만 모두 거짓이 될 수는 없다. 적어도 하나는 참이다.

❹ 대소 대당(大小對當: subalternation)

A 명제와 I 명제, E 명제와 O 명제의 관계로 전칭명제의 참이 특칭명제의 참을 함축하는 것을 의미한다. 앞의 것이 참이라면 뒤의 것도 참이고 뒤의 것이 거짓이라면 앞의 것도 거짓이라는 관계이다. 참은 아래쪽으로 흐르고, 거짓은 위쪽으로 흘러간다.

표 6-13   **대당관계의 진리**

관계	설명
반대 대당	둘 다 참일 수는 없지만 둘 다 거짓일 수는 있는 관계
모순 대당	둘 다 참일 수도 둘 다 거짓일 수도 없는 관계
소반대 대당	둘 다 참일 수는 있지만 둘 다 거짓일 수는 없는 관계
대소 대당	둘 다 참일 수도 있고 둘 다 거짓일 수도 있는 관계

표 6-14   **표 대당 정방형의 기호**

명제	명제의 유형	기호
전칭 긍정	A	모든 S는 P이다.
전칭 부정	E	모든 S가 P가 아니다.
특칭 긍정	I	어떤 S는 P이다.
특칭 부정	O	어떤 S는 P가 아니다.

※ A와 I는 라틴어의 긍정을 뜻하는 Affirmo, E와 O는 부정을 뜻하는 Nego에서 유래되었다.

(2) 역, 이와 대우

함축 또는 조건명제는 두 개의 명제가 가설과 결론의 관계로 결합된 형태를 말한다. 조건명제에서 가설과 결론은 각각 전건(前件: antecedent)과 후건(後件: consequent)이라 한다.

전건과 후건이 상호 교환되거나 부정된다면 새로운 조건문이 형성된다. "p이면 q이다"라는 명제의 가정과 결론을 뒤바꾼 "q이면 p이다"는 역(逆: converse)이다. 가정과 결론을 각각 부정한 "p가 아니면 q가 아니다"는 이(裏: inverse)이다. 가정과 결론을 각각 부정해

뒤바꾼 "q가 아니면 p가 아니다"는 대우(對偶: contraposition)이다. [그림 6-2]는 조건명제 p→q에 대해서 역, 이와 대우의 관계이다.

그림 6-2 역, 이와 대우의 관계

직접문	p	q
역	q	p
이	~p	~q
대우	~q	~p

"네가 집에 있으면 나는 외출할 것이다"라는 명제에서 전건은 "네가 집에 있다"이고 후건은 "나는 외출할 것이다"이다. 다음은 역, 이와 대우의 새로운 조건문의 예이다.

표 6-15 역, 이와 대우의 조건문

직접문	네가 집에 있으면 나는 외출할 것이다.
역	내가 외출한다면 너는 집에 있을 것이다.
이	네가 집에 있지 않으면 나는 외출하지 않을 것이다.
대우	내가 외출하지 않으면 너는 집에 있지 않을 것이다.

표 6-16 역, 이와 대우의 기호 논리

명제	p→q	If p, then q.
역	q→p	If q, then p.
이	~p→~q	If not p, then not q.
대우	~q→~p	If not q, then not p.

표 6-17 **역, 이와 대우의 진리표**

p	q	~p	~q	p→q	q→p(이)	~p→~q(역)	~q→~p(대우)
T	T	F	F	T	T	T	T
T	F	F	T	F	T	T	F
F	T	T	F	T	F	F	T
F	F	T	T	T	T	T	T

(3) 명제의 변형

명제의 변형은 주어진 명제가 갖고 있는 원래의 의미를 유지하면서 다른 형식의 명제로 바꾸는 것이다. 즉, 긍정 형식을 부정 형식, 주어와 술어의 위치나 다른 방식으로 바꾸는 것을 의미한다. 이러한 명제의 변형 방법은 환위, 환질과 전환질환위 등이 있다.

❶ 환위(換位: conversion)

환위는 명제의 주어와 술어의 위치를 바꾸는 것이다. 예를 들면, "모든 사람은 동물이다"를 "모든 동물은 사람이다"라는 명제로 바꾸는 것이다. 환위 전의 명제와 환위 후의 명제는 의미가 다르다. 그러나 전칭을 특칭으로 대체하면 환위가 가능하다. 즉, '모든'을 '어떤'으로 대체한다. 이를 제한적 환위라고 한다.

• 모든 p는 q이다. 모든 q는 p이다.

❷ 환질(換質: obversion)

환질은 원래의 양을 그대로 유지하고 명제의 질을 바꾸는 방법이다. 즉, 긍정판단을 부정판단으로 고치거나 부정판단을 긍정판단으로 고쳐서 새로운 판단을 도출하는 직접추리이다. 예를 들면, "모든 사람은 창조자이다"라는 전칭 긍정명제를 "모든 사람은 비창조자이다"가 된다.

• 모든 p는 q이다. 모든 p는 ~q이다.

❸ 전환질환위(全換質換位: full contraposition)

전환질환위는 주어와 술어의 자리를 바꾼 다음 이를 각각 부정하는 것이다. 즉, 원래의 명제 "모든 p는 q이다"를 전환질환위한 명제는 "모든 ~q는 ~p이다"이다. 전자와 후자를 비교하면 주어와 술어의 위치가 바뀌고 양자가 모두 부정되어 있다. 전환질환위를 이환이라고도 한다.

• 모든 p는 q이다. 모든 ~q는 ~p이다.

표 6-18 논리기호의 의미

기호	의미
~ , ¬	negation; NOT
∧, •	conjunction; AND
∨	disjunction; OR
→ , ⊃	conditional; If... Then...
↔ , ≡	biconditional; ...if and only if...
∀	universal quantifier; For all...
∃	existential quantifier; There exists a...
□	It is necessary that...
◇	It is possible that...
∈	... is an element/member of ...
∅	empty set
⊆	... is a subset of ...
⊂	... is a proper subset of ...
∪	union
∩	intersection
×	cartesian product

연습문제

01 다음 각 진술문이 단순 진술문, 부정문, 연언문, 선언문이나 가언문인지를 구별한다. 그런 다음 진릿값을 파악한다.

❶ 싱가포르는 아시아에 있거나 프랑스는 유럽에 있다.

❷ 독일과 브라질은 아시아에 있다.

❸ 페루가 남미에 있다면 태국은 아시아에 있다.

❹ 스위스가 중동에 있거나 이집트가 아프리카에 있다.

❺ 일본이 아프리카에 있다는 것은 거짓이다.

❻ 알제리는 북아메리카에 있고, 과테말라는 중앙아메리카에 있다.

❼ 호주가 남미에 있다는 것은 거짓이다.

❽ 한국은 아시아에 있다.

❾ 인도는 유럽의 남쪽에 있거나 캐나다가 미국의 남쪽에 있다는 것은 사실이다.

❿ 호주와 뉴질랜드가 유럽에 있다는 것은 거짓이다.

⓫ 콩고나 앙골라가 아프리카에 있다는 것은 사실이 아니다.

⓬ 일본이 브라질보다 작다면, 스위스는 프랑스보다 작다.

⓭ 파라과이와 볼리비아가 모두 아메리카에 있거나 칠레가 아메리카에 있다.

⓮ 이집트는 중동에 있거나 프랑스는 유럽에 있다.

⓯ 중동과 프랑스는 모두 아시아에 있다.

⓰ 영국이 유럽에 있다면 예멘은 중동에 있다.

⓱ 스위스는 남미에 있거나 수단은 아시아에 있다.

⑱ 네덜란드가 아프리카에 있다는 것은 거짓이다.

⑲ 이라크는 북아메리카에 있고 호주는 유럽에 있다.

⑳ 브라질이 아프리카에 있다는 것은 거짓이다.

02 선언명제에 관한 문제이다. 아래의 각 선언명제에 대해 유형(A, E, I 또는 O)과 이름을 파악한다.

❶ 모든 참치는 연어가 아니다.

❷ 어떤 기린은 건강하지 않다.

❸ 모든 원숭이는 곡예 동물이다.

❹ 새장에 사는 어떤 앵무새는 말하지 않는 새들이다.

03 논리 기호에 관한 문제이다. 각 진술문을 명제 논리 기호로 전환한다. 예를 들면, A∨B, A∨B∧C, A→B 등으로 표현한다.

❶ 퍼거슨은 영국인이고 라이트는 미국인이다.

❷ 폴로는 파나마인이 아니거나 헤이츠는 브라질인이다.

❸ 드아몽이 프랑스인이면 굿맨은 독일인이다.

❹ 러셀은 영국인이고, 샌더가 스페인이거나 필먼이 독일인이다.

❺ 대처가 영국인이라면, 낼러흔은 스웨덴인이고 맬슨은 핀란드인이 아니다.

❻ 젤슨이 브라질인이거나 아르헨티나인이고, 메시가 프랑스인이라는 것은 거짓이다.

❼ 허시가 폴란드인이고 모하메드가 알제리인이 아니라면 아브라함은 이스라엘인이다.

❽ 혜경이나 민지는 사과를 좋아하고, 종배도 사과를 좋아한다.

❾ 제인과 메를린이 메론을 좋아한다는 것은 사실이 아니다.

❿ 개가 잠들면, 닭이 설친다.

CHAPTER 07

Logic and Fallacies

 삼단논법

1. 정언 삼단논법

삼단논법은 연역논증에 사용되는 많은 형태의 하나이다. 고전적 삼단논법(syllogism)은 세 부분, 즉 대전제, 소전제와 결론으로 이루어진 연역추론의 한 형태이다. 예를 들면, "모든 인간은 죽는다. 소크라테스는 인간이다. 따라서 소크라테스는 죽는다"가 삼단논법의 예이다. 이처럼 삼단논법은 대전제, 소전제와 결론으로 구성된다. 여기서 대전제는 인간과 죽음의 관계, 소전제는 소크라테스와 인간의 관계, 결론은 소크라테스와 죽음의 관계이다.

삼단논법은 세 개의 판단으로 이루어진 간접추리이다. 삼단이라는 이름은 두 개의 전제에서 하나의 결론이 도출된다는 데서 붙여졌다. 이러한 삼단논법에는 정언 삼단논법, 선언 삼단논법과 가언 삼단논법 등이 있다. 삼단논법 중에서 가장 대표적인 것이 정언 삼단논법이다.

1) 정언명제의 개념

정언(定言)은 어떤 명제나 주장을 '만일', '혹은' 등의 조건 없이 확정하여 말하는 것이다. 정언명제(categorical proposition)는 범주 간의 관계에 관한 진술문이다. 즉, 정언명제는 판단의 대상 또는 사건의 속성을 갖고 있는지를 단언적(斷言的)[1]으로 말하는 명제이다. 예를 들면, "A는 B이다"라는 형태이다. [예제 7-1]에서 포유류, 폐, 인간이라는 용어는 사물의 범주를 말하지만 모든 단어와 일부는 해당 범

---

1 명제, 주장, 판단을 어떤 제약이나 조건 없이 내세운다는 뜻으로 정언적(定言的)과 동일한 의미.

주에 있는 사물의 양을 지정한다.

> • 정언명제: 대상이나 사건의 속성을 단언적으로 말하는 명제

예제 7-1 삼단논법의 예

대전제: 모든 포유류는 폐가 있다.

소전제: 모든 인간은 포유류이다.

결론: 따라서 모든 인간은 폐가 있다.

정언 삼단논법은 세 개의 정언명제와 세 개의 명사를 갖는다. 세 개의 정언명제 중에서 둘은 전제이고 나머지 하나는 결론이다. 정언 삼단논법에서의 전제와 결론에서는 각기 다른 단어 세 개가 등장하고, 이 단어들은 각각 다른 명제에 두 번씩만 사용된다. 결론의 주어를 S, 술어를 P, 그리고 매개 명사를 M으로 기호화하면 다음과 같다.

> • 대전제: 모든 M은 P이다.
> • 소전제: 모든 S는 M이다.
> • 결론: 따라서 모든 S는 P이다.

[예제 7-1]에서 포유류, 폐, 인간은 사물의 분류이지만, '모든'과 '어떤'은 이러한 분류에 있는 사물의 양(quantity)을 지정한다. 이러한 논증의 첫 전제는 포유류 범주의 모든 수가 폐의 범주에 속한다는 것을 나타내는 대전제이다. 둘째 전제는 인간 범주의 구성원은 포유류에 속한다는 것을 나타내는 소전제이다.

"철수는 한국인이다"처럼 문장은 단어들의 문법적으로 정확한 연결이다. 진술문(statement)은 주장한 것이다. 이 경우 철수라는 이름의 특정한 남자는 한국인이다. 따라서 문장(sentence)은 종종 진술문 안에

있는 의미를 전달하는 데 사용된다. 진술문은 참(true) 또는 거짓(false)
이다. 즉, 진술문은 참이나 거짓의 진릿값을 갖는다. 진술문의 진릿값
에 동의하지 않거나 진술문의 진릿값이 어떤지를 판단할 수 없을 수
있다. 의문문, 명령문, 제안문 또는 감탄문은 진술문이 아닌 문장이다.

2) 정언명제의 형식

정언명제는 어느 쪽이든 뭔가가 사실이라고 선언한 문장이다.
예를 들면, 돌고래, 범고래, 밍크고래나 수염고래 등 모든 고래는 젖
을 먹여 새끼를 키우는 포유동물이기 때문에 "모든 고래는 포유류이
다"는 정언명제이다. "어떤 개구리는 양서류가 아니다"는 진술문은
적어도 하나의 개구리는 양서류가 아니기 때문에 거짓 정언명제이
다. "모든 고래는 포유류이다"는 참의 진릿값을 갖지만, "어떤 개구
리는 양서류가 아니다"는 거짓의 진릿값을 갖는다.

정언명제의 형식은 한정사 + 주어 명사 + 술어 명사 + 계사
로 구성된다. 명제의 3요소는 주어 명사, 술어 명사와 계사이다. 명
사를 개념이라고도 하여 주어 개념, 술어 개념이라고도 한다. 한정사
(quantifier)는 진술문이 말하는 대상의 양이나 수를 나타내는 말로 양
화사라고도 한다. 즉, 어떤 명제함수가 성립하는 범위를 한정하는 데
사용한다. 주어 명사(subject term)는 설명이나 주장이 되는 주된 개념
이다. 술어 명사(predicate term)는 주어 명사에 의해 지시된 사물의
특수한 성질로 주어 명사의 개별적인 성질을 설명하는 개념이다. 계
사(copula)는 주어 명사와 술어 명사를 연결하여 긍정이나 부정의 뜻
을 나타내는 말이다.

• 한정사: 진술문이 말하는 대상의 양이나 수

- 주어 명사: 설명이나 주장이 되는 주된 개념
- 술어 명사: 주어 명사의 개별적인 성질을 설명하는 개념
- 계사: 주어 명사와 술어 명사 연결

한정사는 사물의 종류를 선택하는 단어나 문구로 구성된 주어 명사로 언제나 명제에서 처음에 온다. 주어 명사 다음은 술어 명사이고, 계사는 항상 마지막에 온다. 정언명제는 그 밖의 다른 것을 포함하지 않는다. 예를 들면, "모든 고래는 포유류다"에서 '모든'은 한정사, '고래'는 주어 명사이고, '포유류'는 술어 명사, '이다'는 계사이다. [그림 7-1] 은 "모든 고래는 포유류이다"라는 정언명제를 명제의 3요소로 나타낸 것이다.

그림 7-1 **정언명제의 3요소**

모든	+	고래	+	포유류	+	이다
한정사	+	주어 명사	+	술어 명사	+	계사

주어와 술어의 관계로부터 삼단논법의 논증 방법을 체계화한 아리스토텔레스는 세 명제의 성격과 그들 간의 관계가 논증의 타당성을 결정한다는 것을 발견하였다. 그는 이러한 발견을 토대로 타당한 논증과 부당한 논증의 식별 방법을 체계화하였다. 그에 따르면, 명제는 크게 두 가지로 구별된다. 하나는 주어와 술어의 포함 관계를 긍정하는지 또는 부정하는지의 구별이고, 다른 하나는 주어가 대상 전체를 포함하는지 아니면 부분만을 포함하는지의 구별이다.

3) 정언명제의 종류

명제는 주어 명사, 술어 명사와 계사로 이루어진다. 주어 명사
는 S로, 술어 명사는 P로, 계사는 C로 표기한다. 주어와 술어의 포함
관계를 긍정과 부정에 따라 구분하는 것은 질(質)이고, 전체적 포함
또는 부분적 포함에 따라 구분하는 것은 양(量)이다. 질과 양의 기준
에 따라 정언명제는 전칭 긍정명제, 전칭 부정명제, 특칭 긍정명제와
특칭 부정명제 등 네 가지로 분류된다.

- 질: 긍정과 부정에 따라 구분
- 양: 전체적 포함인지 부분적 포함인지에 따라 구분

전칭 긍정명제(全稱 肯定命題)는 주어 전체가 술어에 포함되는
명제이다. 전칭 부정명제(全稱 否定命題)는 주어의 어느 부분도 술어
에 포함되지 않는 명제이다. 특칭 긍정명제(特稱 肯定命題)는 주어의
일부분이 술어에 포함되는 명제이다. 특칭 부정명제(特稱 否定命題)는
주어의 일부분이 술어에 포함되지 않는 명제이다.

- 전칭 긍정명제: 주어 전체가 술어에 포함되는 명제
- 전칭 부정명제: 주어의 어느 부분도 술어에 포함되지 않는 명제
- 특칭 긍정명제: 주어의 일부분이 술어에 포함되는 명제
- 특칭 부정명제: 주어의 일부분이 술어에 포함되지 않는 명제

표 7-1 **정언명제의 예**

기호	정언명제	예
A	모든 S는 P이다.	모든 사람은 근면하다.
E	모든 S는 P가 아니다.	모든 사람은 근면하지 않다.
I	어떤 S는 P이다.	어떤 사람은 근면하다.
O	어떤 S는 P가 아니다.	어떤 사람은 근면하지 않다.

표 7-2 **정언명제의 네 명제**

정언명제	양	질	명제의 유형	기호
모든 S는 P이다.	전칭	긍정	전칭 긍정명제	A
모든 S는 P가 아니다.	전칭	부정	전칭 부정명제	E
어떤 S는 P이다.	특칭	긍정	특칭 긍정명제	I
어떤 S는 P가 아니다.	특칭	부정	특칭 부정명제	O

4) 삼단논법의 구조

세 개의 정언명제로 구성된 간접추리 방식인 정언 삼단논법은 전제가 두 개의 명제이고 결론이 한 개의 명제이다. 증거가 되는 일반적 진술은 대전제, 다른 증거가 되는 개별적 진술은 소전제, 증명되는 진술은 연역적 결론이다. [표 7-3]에서 대전제는 포유류가 동물의 부분집합, 소전제는 개가 포유류의 부분집합, 그리고 결론은 개가 동물의 부분집합을 나타낸다. 모든 C는 모두 B 안에 있다. 즉, 모든 개(C)는 동물(B) 안에 있다.

표 7-3 **논증의 진술과 기호**

대전제	모든 포유류(A)는 동물(B)이다.	A → B	①
소전제	모든 개(C)는 포유류(A)이다.	C → A	②
결론	따라서 모든 개(C)는 동물(B)이다.	C → B	③

삼단논법은 두 개의 전제에서 결론을 도출하는 논증이다. 대전제의 명사를 대명사, 소전제의 명사를 소명사 그리고 대전제와 소전제를 매개하는 명사를 매개명사라고 한다. 매개명사는 전제에서 동일하게 두 번 나타나지만 다른 두 명사는 어느 한 전제와 결론에서 한 번씩 나타난다.

- 대명사: 대전제의 명사
- 소명사: 소전제의 명사
- 매개명사: 대전제와 소전제를 매개하는 명사

매개명사와 대명사를 포함한 명제는 대전제이고, 소명사와 매개명사를 포함된 명제는 소전제이고, 소명사와 대명사를 포함된 명제는 결론이다. 매개명사는 전제들 사이에서 소명사와 대명사를 연결시키는 역할을 맡는다. 매개명사가 없으면 소명사와 대명사를 연결시킬 수 없기 때문에 논증은 구성될 수 없다. 매개명사, 대명사, 소명사는 각각 매개념, 대개념, 소개념이라고도 한다.

- 대전제: 매개명사 + 대명사
- 소전제: 소명사 + 매개명사
- 결론: 소명사 + 대명사

그림 7-2 **삼단논법의 도해**

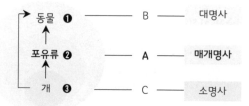

5) 삼단논법의 격

격(格: figure)은 삼단논법을 구성하고 있는 세 개 정언명제의 종류와 배열 순서를 나타내는 방법이다. 즉, 전제에서 매개명사의 위치가 다르게 나타나는 것을 의미한다. 삼단논법의 전제에서 매개명사의 위치에 따라 정언 삼단논증의 네 가지 유형을 만들 수 있는데, 이것을 아리스토텔레스가 분류하였다. 매개명사를 Ⓐ, 대명사를 B, 소명사를 C라고 할 때 정언 삼단논법의 격은 [표 7-4]와 같다.

표 7-4 **정언 삼단논증의 네 가지 유형**

	제1격	제2격	제3격	제4격
대전제	Ⓐ → B	B → Ⓐ	Ⓐ → B	B → Ⓐ
소전제	C → Ⓐ	C → Ⓐ	Ⓐ → C	Ⓐ → C
결론	C → B	C → B	C → B	C → B

6) 주연과 부주연

주어나 술어가 전체의 대상을 언급하면 주연(distribution), 부분의 대상을 언급하면 부주연(undistribution)이라 한다. 즉, 주연(周延)은 정언명제에서 주어 개념이나 술어 개념이 대상의 전부를 지칭하도록 사용된 개념이며, 대상의 일부분만 지칭하도록 사용된 개념은 부주연(不周延)이다. 주연과 부주연의 구별은 전체집합과 부분집합 개념으로 이해하면 된다. 즉, 주연은 어떤 개념의 전체집합에 대한 진술이고, 부주연은 어떤 개념의 부분집합에 대한 진술이다. 예를 들면, "모든 교량은 철교이다"라는 명제에서 주어인 '교량'은 교량의 전체인 반면 술어인 '철교'는 교량의 일부이다. 이 경우 '교량'은 주연된다고 하고, '철교'는 부주연된다고 한다.

• 주연: 주어나 술어가 전체의 대상 언급

• 부주연: 주어나 술어가 부분의 대상 언급

표 7-5 **주연과 부주연**

명제의 종류		주어(S)	술어(P)
전칭 긍정명제	모든 S는 P이다.	주연	부주연
전칭 부정명제	모든 S는 P가 아니다.	주연	주연
특칭 긍정명제	어떤 S는 P이다.	부주연	부주연
특칭 부정명제	어떤 S는 P가 아니다.	부주연	주연

7) 추론 규칙

추론 규칙은 기존의 확인된 논리식에서 새로운 논리식을 생성하는 과정이다. 진리표를 사용하여 모든 논증의 타당성을 확인하는 것은 번거롭다. 그래서 이미 타당성이 확인된 논증의 형식을 적용하여 타당성을 확인하면 편하다. 확인된 타당한 논증 형식 중에서 기본적인 것 9개를 추론 규칙이라 한다. 추론 규칙에 의해 새로 생성된 논리식은 기존의 논리식 집합과 논리적인 모순이 없어야만 추론 규칙을 논리 계산에서 이용할 수 있다.

(1) 전건긍정

전건긍정(Modus Ponens)에서 전제가 조건문의 전건을 긍정하면 조건문의 전건을 긍정하는 결론이 도출된다. 즉, 소전제가 대전제의 전건을 긍정하여 도출된다. P이면 Q이다. 그리고 P이다. 따라서 Q이다. P조건이 주어지면 Q결과가 도출된다. "P이다"는 전건긍정이다. 전제가 참이면 결론도 참이다. 따라서 이 논증 형식은 타당하다. "해가 비치고 있다"는 명제를 P로, "설현은 해변에 있다"는 명제를

Q로 기호화하면 다음과 같다.

해가 비치고 있으면 설현은 해변에 있다.	P⊃Q
해가 비치고 있다.	P
따라서 설현은 해변에 있다.	∴ Q

(2) 후건부정

후건부정(Modus Tollens)에서 전제가 조건문의 후건을 부정하면 조건문의 전건을 부정하는 결론이 도출된다. P이면 Q이다. Q가 아니다. 따라서 P가 아니다. 원인이 없으면 결과가 발생하지 않는다. "Q가 아니다"는 후건부정이다. 후건부정이 참인 경우 대전제 전건을 부정하는 결론은 참으로 타당한 논증이 된다. 따라서 이 논증 형식은 타당하다. 첫 번째 전제가 조건문이고 두 번째 전제가 후건을 부정한다.

해가 비치고 있으면 설현은 해변에 있다.	P⊃Q
설현은 해변에 있지 않다.	~Q
따라서 해가 비치고 있지 않다.	∴ ~P

(3) 가언 삼단논법

가언(假言)은 어떤 조건이나 가정을 뜻한다. 가언 삼단논법(hypothetical syllogism)은 가언판단을 전제로 하는 삼단논법이다. P이면 Q이다. Q이면 R이다. R이면 S이다. 따라서 P이면 S이다. 이처럼 연쇄 추리로 알려진 가언 삼단논법은 두 개의 전제로 제한되지 않고 여러 전제가 사용될 수 있다. 첫 조건문의 후건은 둘째 조건문의 전건이어야 한다.

해가 비치고 있으면 설현은 해변에 있다.	P⊃Q
설현이 해변에 있으면 설현은 수영을 한다.	Q⊃R
설현이 수영을 하면 설현은 오늘 피곤할 것이다.	R⊃S
따라서 해가 비치고 있으면 설현은 오늘 피곤할 것이다.	∴ P⊃S

(4) 선언 삼단논법

선언(選言)은 복수의 명제를 접속사 '또는', '이거나'와 같이 연결하여 하나를 선택할 것을 주장하는 명제이다. 선언 삼단논법(disjunctive syllogism)은 전제의 하나를 선택하는 타당한 논증이다. 전제가 둘이라면 그 중의 하나가 배제되고 다른 것이 대신하는 형태의 논리적 논증이다. 하나가 단언되면 다른 것이 부인되어야 한다는 것을 의미하지 않는다. 그러나 하나가 부인된다면 자동적으로 선언의 하나가 적어도 참이기 때문에 단언된다. P이거나 Q이다. P가 아니다. 따라서 Q이다.

해가 비치고 있거나 비가 오고 있다.	P∨Q
해가 비치고 있지 않다.	~P
따라서 비가 오고 있다.	∴ Q

(5) 연언 삼단논법

연언(連言)은 복수의 명제를 접속사 '그리고'와 같이 연결한 복합진술문이다. '그리고', '그러나', '다른 한편', '그렇지만', '그렇다 해도'와 같은 접속사들은 연언 관계 접속사이다. 연언 삼단논법(conjunctive syllogism)은 구성된 복합명제가 모두 참일 때 참이지만 복합명제 중 하나라도 거짓이면 거짓이 된다. 따라서 두 독립적인 진술이 참이면 결합된 진술도 참이다. 복합진술의 각각이 참이면 두 진술문의 결합인 복합명제는 참이다. P이다. Q이다. 따라서 P와 Q이다.

정제는 영리하다.	P
정제는 실력이 있다.	Q
따라서 정제는 영리하고 실력이 있다.	∴ (P∧Q)

(6) 단순화

단순화(simplification)는 연언 삼단논법의 역으로 논증을 단순하게 하는 것이다. 연언명제가 참이면 각각의 진술이 참이다. P와 Q이다. 따라서 P(혹은 Q)이다.

소크라테스는 인간이고 소크라테스는 죽는다.	P∧Q
따라서 소크라테스는 인간이다.	∴ P

(7) 추가

추가(addition)는 전제에 또 다른 명제를 추가해서 결론을 도출하는 방식이다. P가 참이면 선언 논리를 사용하여 다른 진술 Q를 추가할 수 있고, 결과적으로 복합진술은 참이 될 것이다. P가 참이면 P나 Q가 참이라고 결론을 도출할 수 있다. 이것은 상호 배타적이 아니다.

나는 오늘 신문을 읽는다.	P
나는 오늘 우유를 마신다.	Q
따라서 나는 신문을 읽거나 우유를 마신다.	∴ P∨Q

(8) 구성적 딜레마

딜레마는 조건과 선언적 명제가 있고 대전제는 두 개 또는 이상의 조건명제가 있는 복합 조건명제이다. 소전제는 전건을 긍정하거나 후건을 부정하는 선언적 명제이다. 딜레마의 결론이 긍정이면 구성적 딜레마이고, 결론이 부정이면 파괴적 딜레마이다.

구성적 딜레마(constructive dilemma)는 전건 긍정식 두 개가 복합적으로 결합된 형식이다. P가 Q를 포함하고 R이 S를 포함하고 P와 R이 참이면 Q와 S는 참이어야 한다.

비가 오면 옷이 젖을 것이고, 맑으면 먼지를 먹을 것이다.	(P→Q)∧(R→S)
비가 오거나 맑을 것이다.	P∨R
따라서 옷이 젖거나 먼지를 먹을 것이다.	∴ Q∨S

파괴적 딜레마(destructive dilemma)는 두 개의 후건 부정식이 복합적으로 결합되어 있는 형식이다. 구성적 딜레마는 전건긍정의 선

언 삼단논법이나 파괴적 딜레마는 후건부정의 선언 삼단논법이다.
선언명제는 조건명제의 후건을 부인하고 결론은 후건을 부인한다.

온난화를 낮추려면 원자력을 선택해야 한다. 핵 위험을 낮추려면 풍력을 선택해야 한다. 원자력을 선택하지 않거나 풍력을 선택하지 않을 것이다. 따라서 온난화를 낮추지 않거나 핵 위험을 낮추지 않을 것이다.	$(P{\to}Q)\wedge(R{\to}S)$ ${\sim}Q\vee{\sim}S$ $\therefore\ {\sim}P\vee{\sim}R$

2. 선언 삼단논법

선언 삼단논법(選言 三段論法)은 대전제에 선택 명제(~거나, ~든지)
가 포함된 삼단논법이다. 선언판단(選言判斷)은 복수의 대상에서 하나
를 선택하는 판단이다. 예를 들면, "A는 B 또는 C이다"라는 형식이다.
따라서 몇 개의 상황 중에서 적어도 하나의 상황이 존재한다는 것을
단정하는 대전제와 선언지(選言肢: B와 C)의 어떤 것을 긍정하거나 부
정하는 정언판단인 소전제에서 결론을 도출해내는 삼단논법이다.

표 7-6 **선언 삼단논법**의 예

대전제	바둑알은 흑이거나 백이다.	S는 P 또는 Q이다.
소전제	이 바둑알은 백이다.	S는 P이다.
결론	따라서 이 바둑알은 흑이 아니다.	S는 Q가 아니다.

선언판단의 선언지는 서로 배타적 관계로 한 쪽을 긍정하면 다
른 쪽이 필연적으로 부정되고, 한 쪽을 부정하면 다른 쪽이 필연적으
로 긍정된다. 전자를 긍정 부정식, 후자를 부정 긍정식이라고 한다.

표 7-7 **긍정 부정식과 부정 긍정식**

	긍정 부정식	부정 긍정식
대전제	S는 P 또는 Q이다.	S는 P 또는 Q이다.
소전제	S는 P이다.	S는 P가 아니다.
결론	S는 Q가 아니다.	S는 Q이다.

3. 가언 삼단논법

가언 삼단논법(假言 三段論法)은 대전제의 전건이 가언명제로 이루어진 삼단논법이다. 가언명제는 어떤 가정이나 조건에서 판단하는 명제이다. 즉, "만일 A이면 B이다"처럼 조건 접속사로 결합된 복합명제이다. 여기에서 "A이면"은 전건(前件), "B이다"는 후건(後件)이다. 가언판단은 전건이 충족되면 필연적으로 후건도 충족된다. 전건은 원인이고 후건은 결과로 인과관계 논증이다.

표 7-8 **가언 삼단논법의 예**

대전제	봄이 오면 뒷산에 진달래가 핀다.	A이면 B이다.
소전제	봄이 왔다.	A이다.
결론	뒷산에 진달래가 핀다.	B이다.

소전제는 대전제의 전건 또는 후건을 긍정이나 부정하는 네 유형이 있다. 소전제가 대전제의 전건을 긍정하여 긍정적 결론을 도출하면 전건긍정(前件肯定)이지만, 전건을 부정하여 부정적 결론을 도출하면 전건부정(前件否定)이다.

전건부정의 경우에는 가언추리가 성립될 수 없는데 이것을 전건부정의 오류라 한다. 후건긍정(後件肯定)은 전건이 후건의 유일한 이유가 되지 못하기 때문에 잘못된 추리이다. 따라서 후건을 긍정함으로써 전건을 긍정하는 것을 후건긍정의 오류라 한다. 소전제가 대전제의 후건을 부정함으로써 부정적 결론을 도출하는 것은 후건부정(後件否定)이다.

표 7-9 **가언 삼단논법의 네 유형**

	전건긍정	전건부정	후건긍정	후건부정
대전제	A이면 B이다.	A이면 B이다.	A이면 B이다.	A이면 B이다.
소전제	A이다.	A가 아니다.	B이다.	B가 아니다.
결론	B이다.	B가 아니다.	A이다.	A가 아니다.
타당성	타당	부당	부당	타당

※ 파란색 셀은 논증의 오류이다. 즉, 각각 전건부정의 오류, 후건긍정의 오류라 한다.

4. 양도논법

양도논법(兩刀論法)은 대전제가 가언명제이나 소전제가 선언명제로 결합된 삼단논법이다. 결국 두 개의 판단 사이에 끼여 어느 쪽도 결정할 수 없는 상태에 빠져 있는 것, 즉 진퇴양난을 말한다. A이면 B이고, C이면 B이다. A나 C이다. 따라서 A나 C는 B이다. 예를 들면, 전진하면 적의 칼에 죽을 것이고, 후퇴하면 장군의 칼에 죽을 것이다. 전진과 후퇴 중에서 하나를 선택해야 한다. 따라서 어느 경우나 죽게 되어 있다.

표 7-10 **양도논법**

전진하면 적의 칼에 죽을 것이다.	A이면 B이다.	대전제 1
후퇴하면 장군의 칼에 죽을 것이다.	C이면 B이다.	대전제 2
전진이나 후퇴 둘 중의 하나일 것이다.	A나 C이다.	소전제
전진하거나 후퇴하거나 죽을 것이다.	A나 C는 B이다.	결론

Chapter 07 삼단논법
연습문제

01 정언명제의 형식에 관한 문제이다. 다음의 각 정언명제에 대해 한정사 (q), 주어 명사(s), 술어 명사(p), 계사(c)와 진릿값(t)을 기술한다.

❶ 어떤 개는 진돗개이다.

❷ 어떤 파랑새도 물고기가 아니다.

❸ 모든 흑곰은 북극곰이다.

❹ 어떤 양서류도 개구리가 아니다.

❺ 어떤 크게 짖지 않는 개는 늑대과 동물이다.

❻ 어떤 빠른 동물은 갈색이 아닌 하이에나가 아니다.

❼ 모든 녹색 앵무새는 흰색이 아닌 새이다.

❽ 어떤 강낭콩은 채소가 아니다.

❾ 어떤 정치학자는 여성 교수이다.

❿ 어떤 대학생도 원자력 전공 학생이 아니다.

02 정언 삼단논법에 관한 문제이다. 다음 문장을 정언 삼단논법의 표준 형 태로 전환한다.

❶ 의사만이 정신과 의사이다.

❷ 단지 어떤 차가 현대자동차라면 그것은 제네시스이다.

❸ 교사들만이 교사의 자료실을 사용할 수 있다.

④ 신은 지혜롭게 사는 자만을 사랑한다.

⑤ 단풍나무는 나무이다.

⑥ 각각의 곤충은 동물이다.

⑦ 반짝이는 모든 것은 금이 아니다.

⑧ 안타를 치려면 배트를 휘둘러야 한다.

⑨ 날 수 없는 새들이 있다.

⑩ 캐나다에서 서식하는 북극곰이 있다.

⑪ 거짓말쟁이들은 도둑이다.

03 가언 삼단논법의 유형에 관한 문제이다. 다음 논증을 읽고 가언 삼단논법의 유형을 전건긍정, 전건부정, 후건긍정이나 후건부정으로 구별한다.

❶ 지은이가 과일을 좋아한다면 지은이는 사과를 좋아한다. 지은이는 참으로 과일을 좋아한다. 따라서 지은이는 사과를 좋아한다.

❷ 혜경이가 귤을 좋아한다면 혜경이는 과일을 좋아한다. 혜경이는 과일을 좋아한다. 따라서 혜경이는 귤을 좋아한다.

❸ 소정이가 수학자라면 소정이는 통계학을 이해한다. 소정이는 수학자가 아니다. 따라서 소정이는 통계학을 이해하지 못한다.

❹ 장훈이가 키가 크다면 상민이는 20세이다. 상민이는 20세이다. 따라서 장훈이는 키가 크다.

❺ 수진이가 탑 가수이면 수진이는 가수이다. 수진이는 가수가 아니다. 따라서 수진이는 탑 가수가 아니다.

❻ 영화가 태양을 좋아한다면, 영화는 나체주의자이다. 따라서 영화는 태양을 좋아하지 않기 때문에 나체주의자가 아니다.

❼ 우리가 런던에 있다면 영국에 있는 것이다. 우리는 영국에 있지 않다. 따라서 우리는 런던에 있지 않다.

귀납논증

1. 귀납논증의 이해

귀납논증은 전제와 추론에 의해서 개연적으로 결론이 도출되는 논증이다. 즉, 전제가 참이라고 해서 결론이 참이라는 것을 절대적으로 보증하는 것이 아니라 결론을 수용할 좋은 근거만 제시한다. 이러한 귀납논증은 새로운 아이디어를 제공하고, 연역논증이 달성하기 어려운 방식으로 지식을 확대해 준다.

귀납논증의 설득력은 강도나 정도의 문제이다. 성공적인 귀납논증에 대한 표준 형태는 없지만, '강하다' 또는 '약하다'라는 용어를 사용한다. 강하지 않은 귀납논증은 약하다고 판단한다.

1) 귀납논증의 개념

귀납논증(inductive argument)은 개별적이고 구체적인 사실에서 일반적인 원리나 법칙을 이끌어내는 논증 방식이다. 즉, 귀납논증은 경험한 구체적인 사건, 관찰과 사실에서 일반적인 주장을 이끌어내는 논리적 사고의 유형이다. 결론은 필연적으로 전제를 따르지 않지만 개연적으로(probably) 전제를 따른다. 즉, 귀납논증은 전제가 참이면 결론은 반드시 참은 아니지만 개연적으로 참이라는 논증이다. 다음은 귀납논증의 특징이다.

- 전제와 결론은 모두 경험적 명제이다.
- 전제의 규칙적 패턴이 지속된다는 가정에 근거한다.
- 추론은 검증하지 않은 사례가 검증한 사례와 같다고 가정한다.

귀납논증은 전제와 결론 간의 추론적 연결이 절대적이지는 않지만, 전제가 결론에 개연적인 근거를 제시한다. 귀납논증은 증거를 제공하기 위해 사용될 수 없으나 실제 생활에 있는 사건의 집단에 관한 아이디어를 제공하기 때문에 가치가 있다. 귀납논증은 구체적인 사례를 통해서 일반적인 원칙이나 규칙을 도출하지만 연역논증은 일반적인 원칙이나 규칙을 통해 구체적인 사례를 도출하는 점이 양자의 차이점이다.

그림 8-1 **연역논증과 귀납논증의 추론 과정**

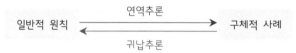

표 8-1 **연역논증과 귀납논증의 차이**

연역논증	귀납논증
일반적 원칙에서 구체적 사례 추론	구체적 사례에서 일반적 원칙 추론
논리적으로 필연성	경험적으로 개연성
전제가 참이면 반드시 결론이 참이어야 한다는 강한 주장을 포함한다.	전제의 참이 결론의 참을 개연적으로만 보증한다.
전제가 결론을 필연적으로 뒷받침하는 논증이다.	전제의 참이 결론을 받아들일 수 있는 좋은 근거를 제시한다고 주장한다.
전제가 참이면 결론에 대한 결정적인 근거를 제공할 때 타당한 논증이다.	전제가 참이더라도 결론이 거짓으로 판명될 수 있다.

2) 귀납논증의 단계

귀납논증은 사실을 증명하지 않고 한 가지 논점을 주장하는 논증으로 전제가 결론에 결정적인 근거를 제공하지 못한다. 단지 조사와 관찰을 통해서만 옳고 그름을 증명할 수 있다. 결론이 참이라는 개연성만 제공한다. 따라서 전제와 결론 간에 비약이 개입할 수밖에 없는 점이 단점이다. 이러한 귀납논증은 실제로 날씨, 사람 및 일반적인 상황에 관해 이야기할 때 주장을 증명하기 위해 사용된다. 따라서 좋은 귀납논증이 되려면 전제에 있는 증거가 적절해야 한다. 귀납논증은 네 단계를 거친다.

- 관찰: 편견 없이 사실 수집
- 분석: 사실 분류, 규칙성의 패턴 확인
- 추론: 패턴으로부터 일반화 추론
- 확인: 추가 관찰을 통한 추론 검증

3) 귀납논증의 고려 사항

귀납논증은 전제가 결론의 참을 결정적으로 지지하지 못하고 어느 정도의 지지만을 제공한다. 즉, 전제가 참이면 결론은 반드시 참은 아니지만 어느 정도 참이다. 귀납논증은 전제가 참이면서도 결론이 거짓일 수 있다. 따라서 귀납논증의 결론은 전제로부터 필연적으로 도출되지는 않는다. 그러나 복합적인 지지를 제공한다면 결론은 신뢰할 수 있다. 관련된 자료가 간과될 경우 귀납적 결과는 왜곡될 수 있기 때문에 귀납논증을 사용할 때는 신중해야 한다. 따라서 다음은 귀납적으로 논증할 때 고려할 사항이다.

- 자료의 양
- 자료의 품질
- 추가 자료의 존재
- 필요한 추가 정보의 관련성

• 추가적으로 가능한 설명의 존재

　귀납논증은 전제와 결론 간의 관계 강도가 매우 다양하다. 전제가 결정적으로 결론을 뒷받침할 수 있거나 전제가 결론을 거의 뒷받침하지 않는 경우가 있다. 따라서 좋은 귀납논증은 전제가 제공하는 적절한 증거에서 결론을 유도한다. 그러나 결론은 전제가 지지하는 것보다 더 많은 것을 주장해서는 안 된다. 다음의 사례와 같은 다양한 귀납논증을 통해서 특성을 이해한다.

사례 8-1

> 가방에서 나온 첫 번째 구슬은 흰색이다.
> 가방에서 나온 두 번째 구슬은 흰색이다.
> 가방에서 나온 세 번째 구슬은 흰색이다.
> 따라서 가방 안에 있는 모든 구슬은 흰색이다.

　[사례 8-1]의 진술은 가방 안에 있는 구슬의 색깔이 흰색이라고 주장한다. 가방에서 나온 첫 번째 구슬이 흰색이었고, 두 번째 구슬도 흰색이었고, 세 번째 구슬도 흰색이었기 때문에 결론적으로 가방의 모든 구슬은 흰색이다. 그러나 가방에 있는 구슬은 흰색보다 다른 색이 더 많이 남아있을 수 있다.

사례 8-2

> 나는 이 지역에서 8명의 황색 얼굴을 가진 사람을 보았다.
> 따라서 이 지역에 있는 모든 사람들은 황색 얼굴을 가지고 있다.

　[사례 8-2]의 진술은 제한된 수로 증거를 사용하여 유형의 대부분을 전반적으로 가정하는 귀납적 일반화의 예이다. 이러한 진술의 참은 추론을 하는 데 사용한 표본의 개수와 전체 모집단에 달려 있다.

사례 8-3

> 경호는 버스 운전사이다.
> 모든 운전사는 시속 60km로 주행한다.
> 따라서 경호는 시속 60km로 주행한다.

[사례 8-3]의 진술은 일반 진술에서 시작하여 개인에 대한 결론으로 끝나는 통계 삼단논법의 예이다. 그러나 모든 운전사는 시속 60km로 주행한다고 경호도 동일하다고 할 수 없다.

사례 8-4

> 철수와 정수는 형제들이다.
> 철수는 냉면과 라면을 좋아한다.
> 정수는 냉면을 좋아한다.
> 따라서 정수는 라면을 좋아한다.

[사례 8-4]의 진술은 두 개 이상의 속성에 주목하고, 형제들이 더 많은 추가 속성을 공유해야 한다는 결론을 이끌어내는 비유논증의 예이다. 그러나 형제들이라고 해서 기호가 동일하다고 할 수 없다.

사례 8-5

> 공원에 있는 모든 어린이들이 뛰어놀고 있다.
> 따라서 민정이의 아이들도 뛰어놀 수 있다.

[사례 8-5]의 진술은 간단한 귀납논증의 예이다. 모든 아이로 시작하여 특정한 아이인 민정이의 아이들로 내려오듯이 이 유형의 진술은 집단의 증거로 시작하여 개인에 관한 결론을 도출한다.

사례 8-6

> 취업 준비생의 80%가 논리학을 공부한다.
> 경희는 취업 준비생이다.
> 따라서 경희는 논리학을 공부한다.

[사례 8-6]의 진술은 강한 귀납논증의 예이다. 전제에서 취업 준비생의 80%가 논리학을 공부하기 때문에 취업 준비생인 경희도 논리학을 공부한다고 추론한다. 취업 준비생의 80%는 일반화의 개연성이 매우 높다. 따라서 강한 귀납논증이다.

사례 8-7

> 어떤 배우는 남자이다.
> 동건이는 남자이다.
> 따라서 동건이는 배우이다.

[사례 8-7]의 진술은 약한 귀납논증의 예이다. 남자 중에 배우가 차지하는 비중이 약하다. 동건이가 남자라고 해서 배우라고 할 만한 증거가 매우 부족하여 약한 귀납논증이다.

사례 8-8

> 가방 안에는 10개의 구슬이 있다.
> 임의로 뽑은 7개는 청색이다.
> 따라서 가방 안에 있는 모든 구슬은 청색이다.

[사례 8-8]의 진술은 논리적이고 참일 개연성이 거짓일 개연성보다 더 크기 때문에 강한 귀납논증이다. 가방 안에 구슬이 10개 있고 이 중에 뽑은 구슬이 7개이고, 7개가 모두 청색이면 모든 구슬이 청색일 확률은 70%이다. 따라서 전제가 결론을 충분히 지지하므로 이 귀납논증은 강하다.

2. 귀납법의 종류

귀납법은 구체적, 개별적 사실들을 근거로 하여 일반적 원리를 이끌어 내는 방법이다. 귀납추론은 관찰된 사실로부터 관찰되지 않은 사실을 이끌어낼 수 있다. 그러나 부분적 관찰에서 결론을 도출하는 것이므로 성급한 일반화의 오류에 빠질 수 있는 약점이 있다. 이러한 귀납추론의 종류에는 귀납적 일반화, 유비논증, 통계적 논증, 최선의 설명에 의한 논증과 인과논증 등이 있다.

1) 귀납적 일반화

귀납논증의 전제는 결론의 참을 지지하는 결정적 증거를 제공하지 못한다. 따라서 일반화는 결론을 과장해서는 안 된다. 귀납적 일반화는 강하거나 약하다. 귀납적 일반화가 강하거나 약한지를 어떻게 판단하는가? 귀납논증의 타당성을 평가하기 위한 기준은 없지만 선정된 표본이 모집단을 대표하는지와 표본의 수는 매우 중요하다.

(1) 귀납적 일반화

일반화는 어떤 특성이 모든 집단의 구성원에게 속해 있는 것으로 지각하는 현상이다. 귀납적 일반화(inductive generalization)는 표본의 속성이나 특성을 전체 집단의 속성이나 특성에 적용하는 것이다. 실제로 여론조사 통계는 표본을 사용하여 전체 집단의 결론을 도출한다. 표본이 갖고 있는 특성을 집단 전체의 구성원들도 공유하고 있다고 주장하는 것이다. 따라서 일반화의 강도는 표본과 모집단 간의 상관관계에 달려있다. 즉, 표본의 수와 대표성이 클수록 일반화는 더 신뢰할 수 있다.

표 8-2 **귀납적 일반화의 예**

X는 A이고 B이다.	구리는 금속이며 연성이다.
Y는 A이고 B이다.	알루미늄은 금속이며 연성이다.
Z는 A이고 B이다.	철은 금속이며 연성이다.
모든 A는 B이다.	모든 금속은 연성이다.

(2) 표본의 특성

귀납적 일반화가 강한지 또는 약한지를 판별하기 위해 대체적으로 논리적 능력과 상식에 의존한다. 연역논증이 타당하거나 부당한지를 판별하기 위한 기준은 있지만 귀납논증이 강하거나 약한지를 판별하는 기준은 없다. 그렇다 하더라도 귀납논증이 강하기 위해 검토할 사항은 전제, 표본, 모집단과 속성이다.

- 전제: **전제가 참이면 설득적인 논증**
- 표본: **전제에 언급된 집단의 한 부분**
- 표적 모집단: **결론에 있는 전체 집단의 구성원**
- 속성: **표본과 전체 집단이 공통적으로 공유하고 있는 특성**

귀납논증과 연역논증의 공통점은 참인 전제의 필요성이다. 귀납적 일반화의 전제는 결론에 대한 강한 지지를 제공하지만, 전제가 모두 참이 아니면 설득적인 귀납논증이 아니다. 설득력이 있는 논증은 모두 참인 전제를 갖고 결론에 대해 강한 지지를 제공한다.

표본의 크기는 모집단에 대한 결론을 정당화하는 데 충분해야 한다. 즉, 표본의 크기가 충분히 커야 관심을 갖고 있는 모집단의 속성이나 특성을 반영할 수 있다. 표본의 크기가 작다면 모집단을 대표한다고 판단하기 어렵다. 따라서 표본이 충분히 클 때 성급한 일반화가 일어나지 않는다.

또한 표본이 전체 모집단을 대표할 수 있어야 한다. 즉, 표본은 모집단의 특성과 동일해야 한다. 강한 귀납적 일반화에서 표본은 모집단을 대표해야 한다. 표본은 모집단의 관련된 모든 속성이 있는 표본이고, 모집단의 속성과 유사해야 한다. 표본은 전체 모집단을 정확하게 대표할수록 신뢰성이 높다. 편향된 표본은 모집단을 대표할 수 없는 표본이다. 모집단이 이질적이라면 모집단을 대표하기 위해 표본은 무작위로 선정해야 한다. 모집단의 무작위 추출 표본은 모든 개별적인 표본이 선택될 기회가 동일한 표본이다.

(3) 귀납적 일반화의 유형

귀납적 일반화에서 논증의 강도는 관찰된 표본의 대표성과 수에 달려있다. 관찰된 사실을 결론에 적용하는 방식에 따라 전체 열거 귀납적 일반화, 제한된 열거 귀납적 일반화와 단일 결론의 귀납적 일반화 등이 있다. 표본의 접근성이나 관찰의 능력에 따라 이러한 일반화의 유형 중에서 적절한 것을 선택할 수 있다.

표 8-3 귀납적 일반화의 유형

- 전체 열거 귀납적 일반화
  모든 관찰된 X는 Y이다.
  따라서 아마 모든 X는 Y이다.

- 제한된 열거 귀납적 일반화
  모든 관찰된 X는 Y이다.
  따라서 아마 대부분의 X는 Y이다.

- 단일 결론의 귀납적 일반화
  관찰된 모든 X는 대부분 Y이다.
  사례 A는 X이다.
  따라서 아마 사례 A는 Y이다

(4) 귀납적 일반화 오류

귀납논증에서 가장 주의해야 할 부분은 바로 일반화의 오류이다. 귀납적 일반화 오류는 몇 가지 소수의 사례를 관찰하여 전체에 적용하는 오류이다. 다음은 귀납적 일반화 오류의 유형이다.

- 성급한 일반화: 너무 작고 대표할 수 없는 표본에 근거
- 일화 증거 호소: 일화 또는 이야기의 형태에 근거
- 편향된 일반화: 편향된 표본을 전체 집단에 적용
- 결합의 오류: 부분 속성을 전체 속성으로 적용
- 분해의 오류: 전체 속성을 부분 속성으로 적용

2) 유비논증

유비논증(argument from analogy)은 둘 또는 이상의 대상이나 현상 간의 유사성을 도출하여 이들을 비교하는 논증으로 유추라고도 한다. 이것은 대상의 속성이 유사하다는 것을 근거로 나머지 속성도 유사할 것이라고 결론을 이끌어내는 논증 방식이다. 두 대상 간의 유사성이 얼마나 본질적이고 적절한가에 따라 논증의 설득력이 결정된다. 유사성은 대상들이 갖고 있는 공통적인 속성이다. 유추할 때 중요한 것은 비교 대상 간의 유사성을 찾는 일이다. 따라서 추론하려는 결론과 가장 관련 깊은 유사성을 근거로 삼아야 한다.

- 유비논증: 둘 또는 이상의 대상이나 현상 간의 유사성 비교 논증

유추(類推)는 두 개의 대상이 공통적인 성질이나 관계를 가지며, 한 대상이 어떤 성질이나 관계가 있을 때 다른 대상도 동일한 성질

이나 관계가 있다고 추론하는 것이다. 두 대상이 공유하는 공통 속성은 유사성이다. 유추하고자 하는 목표 속성은 기준 대상에만 있는 속성이다. 즉, 기준 대상 A의 속성을 비교 대상 B가 갖고 있을 것이라고 추론하는 것이다. 따라서 대상 A의 속성을 대상 B가 모두 갖고 있다. 즉, 대상 B도 x의 속성을 갖고 있다고 추론한다.

- 기준 대상: **대상 A**
- 비교 대상: **대상 B**
- 기준 대상의 속성: a, b, c, x
- 비교 대상의 속성: a, b, c
- 유사성: a, b, c
- 목표 속성: **대상 A의** x
- 관련성: **공통적인 속성** a, b, c**가 목표 속성** x**와 관련되어 있는 정도**

유비논증은 귀납법의 출발 단계에 해당한다. 유추한 결론이 참을 입증하기 위해서는 보다 더 확실한 근거가 뒤따라야 한다. 예를 들면, 건강보험공단은 정부 기관이고, 고용이 안정적이고, 연봉이 높고, 출산 휴가가 3개월이다. 근로복지공단은 정부 기관이고, 고용이 안정적이고, 연봉이 높다. 두 기관 간에는 공통적 속성인 유사성이 3개 항목이 있다. 이때 건강보험공단의 출산 휴가 3개월 제도가 근로복지공단에도 있는지를 유추한다.

- 전제: **근로복지공단은 건강보험공단과 유사하다.**
- 기준 대상: **건강보험공단**
- 비교 대상: **근로복지공단**
- 유사성: **정부 기관, 안정적인 고용, 높은 연봉**

- 목표 속성: 건강보험공단의 출산 휴가 3개월

- 주장: 근로복지공단은 출산 휴가가 3개월이다.

- 결론: 따라서 근로복지공단은 출산 휴가가 3개월이다.

표 8-4 **유비논증의 예**

A는 a, b, c, x의 특성이 있다.	건강보험공단은 정부 기관이고, 고용이 안정적이고, 연봉이 높고, 출산 휴가가 3개월이다.
B는 a, b, c의 특성이 있다.	근로복지공단은 정부 기관이고, 고용이 안정적이고, 연봉이 높다.
A는 x의 특성이 있다.	건강보험공단은 출산 휴가가 3개월이다.
따라서 B는 x의 특성이 있다.	따라서 근로복지공단은 출산 휴가가 3개월이다.

유비논증은 일반화와 밀접한 관계가 있다. 일반화에서 논증자는 하나 또는 이상의 사례로 시작하고 집단의 모든 구성원에 대한 결론을 끌어낸다. 논증자는 전에 주목하지 않았던 집단의 구성원들에게 일반화를 적용한다. 예를 들면, 디온 메이어의 최근 추리소설을 읽은 병수는 스릴 만점이었다. 그래서 그의 초기 소설도 역시 스릴 만점이라고 생각한다. 이러한 추론은 귀납추론이다. 이 일반화를 초기 소설에 적용하여 역시 스릴 만점이라는 결론을 내릴 수 있다. 이와 같이 논증자인 병수가 최근의 소설이 스릴 만점이라는 사항을 초기 소설에 적용하는 것이 유비논증이다.

(1) 유비논증의 평가 원칙

유추가 강한지 약한지를 평가하는 기준이 있다. 이 기준으로부터 논증을 평가하는 데 유용한 원칙을 검토할 수 있다. 유추의 평가 원칙은 관련성, 공통 속성의 수, 공통 속성 간의 다양성, 공통 속성의 성격, 비교 대상의 수와 전제에 대한 결론의 구체성 등이 있다.

그림 8-2 **유비논증의 평가 원칙**

❶ 관련성

관련성은 공통 속성과 목표 속성과의 관계이다. 즉, 관련성은 공통 속성이 있을 때 목표 속성이 존재할 가능성으로 두 속성 간의 상관관계이다. 공통 속성의 수가 증가할수록 목표 속성 x와의 관련성이 더 증가하고 이때 유비논증은 더 강해진다. 관련성이 높을수록 목표 속성의 존재할 가능성이 높다. 만일 두 대상 간에 관련성이 낮으면, 즉 비유사성이 높을수록 논증은 약하다.

❷ 공통 속성의 수

공통 속성 a, b, c, d, e, f … 등으로 증가할수록 유비논증은 더 강하다. 즉, 공통 속성의 수가 많을수록 유비논증은 강하다. 이와 달리 공통 속성의 수가 적을수록 유비논증은 약하다.

❸ 공통 속성 간의 다양성

그 밖의 모든 것이 동일하다면, 공통 속성 간의 다양성이 클수록 논증은 더 강하다. 이와 달리 공통 속성의 성질이나 관계가 유사할수록, 즉 한 종류로 볼 수 있는 속성일수록 유비논증은 약하다.

❹ 공통 속성의 성격

유추 간에는 관련성이 매우 다르다. 한 대상에 적용되는 것이

다른 것에도 적용될 가능성이 없다. 예를 들면, 아스피린은 약이고 헤로인도 약이다. 이 약들은 치료제이고 환자들이 이용할 수 있다. 아스피린은 대부분의 사람들이 복용하는 것이 간편하고 헤로인도 마찬가지이다. 그러나 아스피린과 헤로인은 치료 결과의 관련성이 다르기 때문에 터무니없는 유추이다. 아스피린은 가벼운 통증 완화제이며 대부분의 사람들에게 심각한 부작용이 없으나 헤로인은 많은 양을 섭취하면 중대한 해를 끼칠 수 있고 중독성이 높다. 일차 및 이차 유추 간의 관련된 차이가 클수록 논증은 더 약하다.

❺ 비교 대상의 수

목표 속성과 비교되는 비교 대상의 수가 많을수록 유비논증은 강하다. 즉, 공통 속성을 갖고 있는 비교 대상이 a, b, c, d, e 등처럼 많을수록 목표 속성이 비교 대상에 존재할 가능성이 더 많고 이때 유비논증은 더 강하다.

❻ 전제에 대한 결론의 구체성

전제가 정확한 정보를 갖는 것은 좋지만 논증이 강해지려면, 결론이 덜 정확할수록 유비논증은 더 강하다. 주장하는 내용이 구체적이고 정확할수록 주장을 지지할 근거가 빈약하다. 즉, 목표 속성의 구체성이 유비논증의 강도를 결정한다. 따라서 목표 속성을 구체적으로 정의할수록 유비논증은 더 약하다. 이러한 생각은 전제가 목표 속성 유추에 대해 결론을 정당화하지만 결론을 과장한다.

(2) 논증의 평가

두 개의 대상이 공통적인 속성을 갖고 있다는 점을 근거로 기준 대상으로부터 비교 대상에 공통적인 속성을 적용하는 논증이다. 유사성을 갖고 있는 속성들과 결론에서 주장하려는 속성 간에 적절한 관련성이 있어야 한다. 비교 대상이 되는 두 대상 간의 유사성이 차이성보다 클수록 논증은 강하다. 유추로부터 논증을 고려해보고, 논증의 강점과 약점이 어디에 있는지 파악한다. 유추는 다음과 같은 경우 더 강하다.

- 공통 속성과 목표 속성 간의 관련성이 크다.
- 공통 속성의 수가 많다.
- 공통 속성이 다양하다.
- 목표 속성과 비교 대상의 수가 많다.
- 더 중요하고 더 유사한 유추를 인용한다.
- 공통 속성들과 결론의 속성 간에 적절한 관련성이 크다.
- 유사성이 차이성보다 크다.
- 전제에만 인용된 대상이 더 다양하다.

3) 통계적 논증

통계적 논증(statistical argument)은 어떤 집합의 구성 요소의 일부를 관찰하고 그것을 근거로 하여 그 집합의 구성 요소 전체에 대해서 결론을 내리는 추론이다. 즉, 통계적 논증은 모집단에 대한 표본의 비율에 관한 전제에서 주장한다. 예를 들면, 전체 학생들의 90%가 논리학을 좋아한다. 수현은 학생이다. 따라서 수현은 논리학을 좋아한다. 이 경우 결론이 참일 확률이 90%인 증거를 제공하기 때문에 강한 논증이다. 통계적 적용의 강도를 평가할 때 중요한 점은 결론과 전제의 관련성이다.

다른 귀납논증과 마찬가지로 통계적 논증은 강이나 약의 연속체에 따라 평가된다. 결론이 거짓보다는 참일 것 같은 증거를 제공할 때 통계적 추론은 강하다. 결론이 참일 확률이 50%보다 클 때 통계적 논증은 강하다. 결론이 참보다 거짓일 것 같은 증거를 제공할 때 통계적 논증은 약하다. 즉, 결론이 참일 확률이 50% 미만일 때 통계적 논증은 약하다. 그러나 증거는 결론이 참이라는 것을 논리적으로 보장하지는 않는다.

표 8-5 **통계적 논증의 예**

A의 X%는 C이다.	학생들의 90%가 논리학을 좋아한다.
B는 A이다.	수현은 학생이다.
B는 C이다.	따라서 수현은 논리학을 좋아한다.

4) 최선의 설명에 의한 논증

최선의 설명에 의한 논증(argument by the best explanation)은 증거로부터 귀납추론을 끌어내는 특별한 방법이다. 즉, 대안 가설 중에서 가장 설명력이 뛰어난 가설이 옳고 믿을 만하다고 판단하는 과정이다. 어떤 가설이 어떤 현상에 대한 설명력이 가장 뛰어나다는 이유로 가설을 참 또는 참일 것 같다고 수락하는 논증이다. 즉 대안 가설 중에서 가장 설명력이 뛰어난 가설을 옳고 믿을 만하다고 판단하는 과정이다.

- 최선의 설명에 의한 논증: 대안 가설 중에서 가장 설명력이 뛰어난 가설이 옳고 믿을 만하다고 판단하는 과정

이전에 받아들여진 신념에 설명을 추가할 때 관찰하거나 믿는 것을 설명할 수 있고, 대립되는 설명도 거의 없다. 최선의 설명에 의한 논증은 대안 가설 중에서 선택하는 방법이다. 최선의 설명에 의한 논증보다 더 최선의 설명이 가능한 또 다른 논증이 나타나면 이

논증은 필요가 없다.

> 민호가 집에 돌아와 보니 현관문이 고장났고 귀중품이 분실되었다는 것을 알았다. 물론 다른 물건들도 흩어져 있었다. 여러 가지 가능성이 있다.
>
> ① 도둑맞았다고 즉시 결론을 내릴 것이다.
>
> ② 운석이 현관문에 부딪쳤을 수도 있다.
>
> ③ 경찰이 실수로 마약을 찾기 위해 집에 들어와 귀중품을 증거로 사용했을 수도 있다.
>
> ④ 친구들이 이상한 농담을 하고 있을 것이다.

　　사실 이러한 모든 일이나 일부가 일어날 수 있다. 이러한 가설은 서로 대립적일 수 있다. ① 도둑 가설이다. 그렇다면 왜 도둑 가설을 쉽게 받아들이는가? 도둑맞았다는 가설이 사실일 가능성이 가장 크다. ② 운석이 현관문에 부딪칠 가능성은 매우 희박해서 고려할 가치가 없다. ③ 경찰이 실수로 급습하거나 ④ 친구들이 이상한 농담을 할 가능성은 희박하지는 않지만 대체로 사실에 적합하지 않다. 경찰이 급습한 것이라면 경찰서나 메모를 찾을 것이다. 친구들의 농담이라면 주장을 알기가 어렵다. 이와 달리 도둑은 매우 드문 일은 아니고 이 가설은 사실과 매우 잘 부합된다.

　　설명을 통해 관찰을 이해하고 신뢰할 만하게 예측할 수 있다. 그리고 설명은 결론을 믿을 수 있는 이유를 제공한다. 우리는 주변의 세계에 대해서 이해하기를 원하는데, 설명을 통해 주변의 세계와 사건을 이해할 수 있기 때문에 설명은 중요하다. 예측은 새로운 자료로 이론을 검증하고 미래 사건을 예상하거나 심지어 통제할 수 있다. 비교는 대립가설과 비교하여 최선의 설명을 찾는 데 도움이 된다. 최선의 설명에 의한 논증은 다음과 같은 과정을 통해서 달성할 수 있다.

- 관찰: 자물쇠가 고장났고 귀중품이 분실되었다.
- 설명: 도둑 가설은 관찰의 적절한 설명을 제공한다.
- 비교: 다른 어떤 가설도 도둑 가설만큼 설명력을 제공하지 못한다.
- 결론: 집에 도둑이 들었다.

다른 형태의 논증을 최선의 설명에 의한 논증과 비교할 수 있다. 도둑에 대한 이전의 믿음으로 자물쇠가 고장났고 귀중품이 분실되었다는 믿음을 이미 정당화했다. 알 수 없는 것은 자물쇠가 고장난 이유이다. 이러한 질문은 설명이 필요하다. 설명은 사건이 발생한 이유를 이해하는 데 도움이 된다. 설명은 종종 논증의 형태로 취급된다. 이 예제를 다음과 같은 논증으로 표현할 수 있다.

> 민호의 집이 도둑맞았다.
> 민호의 집이 도둑맞았을 때 귀중품이 분실되었다.
> 따라서 민호의 귀중품이 분실되었다.

이 논증은 결론에 대한 이유를 가설로 시작한다. 최선의 설명에 의한 논증의 결론을 가설로 설명한다. 가설인 첫 전제는 관찰의 결과이다. 전제는 결론이 참인 이유, 즉 귀중품이 분실되었다는 이유를 설명한다. 논증의 설명에 의해 수립된 전제로부터 결론을 도출함으로써 어떤 결과를 알기를 원한다. 이것은 최선의 설명에 의한 논증으로 관찰로부터 설명을 이끌어낸다.

이미 알려진 것으로 가장 좋은 설명을 제공하는 것은 증거를 제공하는 것을 의미한다. 예를 들면, 친구가 벽을 걷어차는 것을 본다면, 왜 그가 벽을 걷어차는지에 대한 다른 설명이 없기 때문에 화났다고 추론한다. 그런 다음 "반갑다"라고 말할 때 그가 돌아선다면 화가 났다고 생각할 수도 있다. 이와 마찬가지로 차를 점검한 후에 시동이 안 걸릴 때 연료 부족이 차가 움직이지 않는 최선의 이유라면 연료가 부족하다고 결론을 내릴 수 있다.

최선의 설명에 의한 논증의 평가 기준

- 설명: 가설은 실제로 관찰의 설명이어야 한다.
- 충분성: 우연의 일치가 아니라 철저한 검토에 의한 설명은 충분해야 한다.
- 확장성: 설명은 다른 유사한 경우에도 사용되어야 한다.
- 단순성: 설명은 너무 많은 것을 주장해서는 안 된다.
- 보수성: 설명은 믿음을 수정하지 않아야 한다.

5) 인과논증

인과관계는 관찰한 대상의 일부 현상들이 지닌 인과관계를 인식하여 원인과 결과를 이끌어 내는 추론이다. 모든 현상에는 원인이 있고, 원인을 통해 결과가 발생된다. 원인이 없는 결과는 없으며 다만 찾지 못할 뿐이다. 원인과 결과의 관계는 간헐적이기도 하지만 연쇄적으로 일어나는 수가 많고, 나쁜 일에서만 계속 나타나는 것을 악순환(vicious circle)이라 한다. 예를 들면, 영수는 우유와 빵을 먹고 영자는 사이다와 빵을 먹은 후 두 사람 모두 배가 아팠다. 아마도 빵이 복통의 원인이었을 것이다.

(1) 인과논증

인과논증(causal argument)은 어떤 원인이 있기 때문에 어떤 결과가 발생하는 것을 추론하는 논증이다. 원인과 결과 간의 가정된 관계가 정확하게 수립되면 이러한 관계를 근거로 한 추론은 매우 효과적이다. 인과추론은 실제적으로 가장 중요하다. 환경을 통제하고, 성공적으로 살고, 목적을 달성하는 능력은 인과관계의 지식에 달려 있다. 예를 들면, 어떤 질병을 치료하기 위해 의사는 원인을 찾아야 하고, 처방하는 약의 효과를 알아야 한다. 행동을 취하고 어떤 결과를 얻기 위해 노력하는 모든 영역에서 원인과 결과의 관계가 근본이다.

• 인과논증: 어떤 원인이 있기 때문에 어떤 결과가 발생하는 것을 추론하는 논증

❶ 인과논증의 예

원인은 어떤 현상의 발생에서 중요한 요인이다. 원인(原因)은 어떤 사물이나 상태를 변화시키거나 일으키게 하는 근본이 된 일이나 사건이다. 이러한 원인에는 원인과 결과의 어떤 사슬에서 원인(遠因)과 근인(近因)이 있다. 원인(remote cause)은 설명을 하기 위해 결과로부터 먼 사건으로 간접적인 원인이다. 반면에 근인(proximate cause)은 설명을 하기 위해 결과에서 가장 가까운 사건으로 직접적인 원인이다.

표 8-6 **인과논증의 예**

어떤 원인 C가 발생했다.	미자는 많은 사탕을 먹었다.
원인 C는 E에 영향을 준다.	사탕을 많이 먹으면 충치가 생긴다.
E가 발생한 것 같다.	미자는 충치가 생길 가능성이 있다.
어떤 원인 C가 발생했다.	미자는 충치가 생겼다.
C의 원인은 E를 발생시킨다.	사탕을 먹는 것은 충치를 발생시킨다.
결과 E가 발생한 것 같다.	미자는 많은 사탕을 먹은 것 같다.

원인으로부터 결과를 추론하거나 결과로부터 원인을 추론한다. [표 8-6]은 결과로부터 원인을 추론한다. 즉, 원인 C는 결과 E에 영향을 준다. 이것은 인과적 일반화이다. 대부분의 실제 사례에서 하나의 원인으로 일어나는 동일한 결과는 드물기 때문에 인과관계 논증

의 강도는 평가하기 매우 어렵다. 따라서 발생한 것에 대해 결론을
내는 것은 언제나 어렵다. 인과관계 논증에서 강한 논증을 판독하는
가장 좋은 방법은 조사를 많이 하는 것이다.

❷ 필요조건과 충분조건

사건은 그냥 발생하는 것이 아니라 어떠한 조건하에서 발생한
다. 사건의 발생에 대한 필요조건과 충분조건을 구별하는 것이 필요
하다. 조건문은 필요와 충분조건 간의 관계를 표현하기 때문에 논리
에서 특히 중요하다.

B가 발생하지 않으면 A가 발생할 수 없는 경우 B는 A의 필요
조건이다. 따라서 동물이 되는 것은 개가 되기 위한 필요조건이다.
한편, A의 발생이 B의 발생에 충분한 것일 때 A는 B에 대한 충분조
건이다. 예를 들면, 개가 되는 것은 동물이 되기 위한 충분조건이다.
이러한 관계는 아래 조건문에 표현된다. 첫 번째 진술문은 동물이
되는 것이 개가 되기 위한 필요조건이며, 두 번째 진술문은 개가 되
는 것이 동물이 되기 위한 충분조건이다.

- 필요조건: 집합 B(동물)는 요소 A(개)가 필요하다.
- 충분조건: 요소 A(개)는 집합 B(동물)에 속하는 데 충분하다.

필요조건(necessary condition)은 조건이 존재하지 않으면 사건이
발생할 수 없는 상황이다. 조건이 발생하지 않으면 결론도 발생하지
않는다. A가 일어나지 않으면 B도 일어나지 않는다. 예를 들면, 산
소의 존재는 발화가 되기 위한 필요조건이다. 산소가 존재하지 않으
면 발화가 되지 않기 때문에 발화는 산소를 필요로 한다.

> A는 B의 필요조건이다.
>
> A가 없으면 B도 없다.
>
> (~A⊃~B)

충분조건(sufficient condition)은 조건이 발생하면 결론도 발생하는 상황이다. 즉, A가 일어나면 B도 일어난다. 사건의 발생에 대한 충분조건은 조건이 존재하면 사건이 발생해야 하는 상황이다. 발화가 되면 산소가 존재하는 것이 분명하기 때문에 산소는 발화의 한 요소에 속하는 데 충분하다. 산소의 존재와 적절한 온도는 해당 물질의 발화를 위한 충분조건이다. 사건의 발생에 대해 몇 가지 필요조건이 있고, 필요조건은 사건의 충분조건 안에 포함되어야 한다.

> A는 B를 위한 충분조건이다.
>
> A가 있으면 B도 있다.
>
> (A⊃B)

- 필요조건: 조건이 존재하지 않으면 사건이 발생할 수 없는 상황
- 충분조건: 조건이 발생하면 결론도 발생하는 상황

A가 있으면 B도 있고 B가 있으면 A도 있다. A와 B가 완전히 같을 때 A는 B를 만족하기 위한 필요충분조건이다. 어떤 조건들은 어떤 사건들의 발생을 위한 필요충분조건이다. 예를 들면, 경기에서 상대방보다 많은 득점을 하는 것은 승리를 위한 필요충분조건이다. 즉, 승리하기 위해서 보다 많은 득점을 하는 것이 필요하고, 많은 득점은 승리하는 데 충분하다.

A는 B를 위한 필요충분조건이다.

(A⊃B)•(B⊃A)

* ⊃: 만약 …이라면,   •: 그리고

사건의 발생을 위해 몇 가지 필요조건이 있을 수 있다. 원인을 제거하기 위해 현상의 존재에 필요한 어떤 조건을 발견해야 하고, 그런 후 조건을 제거해야 한다. 예를 들면, 세균은 어떤 질병의 원인인가? 의사들은 이러한 세균을 없애는 약을 투여함으로써 질병을 치료한다. 세균은 질병의 필요조건인 점에서 질병의 원인이 된다. 왜냐하면 세균이 없으면 질병은 발생하지 않는다.

그림 8-3 **필요조건과 충분조건**

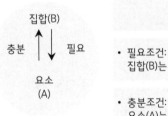

A⊃B

• 필요조건:
집합(B)는 요소(A)를 필요로 한다.

• 충분조건:
요소(A)는 집합(B)에 속하는 데 충분하다.

집합(B)는 요소(A)를 필요로 하고, 요소(A)는 집합(B)에 속하는 데 충분하다. A는 B의 충분조건이고, B는 A의 필요조건이다. 예를 들면, 과일의 범위는 사과 등이 필요하고, 사과는 과일의 한 요소로 충분하다. 따라서 범위는 다른 것을 필요로 하고 요소는 전체의 구성 요소로서 충분하다. 즉, 필요해서 필요조건, 충분해서 충분조건이다.

표 8-7 **필요조건과 충분조건의 예**

A	B	조건
사과	과일	B는 A의 필요조건이다.
(요소)	(집합)	A는 B의 충분조건이다.

(2) 인과관계 분석 방법

모든 귀납법의 중요한 방법이 밀(John Stuart Mill)에 의해서 형성
되었고 오늘날 귀납법의 규범이 되었다. 이러한 탐구기법은 과학적
조사의 보편적 도구로서 유용하다. 귀납추론의 5가지 기법은 일치법
, 차이법, 일치 차이 병용법, 잉여법과 공변법 등이 있다.

❶ 일치법

조사 중에 있는 둘 또는 이상의 사례에서 단지 하나의 공통점이
있으면 이 공통점은 현상의 원인 또는 결과이다. 어떤 결과가 있다
면 속성이 필요한 조건이 되기 위해 속성은 언제나 존재해야 한다.
어떤 결과가 발생하는 사례를 찾는다. 사례가 모두 공유하는 하나의
현상이 있는지를 발견한다. 만일 있다면 그것은 어떤 현상의 원인이
다. 예를 들면, 의사가 어떤 치명적인 전염병의 원인을 탐구할 때 결
과에 수반되는 구체적인 환경을 찾을 것이다.

사례 1: A B C D는 w x y z와 함께 발생한다.

사례 2: A E F G는 w t u v와 함께 발생한다.

결론: 따라서 A는 w의 원인 또는 결과이다.

그림 8-4 **일치법**

사례 1	w	x	y	z
사례 2	w	t	u	v

❷ **차이법**

어떤 현상은 공통적으로 발생하는 사례와 발생하지 않는 사례
가 있다. 이때 공통적으로 발생하는 사례를 제외하고 발생하지 않는
사례는 어떤 현상의 원인 또는 결과이다. 한 사례에서는 발생하고
다른 사례에서는 발생하지 않는 어떤 현상을 찾는다. 두 사례에서
다른 원인이 하나라면 이것은 원인일 가능성이 크다.

사례 1: A B C D는 w x y z와 함께 발생한다.
사례 2: B C D는 x y z와 함께 발생한다.
결론: 따라서 A는 w의 원인 또는 결과이다.

그림 8-5 **차이법**

❸ **일치 차이 병용법**

어떤 현상들 간에는 공통점이나 차이점이 있다. 어떤 현상에서
결과가 나타나는 모든 경우 중에서 공통점을 발견하고, 또 다른 현

상에서 공통 요소가 없는 차이점을 찾는다. 두 짝의 사례에서 공통점을 제외한 차이점은 현상의 원인, 결과나 필수적인 요소의 중요한 일부이다. 예를 들면, 공장 근로자 다섯 명은 같은 일을 하는 다른 사람들에 비해 비효율적인 것으로 나타났다. 효율적인 근로자와 비효율적인 근로자는 한 가지만 제외하고는 모두 유사했다. 비효율적인 근로자는 이익 공유 계획의 구성원이 아니다. 따라서 이익 공유 계획은 효율성의 원인이다.

사례 1: A B C는 x y z이다. A B C는 x y z이다.

사례 2: A D E는 x t w이다. B C는 y z이다.

결론: 따라서 A는 x의 원인, 결과나 필수적인 요소이다.

그림 8-6 **일치 차이 병용법**

❹ **잉여법**

어떤 선행 현상의 영향으로 이전의 귀납에 의해 알려진 부분을 제거하면, 현상 중에서 남은 부분은 전건의 결과이다. 복잡한 현상 가운데에서 이미 알려진 부분을 제거하고, 나머지 부분에 관하여 인과관계를 규정하려는 방법이다.

사례 1: A B C는 x y z이다.

사례 2: B는 y의 원인으로 알려져 있다.

사례 3: C는 z의 원인으로 알려져 있다.

결론: 따라서 A는 x의 원인이다.

그림 8-7 **잉여법**

사례 1	A	B	C	x	y	z
사례 2	B	y
사례 3	C	z

❺ 공변법

공변법(concomitant variations)은 어떤 현상의 변화에 따라 같은 방식으로 변하는 다른 현상 간에는 인과관계가 있다고 추리하는 방법이다. 어떤 현상이 일정한 방식으로 변화함에 따라 다른 현상이 일정한 방식으로 변화한다면, 이 양자는 인과관계가 있거나 공통된 원인에서 비롯된 결과이다. 다른 현상이 어떤 특정한 방식으로 변화할 때마다 어떤 현상이 어떤 방식으로든 변하는 것은 그 현상의 원인 또는 결과이고, 현상들 간에는 인과관계와 관련이 있다. 즉, 공변법은 변화율과 관련된 상관관계와 두 현상 간의 인과관계를 연결하는 방법이다.

사례 1: A B C는 x y z이다.

사례 2: A + BC는 x + yz이다.

결론: 따라서 A와 x는 인과관계로 연결된다.

그림 8-8 **공변법**

사례 1	x	y	z
사례 2	x	yz	

Logic Lens

존 스튜어트 밀
John Stuart Mill
1806~1873

밀은 영국의 철학자 · 경제학자다. 그의 아버지 제임스 밀은 공리주의 철학을 발전시킨 유명한 사상가였다. 1823년 런던의 동인도 회사에 입사하기도 했다. 런던에서 하원 의원에 선출되어 노동자에게도 선거권을 줄 것을 주장하였고, 비례대표제도 설치를 역설하였다. 「논리학 체계(A System of Logic)」를 발표했는데 이는 베이컨(F. Bacon)이 이룩한 귀납법의 논리를 완성시킨 저술이었다.

밀은 다양한 분야의 책을 썼다. 「논리학 체계」, 「자유론」, 「정치경제학 원리」, 「대의 정부론」, 「공리주의」, 「여성의 종속」, 「사회주의론」 등이 있다. 다음은 존 스튜어트 밀의 어록이다.

• 도덕은 효용 또는 가장 큰 행복의 원리이다.
• 나는 행복을 추구하는 것을 배웠다. 나는 욕망을 추구하는 것이 아니라 욕망을 제한함으로써 행복을 찾는다.
• 신은 생각이 아니라 표현이 부족한 것을 묘사하는 단어이다.
• 개인의 자유는 매우 제한되어야 한다. 다른 사람에게 해를 입혀서는 안 된다.
• 육체적으로든 도덕적으로든 자신의 유익을 강요하는 것은 충분한 정당화가 아니다.
• 어떤 사람은 자신의 행동뿐만 아니라 비행동으로써 다른 사람에게 악을 초래할 수 있으며, 어느 경우든 악에 대해 그들에게 정당한 책임이 있다.

Chapter 08 귀납논증
연습문제

01 다음 각 논증에 대해 표시된 변경 사항이 논증을 약하거나 강하게 만들 것인지 여부를 파악하고 이유를 설명한다. 논증의 강도는 전혀 영향을 받지 않을 수도 있다. 그렇다면 영향을 받지 않는 이유를 기술한다. 각 순차적 변경에 대해 논증이 강하면 강, 약하면 약, 변경되지 않은 채로 있으면 무로 표시한다.

『연희는 대학에서 3과목 수업을 수강했고 이 중 한 과목을 좋아했다. 그는 이번 학기에 논리학 수강을 등록했으며 좋아할 것으로 기대한다.』

❶ 효리가 수강한 3과목은 대수학, 통계학과 기하학이다.

❷ 결론을 "효리가 네 과목을 좋아할 것"으로 바꾸었다.

❸ 4과목의 수업은 모두 유 교수가 강의한다.

❹ 이전의 세 과목은 효리가 컨디션이 좋은 저녁에 수업을 하였고, 네 번째 수업은 오전 9시에 시작한다.

❺ 처음 세 과목 수강생은 평균 35명, 네 번째 수강생은 32명이다.

❻ 처음 세 수업은 효리가 일생에서 최고점을 받았다고 전제를 변경한다.

❼ 효리가 대학에서 5과목을 수강했으며 나머지 두 과목은 심리학과 경영학을 택했다. 5과목 수업 모두 효리의 삶에서 높은 점수를 받았다.

❽ 효리의 추가 수업은 실제로 영어와 철학입문이었다.

❾ 효리는 저녁에는 컨디션이 안 좋으나 아침에는 좋은 편이다. 그래서 논리학 점수는 좋을 것이다.

❿ 김 교수는 철학입문에서 한 여당의원과 야당의원 간의 토론을 게시한 신문 사설을 읽도록 요구할 것이다.

⓫ 김 교수는 지난 10년 동안 테니스를 쳤고, 앞으로도 계속해서 테니스를 칠 계획이다.

02 다음 각 논증은 귀납논증에 관한 문제이다 각 논증에 대해 귀납논증의 유형을 구분한다. 유비논증, 귀납적 일반화, 통계적 논증 등이다.

❶ 이 관목들은 반짝이는 초록색 잎을 가지고 있으며, 또한 소나무도 그렇다. 나는 이러한 나무들이 겨울철에 사철나무처럼 나뭇잎이 있을 것으로 확신한다.

❷ 폴란드 국민의 95%는 천주교 신자이다. 잭슨은 폴란드인이다. 따라서 아마 잭슨은 천주교 신자이다.

❸ 5,000명의 신입생 중 20%가 올해 해외 배낭여행을 떠났다. 아마 내년에 등록하는 4,000명의 신입생 중 20%가 배낭여행을 떠날 것이다.

❹ 유권자의 87%가 송기헌 의원을 지지한다면 송기헌 의원은 압도적으로 당선될 것이다. 유권자의 87%는 송기헌 의원을 지지한다. 따라서 송기헌 의원은 압도적으로 승리할 것이다.

❺ 경민이는 테니스에 능숙하지 못하다. 둘 다 손으로 하는 운동이기 때문에 경민이는 탁구도 능숙하지 못하다고 나는 확신한다.

03 다음은 귀납적 일반화에 관한 문제이다. 표본, 표적 모집단과 특성을 확인한다.

❶ 나는 평생 약 20편의 스필버그 영화를 보았는데, 그 중 하나도 폭력적이지 않았다. 스필버그는 폭력적인 영화를 만들지 않는다고 생각한다.

❷ 내가 만난 고려대학교 학생들은 매우 열심히 공부하는 학생들이었다.

❸ 동민이는 첫 시험에서 95점을 맞았다. 따라서 이번 학기에 모든 시험에서 95점을 맞을 것이다.

❹ 강남 음식점의 양식은 너무 달다.

❺ 공원에 있는 흰색 개는 작은 개이다. 그러므로 모든 흰색 개들은 작다.

04 유비논증에서 비교, 표적, 유사성과 특징을 확인한다.

❶ 벤조피렌은 쥐에서 암을 유발하는 것으로 확인되었고, 벤조피렌이 인간에게 암을 유발한다고 결론을 내리는 것은 쥐가 생물학적으로 인간과 유사하기 때문이다.

❷ 이 살충제는 유리 세정제처럼 보인다. 나는 살충제로 유리창을 청소할 수 있다고 확신한다.

❸ 7월의 냉방비용은 매우 많았고, 8월은 매우 더웠다. 따라서 8월의 냉방비용은 아마 매우 많을 것이다.

❹ 낙태는 살아있는 사람을 죽이는 것이다. 사형도 살아있는 사람을 죽이는 것이다. 낙태가 잘못되었다면 사형도 역시 마찬가지이다.

❺ 장훈이는 키가 크다. 또한 장훈이는 농구를 잘한다. 승훈이도 키가 크다. 따라서 승훈이는 농구를 잘할 것이다.

05 다음은 인과관계에 관한 문제이다. 원인이 필요, 충분 또는 필요충분조건이 되는지를 구분한다.

❶ 창문을 통해 던져진 벽돌이 지나가는 행인의 머리를 다치게 했다.

❷ 연못에 돌을 던지니 물결쳤다.

❸ 종이컵을 바닥에 떨어트리면 종이컵이 깨진다.

❹ 장염은 몸을 불쾌하게 한다.

❺ 온도가 상승하면 온도계에서 수은의 높이가 상승한다.

❻ 모닥불을 흙으로 덮으면 불이 꺼질 것이다.

❼ 자연적 또는 인공적인 햇빛은 식물에서 광합성을 일으킨다.

❽ 파란색 리트머스 종이를 산에 넣으면 종이가 빨갛게 변한다.

❾ 전구가 있어야 빛이 비친다.

❿ 밥을 많이 먹으면 배고픈 사람은 배가 부르게 된다.

06 다음 설명에 해당하는 것을 연역법, 귀납법, 유비논증, 잉여법, 공변법과 일치법 중에서 하나를 선택한다.

❶ 지금까지 발생해 왔기에 앞으로도 발생할 것이다.

❷ A는 C이고, B는 A다. 따라서 B는 C이다.

❸ 유사성을 도출하여 이들을 비교하는 논증이다.

❹ 동일한 것을 모두 제거하고 남은 하나가 사실이다.

❺ A 사건이 발생했다. 이후 B 사건이 발생했는데 A와 비슷했다. 앞으로도 A와 비슷하게 될 것이다.

❻ A, B, C, D 모두 x 때문에 일어났다면 x가 결과나 원인이다.

CHAPTER 09

Logic and Fallacies

논증의 평가

1. 논증의 평가

논증은 증거에 근거하여 결론을 추론하는 과정이다. 논증을 평가하기 위해서 논증이 좋은지 또는 나쁜지를 판단해야 한다. 모든 추론이 좋은 추론이 되는 것은 아니며, 모든 논증이 좋은 논증이 되는 것은 아니다. 그렇다면, 좋은 논증과 나쁜 논증을 어떻게 구별하는가? 이것은 바로 타당성과 건전성이다. 참 전제로부터 정확하게 추론할 때 결론이 참이라고 신뢰할 수 있다. 모든 전제가 참이지만 결론이 거짓이라는 것이 불가능할 때 논증은 타당하다.

1) 논증의 평가 원칙

논증이 좋은지 또는 나쁜지는 어떤 사람이 논증에 의해 얼마나 설득되는지가 아니라 논증의 객관적인 특징에 달려있다. 논증을 평가할 때 사용하는 두 가지 기준은 논증의 타당성과 건전성이다. 타당성과 건전성이 부족하다면 논증은 나쁘다. 타당성과 건전성이 충족된다면 논증은 설득적이다. 논증의 평가는 전제가 참 또는 거짓인지와 전제에서 결론에 이르는 추론이 타당한지를 판단하는 것이다. 논증이 모두 명확하고 정확하게 표현된 것은 아니다. 따라서 논증을 평가할 때 사용하는 기본적인 원칙은 전제와 논리이다.

- 전제: 사실적 타당성으로 전제의 참 또는 거짓
- 논리: 논리적 타당성으로 추론의 타당성 또는 부당성

　전제가 결론을 믿을 만한 충분한 이유를 제공하고, 전제가 실제로 참인 경우 논증은 타당하다. 논증은 논리적으로(logically) 타당하고 사실적으로(factually) 타당해야 한다. 즉, 논리적 타당성과 사실적 타당성을 충족해야 한다. 논리적 타당성은 전제와 결론과의 관계에 관한 것이다. 사실적 타당성은 사실에 관한 것으로 전제의 주장이 세상과 실제로 일치하는지이다. 연역논증은 타당(valid) 또는 부당(invalid)으로 평가한다. 연역논증은 전제가 참이고 결론이 참일 때 타당하고, 전제가 참이고 결론이 참이 아닐 때 부당하다.

- 타당: **전제가 참이고 결론이 참일 때**
- 부당: **전제가 참이고 결론이 참이 아닐 때**

2) 논증의 평가 절차

　논증을 확인하고 평가하는 일반적인 지침이 있다. 논증의 본질을 명확히 하고, 논증에서 가장 흥미 있고 모순되는 점에 집중한다. 전제와 결론의 참이나 거짓을 발견하고, 전제나 결론에 동의하거나 동의하지 않는 이유를 정확하게 확인한다. 이와 같이 논증의 평가 절차는 전제 확인, 생략된 전제나 결론 확인, 결론 확인과 전제의 결론 지지 평가이다.

(1) 전제 확인

　가장 먼저 결론을 지지하는 전제를 확인한다. 이것은 결론을 신뢰할 수 있는 이유가 된다. 논점을 명확히 하고, 정확하게 만들고, 전제를 결론에 맞추기 위해 논증을 재구성한다. 결론 앞에 전제를 열거하고 순차적으로 번호를 매긴다.

(2) 생략된 전제나 결론 확인

표현된 전제나 가정은 실제로 결론을 지지하기 위해 필요하다. 논증에서 전제나 결론이 생략되었는지를 확인한다. 논증자가 논증을 구성하는 것을 상상함으로써 공감하는 방식으로 전제나 가정을 자비의 원리에 따라 재구성한다.

(3) 결론 확인

생략되었거나 표현된 논증의 결론을 확인한다. 처음은 어려울 수 있다. 결론을 어떻게 표현하는지와 결론을 지원하는 전제를 어떻게 개발하는지 파악하는 것은 매우 중요하다.

(4) 전제의 결론 지지 평가

논증자는 전제를 수립하고 이를 증거로 하여 결론을 이끌어낸다. 전제는 결론을 뒷받침해야 한다. 따라서 전제가 참이고 결론을 합리적으로 지지하는지를 평가한다.

3) 논증의 타당성과 건전성

논리학에서 타당성과 건전성은 서로 구별되는 개념이다. 설득적인 논증은 타당하거나 건전하다. 논증의 타당성(validity)은 전제가 모두 참이라면 결론도 참인 경우이다. 즉, 전제가 결론을 함축하고 있다는 뜻이다. 타당성은 명제의 의미나 진위가 아니라 전제와 결론의 관계를 진술한 형식에 의해 결정된다. 따라서 명제의 참과 거짓을 검토하는 것이 타당성을 평가하는 것이다. 모든 전제가 참이고 결론이 거짓인 경우는 부당한 논증이다.

• 논증의 타당성: **전제가 모두 참이라면 결론도 참인 경우**

[그림 9-1]은 논증의 타당성과 부당성에 관한 설명이다. 타당한 논증은 전제가 결론을 포함하고 결론이 필연적으로 도출된다. 반면 부당한 논증은 전제가 결론을 포함하지 않고 결론이 전혀 도출되지 않는다. 전제가 참이고 거짓 결론은 불가능하다. 그러나 논증이 타당하다는 것은 결코 논증의 전제와 결론이 다 참이라는 것을 보장하지 않는다. 왜냐하면 전제가 거짓이지만 결론이 참인 논증, 전제와 결론 모두가 거짓인 논증 또한 얼마든지 타당할 수 있기 때문이다.

그림 9-1 **논증의 타당성**

타당성 평가는 전제와 결론 간의 추론 관계이다. 즉, 전제가 결론을 지지하는지 여부이다. 건전성은 전제의 상태이다. 즉, 전제가 참이거나 받아들일 수 있는지 여부이다. 타당한 논증은 모든 전제를 받아들일 수 있고 전제가 결론을 지지하는 논증이다. 따라서 논증을 평가할 때 고려할 사항은 전제와 결론의 참 관계와 가언적 상황이다.

그림 9-2 타당한 논증

(1)전제와 결론의 참

연역논증이 타당 또는 부당한지를 판독하기 위한 질문이 있다. 전제가 참이고, 동시에 그리고 동일한 관점으로 결론이 거짓인 것이 논리적으로 불가능한가? 그렇다면 논증은 타당하나 아니라면 논증은 부당하다. 전제가 참이고 결론이 거짓은 불가능하다. 전제가 참이고 결론이 참이면 논증은 타당하다. 즉, 전제의 참이 결론의 참을 보증하면 논증은 타당하다.

(2) 가언적 상황

가언적 상황은 모든 전제가 실제로는 참이 아닌데도 참이라고 추측한 상황이다. 다음 논증은 모든 전제와 결론이 실제로 거짓인데도 타당성의 기준을 충족하기 때문에 논증은 타당하다.

표 9-1 거짓 명제이나 타당한 논증

모든 A는 B이다.	모든 고양이는 바다 생물이다.	거짓
모든 B은 C이다.	모든 바다 생물은 냉혈 살인자이다.	거짓
모든 A는 C이다.	모든 고양이는 냉혈 살인자이다.	거짓

2. 연역논증의 평가

전제와 결론이 실제로 참이거나 거짓인지를 판단하더라도 논증이 타당한지에 대해서 말할 수 없다. 타당성은 무엇이 일어났는지에 관한 것이 아니라 무엇이 가능한가에 관한 것이다. 따라서 모든 가능성을 고려해야 한다. 논증을 평가할 때 명제가 참 또는 거짓인지를 판단하기보다는 논리적 타당성, 명제들 간의 관계를 검토한다.

1) 논증 타당성 평가의 기본 원칙

논증 구조가 참 전제와 거짓 결론이 아니라면 논증은 논리적으로 타당하다. 논증의 타당성 평가 기준은 저자가 독창적으로 창안한 방향성의 원리이다. 방향성의 원리는 순방향의 원리와 역방향의 원리가 있다. 순방향의 원리가 적용되면 논증은 타당하나 역방향의 원리가 적용되면 논증은 부당하다. 방향성은 매개명사를 제거했을 때 대명사와 소명사 간의 방향이 일치여부이다. 매개명사를 제거했을 때 대명사와 소명사가 동일한 방향이면 방향성은 순방향이라 하고, 서로를 향한다면 방향성은 역방향이다.

(1) 방향성의 원리

타당성을 평가하기 위해 방향성의 원리를 적용하려면 우선 매개명사를 찾는다. 매개명사를 중앙에 그린 후 대전제에서 대명사를 매개명사와 연결한다. 그런 다음에 소전제에서 소명사를 매개명사와 연결한다. 그림은 순방향이나 역방향 중 하나로 그려진다. 이렇게 하면 방향성을 탐색하기 위한 도해가 완성된다.

도해를 통해서 타당성을 판단하는 방법이다. 도해가 완성되면 매개명사를 가상적으로 제거하고 대명사와 소명사 간의 방향성을 확인한다. 이 두 방향을 비교하여 동일한 방향이면 순방향의 원리가 적용되어 논증은 타당하다. 그러나 두 방향이 서로를 향하는 충돌하는 방향이면 역방향의 원리가 적용되어 논증은 부당하다.

[그림 9-3]처럼 ①에서 대명사와 매개명사의 방향과 ②에서 소명사와 매개명사의 방향이 순방향으로 동일한 방향이면 순방향의 원리가 적용되어 논증은 타당하다. 이와 달리 ①에서 대명사와 매개명사의 방향과 ②에서 소명사와 매개명사의 방향이 역방향으로 서로 다른 방향이면 역방향의 원리가 적용되어 논증은 부당하다. 다음은 논증의 타당성 기준이다.

- 순방향의 원리: 대전제와 소전제의 방향이 동일하면 논증은 타당하다.
- 역방향의 원리: 대전제와 소전제의 방향이 다르면 논증은 부당하다.

그림 9-3 방향성의 원리

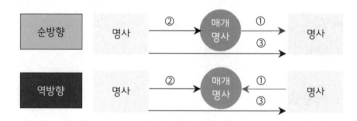

(2) 순방향의 원리: 타당한 논증

논증의 타당성 평가 방법은 순방향의 원리와 역방향의 원리가 있다. 대전제와 소전제 간의 방향이 일치하는지를 확인하여 판단한다. 이러한 방향이 순방향, 즉 동일 방향이면 논증은 타당하고, 그렇지 않다면 논증은 부당하다. 논증은 순방향이거나 역방향 중의 하나이다. 순방향은 타당한 논증이나 역방향은 부당한 논증이다. 역방향은 모순관계이다.

논증의 타당성은 [표 9-2]처럼 논리적 관계가 형성되는 경우이다. [그림 9-4]처럼 매개명사를 찾고 도해를 완성한다. 그런 후 매개명사를 도해에서 가상적으로 제거하고 대전제의 방향성과 소전제의 방향성을 확인한다. 예제에서 매개명사는 포유류, 대명사는 폐, 소명사는 인간이다. 매개명사인 포유류를 가상적으로 제거하면 인간은 폐가 있다는 진술이 논리적으로 성립되고, 방향성은 순방향이다. 따라서 논증은 타당하다.

표 9-2 **타당한 논증**

모든 포유류는 폐가 있다.	모든 A는 B이다.	A → B	참	①
모든 인간은 포유류이다.	모든 C는 A이다.	C → A	참	②
모든 인간은 폐가 있다.	모든 C는 B이다.	C → B	참	③

그림 9-4 **타당한 논증의 순방향**

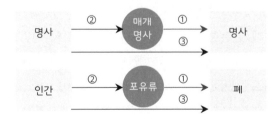

(3) 역방향의 원리: 부당한 논증

논증의 타당성을 평가하기 위해 [표 9-3]에서 우선 매개명사를 찾아 [그림 9-5]와 같이 도해를 완성한다. 그런 후 전제와 결론에 있는 대명사와 소명사의 방향성을 확인한다. 이 논증의 구조는 명사가 매개명사 쪽으로 모두 집중되는 역방향 구조이고, 역방향의 원리가 적용되는 논증이다. [표 9-3]에서 매개명사는 동물, 대명사는 고양이, 소명사는 포유류이다. 매개명사인 동물 방향으로 두 명사는 모두 집중되는 역방향 구조이다. 따라서 논증은 부당하다.

표 9-3　**부당한 논증**

모든 고양이는 동물이다.	모든 A는 B이다.	A → B	참	①
모든 포유류는 동물이다.	모든 C는 B이다.	C → B	참	②
모든 고양이는 포유류이다.	모든 A는 C이다.	A → C	참	③

그림 9-5　**부당한 논증의 역방향**

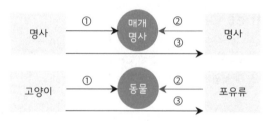

(4) 부정 명제의 논증 평가

　부정 명제의 논증 평가도 동일하게 방향성의 원리를 적용한다. 즉, 명제가 부정문인 논증을 평가할 때도 순방향의 원리와 역방향의 원리가 그대로 적용된다. [표 9-4]에서 매개명사는 논리학자이고 대명사는 예술가이며 소명사는 예술가이다. "예술가가 아니다"라는 명제가 부정문이므로 "~예술가"로 표시하는 것만 명제가 긍정문인 경우와 다르다. 이 논증은 명사 간의 방향이 순방향으로 순방향의 원리가 적용되어 타당하다.

표 9-4 **타당한 논증**

어떤 논리학자는 예술가가 아니다.	어떤 A는 ~B이다.	A → ~B	참	①
어떤 시인은 논리학자이다.	어떤 C는 B이다.	C → B	참	②
어떤 시인은 예술가가 아니다.	어떤 A는 ~C이다.	A → ~C	참	③

그림 9-6 **타당한 논증의 순방향**

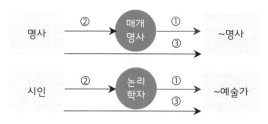

(5) 논증의 타당성과 부당성

논증의 타당성 여부는 전제와 결론의 다양한 유형에 따라서 다르다. 타당성은 단어의 의미나 명제의 진위를 판단하지 않는다. 즉, 타당성은 전제와 결론의 참과 거짓이 아니라 논리적 형식에 의해 결정된다. 참 전제와 참 결론, 거짓 전제와 참 결론, 그리고 거짓 전제와 거짓 결론은 논증이 거의 타당하다(valid). 이와 달리 참 전제와 거짓 결론은 논증이 부당하다(invalid). 즉, 전제가 참이면 거짓 결론은 불가능하다.

그림 9-7 **논증의 타당성과 부당성**

	참 결론	거짓 결론
참 전제	거의 타당	부당
거짓 전제	거의 타당	거의 타당

(6) 논증의 건전성

일반화를 기준으로 평가되는 귀납논증과 달리 연역논증은 타당성과 건전성을 기준으로 평가된다. 좋은 연역논증은 타당하고 건전해야 한다. 건전한 논증(sound argument)은 모든 전제가 참이고 결론을 위한 확실한 지지를 논리적으로 제공하는 논증이다. 즉, 논증이 건전하다는 것은 ① 논증이 타당하고, ② 논증의 전제가 모두 참이라는 것이다. 부정확한 전제나 타당하지 않은 추론은 건전한 논증이 아니다.

논증이 타당하지만 결론을 수락할 수 없는 경우가 있다. 즉, 전제가 참이라 하더라도 결론이 실제로 참이라는 것을 보장하지 못한다. 논증이 타당하고 모든 전제가 실제로 참인 경우에 연역논증은 건전하다(sound). 그렇지 않다면 논증은 건전하지 않다(unsound). 즉, 연역논증이 건전하려면 다음 두 조건을 충족해야 한다.

- 타당한 논증: 전제가 모두 참이라면 결론도 참인 경우
- 실제로 참인 전제: 모든 전제가 실제로 참이다.

그림 9-8 **건전한 논증의 요건**

건전한 논증	=	타당한 논증	+	실제로 참인 전제

논증이 건전하려면 두 조건이 충족되어야 하고 하나라도 충족되지 않는다면 논증은 건전하지 못하다. 건전하지 않은 논증(unsound argument)은 하나 또는 이상의 거짓 전제를 갖고 있는 타당하지 않은 연역논증이다. 타당한 논증은 전제가 참이고 결론이 거짓인 경우는 불가능하다. 타당성은 논증의 형식과 관련이 있지만 건전성은 논증의 내용과 관련이 있다. 따라서 우수한 논증은 형식적으로 타당하고 내용적으로 건전해야 한다. 즉, 형식적 타당성과 내용적 건전성이다.

- 형식적 타당성: **타당한 논증**
- 내용적 타당성: **실제로 참인 전제**

2) 논증 평가의 실제

타당성은 전부나 전무의 문제가 아니기 때문에 등급이 없다. 논증의 타당성은 명제의 의미나 진위가 아니라 논증의 형태(결론과 전제 간의 추론 관계)에 의해서 결정된다. 논증의 타당성은 내용, 전제와 결론의 실제적인 진릿값과는 아무런 관련이 없다. 전제가 참이라 해도 결론이 참이라는 것을 보증하지 않는다. 전제는 결론을 확신하는 충분한 정보를 제공하지 않는다. 즉, 타당하다는 것은 참을 의미하지 않고 부당하다는 것은 거짓을 의미하지 않는다.

> 타당 ≠ 참
> 부당 ≠ 거짓

(1) 타당하고 건전한 논증

전제가 참이고 결론이 참이면 논증은 타당하다. 논증이 타당하고 전제가 참이면 건전하다. 정확한 전제와 타당한 추론은 건전한 논증이다. 참과 타당성 간의 구별은 논리에서 가장 기본이다. 참은 문장의 속성이고, 타당성은 논증의 형식이며, 건전성은 어떤 타당한 논증의 내용이다. 따라서 논증이 타당하고 모든 전제가 실제로 참인 경우 논증은 건전하다.

- 참: 문장의 속성
- 타당성: 논증의 형식
- 건전성: 타당한 논증의 내용

표 9-5 **타당하고 건전한 논증**

모든 사람들은 죽는다.	대전제	참	생물학
소크라테스는 사람이다.	소전제	참	역사
따라서 소크라테스는 죽는다.	결론	참	B.C. 399

[표 9-5]의 논증문의 대전제, 소전제와 결론에 대해 다음과 같이 질문할 수 있다. 모든 사람들이 죽는가? 소크라테스는 사람인가? 결론이 전제를 논리적으로 따르는가? 모두가 참이면 명제는 참이다. 논증의 타당성을 평가하기 위해 우선 매개명사를 찾고 도해를 작성한다. 그런 후 전제와 결론에 있는 대명사와 소명사의 방향성을 확인한다. 매개명사는 사람이고 매개명사를 가상적으로 제거하면 대명사와 소명사의 방향성이 순방향으로 순방향의 원리가 적용되어 논증은 타당하다.

다음은 논증의 건전성을 평가할 단계이다. 모든 전제가 실제로 참일 때 논증은 건전하다. 따라서 논증이 타당하고 전제와 결론이 참이기 때문에 이 논증은 건전하다.

그림 9-9 타당하고 건전한 논증의 도해

(2) 타당하나 건전하지 않은 논증

논증의 타당성을 평가하기 위해 우선 매개명사를 찾고 도해를 작성한다. 그런 후 전제와 결론에 있는 대명사와 소명사의 방향성을 확인한다. [표 9-6]에 있는 두 논증은 매개명사 방향으로 집중되지 않고 모두 순방향으로 모두 타당하다. 그러나 전제가 참인 조건을 충족하지 못하기 때문에 논증은 건전하지 않다. 따라서 논증은 타당하나 건전하지 않다.

표 9-6 타당하나 건전하지 않은 논증

모든 고양이는 바다 생물이다.	거짓
모든 바다 생물은 청색이다.	거짓
모든 고양이는 청색이다.	거짓
모든 고양이는 바다 생물이다.	거짓
모든 바다 생물은 포유류이다.	거짓
모든 고양이는 포유류이다.	참

그림 9-10 타당하나 건전하지 않은 논증의 도해

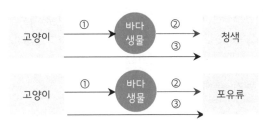

(3) 부당하나 건전하지 않은 논증

논증의 타당성을 평가하기 위해 우선 매개명사를 찾고 도해를 작성한다. 그런 후 전제와 결론에 있는 대명사와 소명사의 방향성을 확인한다. 대전제와 소전제가 참이고 결론이 거짓이고, 매개명사 쪽으로 대명사와 소명사가 집중되는 역방향으로 논증은 부당하다. 따라서 전제는 참이지만 부당한 논증이고, 전제는 참이나 결론이 거짓이므로 건전하지 않은 논증이다.

표 9-7 부당하나 건전하지 않은 논증

모든 고양이는 포유류이다.	참
모든 개는 포유류이다.	참
모든 고양이는 개다.	거짓

그림 9-11 부당하나 건전하지 않은 논증의 도해

(4) 타당하나 건전하지 않은 논증

논증의 타당성을 평가하기 위해 우선 매개명사를 찾고 도해를 작성한다. 그런 후 전제와 결론에 있는 대명사와 소명사의 방향성을 확인한다. 전제가 참이면 결론이 거짓인 논증은 불가능하다. [표 9-8]에서 양귀비는 여자로 전제가 거짓이지만 우연히도 결론은 참이다. 전제와 결론에서 대명사와 소명사의 방향이 순방향이고 결론이 참이다. 따라서 이 논증에서 논리적 형식은 타당하지만 소전제가 거짓으로 건전하지 못하다.

표 9-8 **타당하나 건전하지 않은 논증**

모든 남자는 죽는다.	참
양귀비는 남자이다.	거짓
양귀비는 죽는다.	참

그림 9-12 **타당하나 건전하지 않은 논증의 도해**

(5) 전제와 결론의 다양한 결합 논증

[표 9-9]는 전제와 결론에서 참과 거짓의 다양한 결합을 보여주는 연역논증의 예이다. 전제와 결론의 참과 거짓에 따라 논증의 타당성과 건전성이 다르다. 여기에서 보여준 결합 논증은 건전한 논증보다는 건전하지 않은 논증이 더 많다.

논증의 타당성을 평가하기 위해 우선 매개명사를 찾고 도해를 작성한다. 그런 후 전제와 결론에 있는 대명사와 소명사의 방향성을 확인한다. 타당성을 평가한 후 건전성을 평가하기 위해 전제가 실제로 모두 참인지를 확인한다.

표 9-9 **전제와 결론의 다양한 결합 논증**

• 참 전제와 거짓 결론		
1	부당	다람쥐는 포유류이다.
		고양이는 포유류이다.
		따라서 다람쥐는 고양이이다.
• 참 전제와 참 결론		
2	타당	모든 동물은 죽는다.
		다람쥐는 동물이다.

		따라서 다람쥐는 죽는다.
		다람쥐는 포유류이다.
3	부당	호랑이는 포유류이다.
		따라서 다람쥐는 호랑이이다.

• 거짓 전제와 거짓 결론

		개는 다람쥐이다.
4	타당	다람쥐는 새이다.
		따라서 개는 새이다.
		다람쥐는 새이다.
5	부당	개는 새이다.
		따라서 다람쥐는 새이다.

• 거짓 전제와 참 결론

		다람쥐는 새이다.
6	타당	새는 포유류이다.
		따라서 다람쥐는 포유류이다.
		다람쥐는 새이다.
7	부당	호랑이는 새이다.
		따라서 다람쥐는 호랑이이다.

3) 반례의 평가

논증 구조가 참 전제와 거짓 결론이 아니라면 논증은 논리적으로 타당하다. 논증의 반례는 논증이 참인 전제와 거짓인 결론인 경우이다. 논증은 참 전제와 거짓 결론을 동시에 가질 수 있기 때문에 반례는 논리적 형식이 타당하지 않은 것을 증명하는 방법이다.

(1) 반례의 의미

반례(counterexample)는 논증이 타당하지 않다는 것을 반대 사례로써 증명하는 방법이다. 이것은 논증의 형태를 분리하여 참 전제와 거짓 결론을 갖고 있는 대체 사례를 구성하는 방법이다. 즉, 형태가 부당하다는 것을 증명하고 결국 논증이 부당하다는 것을 증명한다. 반대 사례를 구성할 때 동일한 논증 형식을 유지하고 내용을 대체하여 전제는 참이고 결론을 거짓으로 만든다. 이것은 연역논증의 형식이 부당하다는 것을 증명하는 방법이 존재하지 않기 때문이다. 논증의 전제가 모두 참이고 결론이 거짓인 반대 사례를 제시하여 형식의 부당을 하는 것이다.

☑ 반례

✔ 논증이 타당하지 않다는 것을 반대 사례로써 증명

✔ 논증의 전제가 모두 참이고 결론이 거짓인 사례 제시

그림 9-13 **반례의 타당성**

| 반례의 타당성 | = | 참 전제 | + | 거짓 결론 |

(2) 반례의 구성

반대 사례는 참 전제와 거짓 결론을 가지나 형식은 타당하지 않다. 반대 사례가 타당하지 않기 때문에 형식이 부당하여 원래 논증을 부당하다고 증명한다. 따라서 반례를 구축하기 위해 부당한 삼단논법에서 사용된 명사를 대체하여 부당을 증명한다.

원래 논증문에 대한 반례를 구성하는 단계는 두 단계가 있다. 전제와 결론 지시어를 제거하고 논증의 형식을 만든다. 그런 후 원 논증문의 반대 사례를 선택하여 논증의 형식에 대체하여 구성한다. 반례의 부당을 증명함으로써 원 논증문이 부당하다는 것을 보여준다. [그림 9-14]는 반례를 제시하는 단계이다.

그림 9-14 반례 제시 단계

| ① | 대명사, 소명사, 매개명사 | → | A, B, C |

| ② | A, B, C | → | 다른 대명사, 소명사, 매개명사 |

❶ **1단계: 대명사, 소명사와 매개명사를 A, B, C로 대체**

원 논증문의 대명사, 소명사와 매개명사를 A, B, C 등으로 표시
할 곳을 생각한다. 그런 다음 각 용어를 일관되게 단일 대문자로 대
체하여 논증의 구조를 표시한다. 동일한 문자로 시작하는 두 개의
용어가 있는 경우 각각 다른 대문자를 선택하여 표시한다.

표 9-10 **지시어 제거 논증 형식**

원 논문	형식
모든 오렌지는 감귤류이다.	모든 A는 B이다.
모든 오렌지는 과일이다.	모든 A는 C이다.
따라서 모든 감귤류는 과일이다.	따라서 모든 B는 C이다.

❷ **2단계: A, B, C를 대명사, 소명사와 매개명사로 대체**

이 단계는 재미있고 창조적인 부분이다. 전제가 분명히 사실이
므로 결론을 분명히 거짓이 되도록 각 대문자를 간단하고 쉬운 용어
로 대체한다. 우선 타당하지 않은 원래 논증을 제안한 논증자에게
전제가 참이고 결론이 거짓이라는 것을 쉽게 동의하도록 분명히 한
다. 그렇게 하면 논증의 구조가 참 전제와 거짓 결론이라는 것을 보
여줄 수 있다. 그리고 부당한 반례 논증이 원래 논증과 같은 구조이
기 때문에 원래 논증도 부당해야 한다.

표 9-11 반례

형식	반례
모든 A는 B이다.	모든 동물은 물고기이다.
모든 A는 C이다.	모든 동물은 새이다.
따라서 모든 B는 C이다.	따라서 모든 물고기는 새이다.

(3) 반례의 사례

반례는 부당한 반대 사례의 논증을 보여주어 원래 논증이 부당하다는 것을 증명하는 방법이다. 논증의 전제가 모두 참이고 결론이 거짓인 반대 사례를 제시하여 형식의 부당을 하는 것이다. 다음은 논증의 전제를 참으로 만들고 결론을 거짓으로 만드는 반례의 예제들이다.

예제 9-1 형식과 반례

모든 오렌지는 감귤류이다.

모든 오렌지는 과일이다.

따라서 모든 감귤류는 과일이다.

형식	반례
모든 A는 B이다.	모든 동물은 물고기이다.
모든 A는 C이다.	모든 동물은 새이다.
따라서 모든 B는 C이다.	따라서 모든 물고기는 새이다.

예제 9-2 형식과 반례

어떤 개도 피츠가 아니다.

어떤 개도 고양이가 아니다.

따라서 어떤 피츠도 고양이가 아니다.

형식	반례
어떤 A도 B가 아니다.	어떤 배우도 정치인이 아니다.
어떤 A도 C가 아니다.	어떤 배우도 친절하지 않다.
따라서 어떤 B도 C가 아니다.	따라서 어떤 정치인도 친절하지 않다.

예제 9-3   형식과 반례

어떤 학생들은 매일 샤워를 한다.

어떤 아르바이트생은 학생들이다.

따라서 어떤 아르바이트생은 매일 샤워를 한다.

형식	반례
어떤 A는 B이다.	어떤 동물은 새이다.
어떤 C는 A이다.	어떤 고양이는 동물이다.
따라서 어떤 C는 B이다.	따라서 어떤 고양이는 새이다.

예제 9-4   형식과 반례

모든 기독교인은 논리를 알고 있다.

모든 논리 동아리 회원은 논리를 알고 있다.

따라서 모든 기독교인은 논리 동아리 회원이다.

형식	반례
모든 A는 C이다.	모든 고래는 포유류이다.
모든 B는 C이다.	모든 개는 포유류이다.
따라서 모든 A는 B이다.	따라서 고래는 개이다.

예제 9-5   형식과 반례

질투심이 강한 모든 사람들은 악의적이거나 탐욕스럽다.

질투심이 강한 어떤 사람들은 악의적이다.

따라서 모든 사람들은 탐욕스럽다.

형식	반례
B인 모든 A는 C 또는 D이다.	포유류인 모든 동물은 개거나 고양이다.
어떤 B는 C이다.	어떤 포유류는 개다.
따라서 모든 A는 D이다.	따라서 모든 동물들은 고양이다.

예제 9-6 **형식과 반례**

어떤 사람들의 사기범죄를 돕는 모든 사람은 사기꾼이다.

어떤 사람들의 사기범죄를 돕는 어떤 사람은 동정적인 사람이다.

따라서 어떤 동정적인 사람은 사기꾼이 아니다.

형식	반례
모든 A는 B이다.	모든 고양이는 동물이다.
어떤 A는 C이다.	어떤 고양이는 포유류다.
따라서 어떤 C는 B가 아니다.	따라서 어떤 포유류는 동물이 아니다.

예제 9-7 **형식과 반례**

어떤 범죄자도 좌파가 아니다.

어떤 좌파는 애국자가 아니다.

따라서 어떤 범죄자는 애국자가 아니다.

형식	반례
어떤 A도 B가 아니다.	어떤 물도 오염수가 아니다.
어떤 B는 C가 아니다.	어떤 오염수도 식용수가 아니다.
따라서 어떤 A는 C가 아니다.	따라서 어떤 물도 식용수가 아니다.

예제 9-8 **형식과 반례**

유류세가 인상되면 재정 적자가 감소되거나 온난화가 심각해질 것이다.

재정 적자가 감소되면 인플레이션이 저지될 것이다.

따라서 유류세가 인상되면 인플레이션이 저지될 것이다.

형식	반례
A이면 B나 C이다.	논리학을 공부하면 취업이 되거나 사업에 성공할 것이다.
B이면 D이다.	취업이 되면 인생이 행복할 것이다.
따라서 A이면 D이다.	따라서 논리학을 공부하면 행복할 것이다.

예제 9-9 형식과 반례

밖에 비가 온다면 땅이 젖는다.

밖에 비가 오지 않는다.

따라서 땅이 젖지 않는다.

형식	반례
A가 B이면 C이다.	리라가 고양이이면 포유류이다.
A는 B가 아니다.	리라가 고양이가 아니다.
따라서 A는 C가 아니다.	따라서 리라는 포유류가 아니다.

예제 9-10 형식과 반례

어떤 논리학자도 완전히 비합리적인 사람은 아니다.

어떤 논리학자는 수학자이다.

따라서 어떤 완전히 비합리적인 사람은 수학자가 아니다.

형식	반례
어떤 A도 B가 아니다.	어떤 개도 고양이가 아니다.
어떤 A는 C이다.	어떤 개는 동물이다.
따라서 어떤 B는 C가 아니다.	따라서 어떤 고양이는 동물이 아니다.

☑ **연역논증의 평가**

- 타당: 전제가 참이고 결론이 참일 때

- 부당: 전제가 참이고 결론이 거짓일 때

- 논증의 타당성: 전제가 모두 참이라면 결론도 참인 경우

- 논증의 건전성: 전제가 모두 실제로 참이고 타당한 논증

- 타당한 논증의 기준: **대명사, 매개명사와 소명사 간의 방향성**

- 반례의 타당성: 참 전제와 거짓 결론 논증 제시

3. 귀납논증의 평가

　　귀납논증은 전제가 모두 참이라면 결론이 개연적으로 참이라는 것을 명시적으로 또는 묵시적으로 주장하는 논증이다. 강하거나 약한 것으로 귀납논증을 평가한다. 귀납논증은 전제가 참이고 결론이 참일 때 강하고, 전제가 참이고 결론이 참인 경우가 아니면 약하다. 귀납논증이 강하거나 약한지를 밝히기 위해 가상적 질문을 한다. 전제가 참이면 결론이 참일 수 있는 충분한 정보를 제공하는가? 그렇다면 논증은 강하고, 그렇지 않다면 논증은 약하다. 다음은 귀납논증의 평가를 위한 질문이다.

　　• 전제가 현재의 문제와 관련이 있는가?
　　• 전제가 결론을 정당화할 만큼 강한가?

1) 귀납논증의 평가 기준

　　귀납논증의 평가 기준은 논증의 강도(strength)와 설득력(cogency)이다. 전제가 참이고 결론이 참일 때 논증은 강하다. 논증이 강하고 모든 전제가 참인 경우 논증은 설득적이다. 강도는 연역논증의 타당성과 유사하다. 강한 논증(strong argument)은 전제가 참이고 결론이 참일 가능성이 높다. 이것은 참일 가능성이 50% 이상이다. 약한 논증(weak argument)은 근거가 있는 전제가 참이라도 결론이 참일 가능성이 높지 않다. 이것은 참일 가능성이 50% 미만이다.

- 강도: 전제가 참이고 결론이 참일 때 논증은 강하다.
- 설득력: 논증이 강하고 모든 전제가 참일 때 설득적이다.

2) 귀납논증의 평가 실제

귀납논증은 전제가 참이고 전제가 결론을 지지하기 위해 주장된 논증이다. 전제가 이러한 방식으로 결론을 지지하면 논증은 강하다. 강한 귀납논증은 전제가 참이고 거짓 결론이 불가능한 귀납논증이다. 이러한 논증에서 결론은 개연적으로 전제를 따른다.

반면에 약한 귀납논증은 결론이 개연적으로 전제를 따르지 않는 귀납논증이다. 귀납논증의 강도를 조사하는 절차는 연역논증과 유사하다. 첫째, 전제가 참이라고 가정하고, 둘째, 이러한 가정에 근거하여 결론이 개연적으로 참인지를 판단한다.

그림 9-15 **귀납논증의 평가 단계**

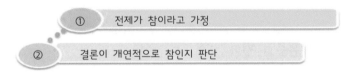

① 전제가 참이라고 가정

② 결론이 개연적으로 참인지 판단

(1) 전제와 결론이 참인 강한 논증

전제와 결론이 참인 논증은 강한 논증이라고 평가한다. [예제 9-11] 논증에서 전제는 실제로 참이고 그래서 참이라고 가정하는 것은 쉽다. 이러한 가정에 근거하여 결론은 개연적으로 참이다. 따라서 전제와 결론이 참이면 논증은 강하다.

예제 9-11 **공룡 뼈**

오늘날 발견된 모든 공룡 뼈는 적어도 5천만 년 전에 발견되었다.

따라서 아마도 다음 번 공룡의 뼈는 적어도 5천만 년이 될 것이다.

전제	참	강하다
결론	참	

[예제 9-12] 논증의 전제는 실제로 참이다. 운석은 어떠한 금을 함유하고 있지 않다. 그러나 전제가 참이라고 가정하면 이러한 가정에 근거하여 참인 전제가 지지하는 결론은 개연적으로 참일 것이다. 따라서 전제와 결론이 참이면 논증은 강하다.

예제 9-12 **운석**

오늘 발견된 운석은 모두 금을 함유하고 있지 않다.

따라서 다음 운석은 아마도 금을 함유하고 있지 않을 것이다.

전제	참	강하다
결론	참	

(2) 전제가 참이고 결론이 거짓인 약한 논증

전제가 참이고 결론이 거짓인 논증은 약한 논증이다. [예제 9-13] 논증은 유비논증이다. 이 논증에서 전제는 실제로 참이고 결론은 개연적으로 거짓이다. 따라서 논증은 약하다.

예제 9-13 **불이 붙은 초**

불이 붙은 초가 물속에 들어갈 때 불이 꺼졌다.

그러나 휘발유는 물과 마찬가지로 액체이다.

따라서 불이 붙은 초가 휘발유 속으로 들어갈 때 불은 꺼질 것이다.

전제	참	약하다
결론	거짓	

(3) 전제와 결론이 참인 약한 논증

전제와 결론이 참이나 전제가 결론에 부적절한 논증은 약한 논증이다. [예제 9-14] 논증에서 전제는 실체로 참이고 결론은 개연적으로 실제 세계에서 참이지만, 결론의 확률은 전제가 사실이라는 가정에 근거하지 않는다. 인플레이션과 증가된 산업생산성 간의 연관은 없기 때문에 전제는 결론에 부적절하고 확률적인 지지를 제공하지 않는다. 결론은 전제와 관계없이 개연적으로 참일 것이나 결과적으로 논증은 약하다.

예제 9-14 산업생산성

지난 30년 동안 인플레이션은 원화 가치를 지속적으로 떨어트렸다.

따라서 산업의 생산성이 아마도 앞으로 몇 년 안에 증가할 것이다.

전제	참	약하다
결론	참	

3) 귀납논증의 강도

타당한 논증과 달리 귀납적으로 강한 논증은 모두 참인 전제와 참인 결론을 갖고 있다. 강한 논증의 결론은 개연성(probability)이 높은 정도로 전제로부터 오지만 참은 보장되지 않는다. 이와 달리 귀납적으로 약한 논증은 개연성이 낮은 정도로 결론을 지지하지 않는다. 따라서 강한 논증은 모든 전제가 참이고 결론이 전제를 크게 포함한다. 또한 설득적 논증은 강하고 모든 전제가 참이다.

표 9-12 강도와 설득력

강도(strength)	설득력(cogency)
모든 전제가 참이고 결론이 전제를 크게 포함한다.	논증이 강하고 모든 전제가 참이다.

그림 9-16 **귀납논증의 강도**

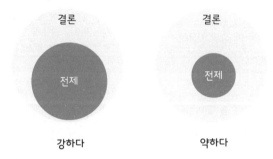

　[표 9-13]은 강한 귀납논증의 중요한 특징을 보여준다. 결론이 전제를 크게 포함하면 논증은 강하다. 논증의 강도는 전제와 결론의 실제적인 참이나 거짓으로부터 생기지는 않지만, 전제의 확률적 지지로부터 결론에 이른다.

　공룡 논증 [예제 9-11]은 참 전제와 개연적 참 결론이고, 운석 논증 [예제 9-12]는 참 전제와 개연적 참 결론이다. 각각의 전제가 결론을 확률적으로 지지하기 때문에 양 논증은 강하다. 산업생산성 논증 [예제 9-14]는 참 전제와 개연적 참 결론이지만, 전제가 결론을 개연적으로 지지하지 않기 때문에 논증은 약하다. 연역논증의 평가와 유사하게 무엇인가를 밝히는 참과 거짓의 조합은 참 전제와 개연적 거짓 결론이다. 참 전제와 개연적으로 거짓 결론을 갖는 귀납논증은 약하다.

표 9-13 귀납논증의 강도

강하다(strong)	약하다(weak)
결론이 전제를 크게 포함한다. 전제가 참이고 결론이 참일 가능성이 높다.	결론이 전제를 작게 포함한다. 전제가 참이라도 결론이 참일 가능성이 높지 않다.
대부분의 A는 B이다. 대부분의 B는 C이다. 대부분의 A는 C이다.	소수의 A는 B이다. 소수의 B는 C이다. 소수의 A는 C이다.
① 개의 90%는 고양이를 좋아한다. ② 메리는 개다. ③ 메리는 고양이를 좋아한다.	① 개의 10%는 고양이를 좋아한다. ② 메리는 개다. ③ 메리는 고양이를 좋아한다.
90%의 수치로 메리가 고양이를 좋아할 가능성은 매우 높다.	10%의 수치로 메리가 고양이를 좋아할 가능성은 매우 적다.

(1) 강한 귀납논증의 예

① 예외 없이 하윤은 과거 2년 동안 매일 점심으로 백반을 먹었다. 오늘은 평범한 날이다. 그러므로 하윤은 확실하지는 않더라도 오늘 점심 식사로 백반을 먹을 것이다.

② 기록된 모든 역사에서 9월에 서울에서 결코 눈이 내리지 않았다. 따라서 내년 9월에 서울에서 눈이 내리지 않을 것이다.

③ 외부 온도가 0도이며 온도가 상승하고 있다. 한강 얼음은 0도에서 녹는다. 그러므로 강화도 저수지 얼음도 녹을 것이다.

④ 한국은행은 올해 실질적인 국민소득이 5% 증가할 것으로 예측했다. 세기는 한국의 중산층이다. 세기는 아마도 실질적인 소득이 5% 증가할 것으로 믿는다.

(2) 약한 귀납논증의 예

① 이틀 연속 비가 내리고 있다. 그래서 다음 주에는 매일 비가 내릴 것이다.

② 이효석은 강원도 평창 출신이다. 효진은 평창에서 성장하였다.

따라서 효진은 아마도 이효석의 문학을 좋아할 것이다.

③ 민지는 성악가이다. 따라서 민지는 줄리어드 음대 출신일 가능성 이 매우 높다.

④ 지난 주 토요일 원자력 설립 반대 집회장에서 10명을 인터뷰했다. 그 중 9명이 원자력 발전소 설립을 반대했다. 따라서 아마도 한국인의 90%가 원자력 설립을 반대할 것이다.

(3) 강도의 수준

연역논증의 타당성과 달리 귀납논증의 강도는 강한 정도이다. 강하다고 고려된다면 귀납논증은 있을 수 없는 것보다 더 많이 있을 수 있는 결론을 가져야 한다. 결론이 참일 가능성은 50%보다 커야 하고, 가능성이 증가하면 논증은 더욱 강해진다.

예제 9-15

이 자두 상자에는 50개가 들어 있다.

무작위로 뽑은 3개의 자두가 익었다.

따라서 아마 50개의 자두가 익었을 것이다.

예제 9-16

이 자두 상자에는 50개가 들어 있다.

무작위로 선택된 40개의 자두가 익었다.

따라서 아마 50개의 자두가 익었을 것이다.

[예제 9-15] 논증은 절대적으로 약하고 [예제 9-16] 논증은 절대적으로 강하다. 양 논증은 더 크거나 작은 표본의 무작위 선택으로 강화되거나 약화될 수 있다. 예를 들면, [예제 9-16] 논증에 있는 표본의 크기가 30개로 감소된다면 논증은 약화될 것이다. 추가적인

전제를 귀납논증에 포함하는 것은 논증을 강화하거나 약화할 것이다. 예를 들면, 초기에 발견된 익지 않은 자두를 제거했다는 전제가 두 논증에 추가되면 논증은 약화될 것이다.

4) 귀납논증의 설득력

건전한 논증(sound argument)은 참된 전제가 있는 타당한(valid) 논증이다. 즉, 전제가 결론을 받아들일 좋은 이유를 제공하는 연역논증이다. 이와 달리 설득적 논증(cogent argument)은 강하고 전제가 모두 참인 귀납논증이다. 두 조건이 없다면 논증은 설득적이지 않다. 설득적이지 않은 논증(uncogent argument)은 약한 귀납논증이다. 따라서 하나 또는 이상의 거짓 전제를 갖는다.

설득적인 논증은 좋은 논증을 의미한다. 설득적인 논증은 참인 전제에 의해 지지되기 때문에 모든 설득적인 논증의 결론은 아마 참이다. 그러나 참 전제 요건과 관련하여 건전하고 설득력 있는 논증 간에는 차이가 있다. 건전한 논증에서 전제가 참일 뿐이라는 것만 필요하다. 어떤 전제와 좋은 추리를 감안하면 참 결론이 보장된다. 반면에 어떤 설득적인 논증에서 전제는 참일 뿐만 아니라 주어진 증거를 능가하는 어떤 중요한 부분을 무시하고 다른 결론을 수반한다.

그림 9-17 **설득적인 논증의 조건**

논증의 설득력	=	강한 논증	+	모두 참인 전제

연역논증과 귀납논증에 대해 두 개의 개별 질문에 답할 필요가 있다. 전제는 결론을 지지하는가? 모든 전제가 참인가? 첫 번째 질문에 답하기 위해 전제가 참이라고 가정함으로써 시작한다. 연역논증

을 위해 이러한 가정에 비추어 결론이 참이라는 것을 필연적으로 따르는지를 판단한다. 결론이 참이면 논증은 타당하다. 그렇지 않다면 논증은 타당하지 않다. 귀납논증에 대해 결론이 참이라는 것을 개연적으로 따르는지를 판단한다. 결론이 참이면 논증은 강하다. 그렇지 않으면 논증은 약하다. 귀납논증에 대해 전제가 실제로 결론을 지지하고 전제가 중요한 증거를 무시하지 않는다는 것을 명심한다.

마지막으로 논증이 타당하거나 강하다면 두 번째 질문으로 돌아가고 전제가 실제로 참인지를 판단한다. 모든 전제가 참이면 논증은 건전하다. 모든 타당하지 않은 연역논증은 건전하지 않고, 모든 약한 귀납논증은 비설득적이다.

[표 9-14]는 귀납논증에서 전제와 결론의 참과 거짓 확률을 다양하게 보여준다. 귀납논증의 강도와 전제와 결론의 참이나 거짓 간의 관계를 다양하게 보여준다. 진술문과 논증에 대한 다양한 대안은 [그림 9-18]과 같이 도표화할 수 있다. 따라서 도표는 연역논증의 타당성 및 귀납논증의 강도와 설득력을 나타낸 것이다. 명제는 '참' 또는 '거짓'으로 표현하고, 논증은 '타당', '부당', '강' 또는 '약'으로 표현한다.

강한 논증은 전제가 참이고 결론을 거짓으로 만드는 것이 불가능한 귀납논증이다. 이러한 논증에서 결론은 실제로 전제를 따른다. 반대로 약한 논증은 비록 결론이 주장된다 할지라도 아마도 전제를 따르지 않는 귀납논증이다.

☑ 귀납논증의 평가
• 강한 논증: 전제가 참이고 결론이 참일 가능성이 높다.
• 약한 논증: 전제가 참이라도 결론이 참일 가능성이 높지 않다.
• 설득적 논증: 논증이 강하고 모든 전제가 참이다.

표 9-14 귀납논증의 평가 사례

명제의 진위	강	약
참 전제 결론의 개연적 참	과거 대통령들은 대부분 남성이었다. 따라서 아마 차기 대통령은 남성일 것이다. [설득적]	몇몇 대통령은 보수주의자였다. 따라서 아마 다음 대통령은 남자일 것이다. [비설득적]
참 전제 결론의 개연적 거짓	존재하지 않음	몇몇 대통령은 보수주의자였다. 따라서 아마 다음 대통령은 진보주의자일 것이다. [비설득적]
거짓 전제 결론의 개연적 참	과거 모든 대통령은 TV평론가였다. 따라서 아마 다음 대통령은 TV평론가일 것이다. [비설득적]	몇몇 대통령은 자유주의자였다. 따라서 아마 다음 대통령은 아마 TV평론가일 것이다. [비설득적]
거짓 전제 결론의 개연적 거짓	과거 모든 대통령들은 여성이었다. 따라서 아마 차기 대통령은 여성이 될 것이다. [비설득적]	몇몇 대통령은 자유주의자였다. 따라서 아마 다음 대통령은 아마 자유주의자일 것이다. [비설득적]

그림 9-18 논증 평가의 결과

4. 좋은 논증의 기준

1) 건전성과 설득력

논증은 특정한 문제에 대한 결론을 정당화하기 위한 주장이다. 논증자는 논증의 주장을 믿을 수 있는 합리적인 이유를 제시해야 한다. 전제는 결론을 정당화할 수 있는 이유이다. 논증을 어떻게 평가하는가? 논증의 평가기준은 건전성과 설득력이다.

(1) 논증의 요약

논증은 하나 이상의 전제와 결론으로 구성된 진술문이다. 논증은 사실적 주장과 추론적 주장을 갖는다. 전제는 결론을 위한 증거를 제공하는 진술문이며, 결론은 전제에 의해 뒷받침된 주장이다.

연역논증은 일반적인 사실에서 구체적인 사실을 도출하는 논증이다. 연역논증에서 전제가 참이고 결론이 거짓인 경우는 불가능하다. 타당한 연역논증은 전제가 참이고 결론이 거짓인 경우가 불가능한 형태의 논증이다. 건전한 논증은 전제가 실제로 참인 타당한 논증이다. 연역논증은 논증이 타당하고 모든 전제가 있는 경우에만 건전하다. 건전하지 않은 연역논증은 불건전하다. 연역논증의 건전성은 다음의 두 가지 조건을 만족시켜야 한다.

- 전제가 참이고 결론이 참이다.
- 모든 전제가 실제로 참이다.

귀납논증은 구체적인 사실에서 일반적인 사실을 도출하는 논증이다. 귀납논증에서 전제가 참이고 결론이 거짓인 경우는 사실이 아 닐 것이다. 강한 귀납논증은 전제가 참이면 결론이 개연적으로 참인 논증이다. 약한 귀납논증은 전제가 참이면 결론이 개연적으로 참이 아닌 논증이다. 전제가 참이고 강하고 귀납논증이 강하면 논증은 설 득적이다. 귀납논증은 강하고 모두 참인 전제일 때에만 설득적이고, 설득적이지 않은 귀납논증은 비설득적이다. 즉, 설득적 논증이 되기 위해서 귀납논증의 설득력은 다음의 두 가지 조건을 충족해야 한다.

• 전제가 참이고 결론이 참일 가능성이 높다.
• 모든 전제가 실제로 참이다.

(2) 건전성과 설득력의 사례

❶ 타당하나 비건전한 연역논증
모든 다람쥐는 물고기이다.
모든 물고기는 수영을 잘한다.
따라서 모든 다람쥐는 수영을 잘한다.

❷ 건전한 연역논증
모든 고래는 포유류이다.
어떤 포유류도 파충류가 아니다.
따라서 어떤 고래도 파충류가 아니다.

❸ 강하나 비설득적 귀납논증
서울은 두 달 연속 기온이 50도 이상이고 미세먼지가 가득하다.
따라서 내일 서울은 기온이 50도 이상일 것이다.

❹ 강하고 설득적 귀납논증
서울의 7월 온도는 변화 없이 4주 연속 30도 이상이었다.

그러므로 내일도 아마 30도 이상일 것이다.

논증의 건전성이나 설득력은 논증의 전제가 참인지를 아는 것이 아니라 전제가 실제로 참인지 여부에 달려있다. 많은 경우에 전제가 참 또는 거짓인지 알 수 없거나 그러한 문제에 동의하지 않을 수 있다. 이것은 관점과 관련하여 논증의 건전성이나 설득력을 만들지 않는다. 어떤 경우에 논증의 최종 평가를 알거나 동의할 수 없다는 것을 의미한다.

2) 좋은 논증의 기준

좋은 논증이 갖추어야 할 기준이 있다. 좋은 논증의 5가지 기준을 실제 논증에 적용하여 논증을 판단한다. 논증의 전제가 수용할 수 있는지를 평가해야 한다. 약한 논증과 좋은 논증 간에는 명확한 차이가 있다. 좋은 논증이 갖추어야 할 기준은 잘 만들어진 구조, 결론의 참과 관련이 있는 전제, 다른 사람들이 수용할 수 있는 전제, 결론의 참을 위한 충분한 근거가 있는 전제와 논증의 예상된 비판에 효과적인 반박을 제공하는 전제이다. 이러한 모든 조건을 충족하는 논증은 좋은 논증이고 결론은 받아들일 만하다.

그림 9-19 **좋은 논증의 기준**

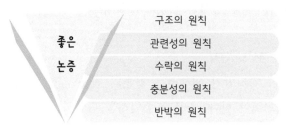

좋은 논증	구조의 원칙
	관련성의 원칙
	수락의 원칙
	충분성의 원칙
	반박의 원칙

(1) 구조의 원칙

어떤 입장을 지지하거나 반대하는 사람은 잘 형성된 논증의 기본적인 구조 요건을 충족하는 논증을 사용한다. 논증이 좋은 논증인지를 판단하는 기준은 구조적으로 건전한 요건이다. 이러한 논증은 전제에 사용한 이유가 결론과 서로 충돌하지 않는다. 논증은 결론이 전제로부터 추론되는 방식으로 형성되거나 결론이 전제를 따라야 한다. 좋은 논증은 결론이 수락될 만한 이유를 제공한다.

선결문제 요구가 있는 논증은 오류가 있는 논증이다. 이러한 논증은 결론을 지지하는 다른 근거를 제공하지 않는다. 따라서 구조적으로 결함이 있고 논증을 판단하는 데 도움이 되지 않는다. 또한 결함이 있는 논증의 특징은 전제와 전제, 전제와 결론이 서로 양립할 수 없는 논증이다. 따라서 전제와 양립할 수 없는 논증은 논증으로서 기능할 수 없다. 예를 들면, 사형이 도덕적으로 나쁘기 때문에 사형이 살인이라고 주장한다면, 논증이 논증으로서 자격을 주지 않는다. 삼단논법 추론에 적용하는 연역논리의 규칙 중의 어떤 것이라도 위반하면 연역논증에서 실제적인 결함이 된다.

좋은 논증의 기준을 위반하는 논증은 결함이 있다. 그렇다고 수정을 통해 더 좋은 논증으로 전환할 수 없다는 것을 의미하지는 않는다. 필요한 결론이 도출될 수 있는 일반적인 주장을 함으로써 가능한 귀납논증을 강한 연역논증으로 변환한다. 논증에서 암시적인 부분을 분명히 한다. 기본 부분을 쉽게 인식할 수 있도록 논증의 전제와 결론을 가장 경제적인 것으로 재구성한다.

(2) 관련성의 원칙

논증이 지지받기 위해서는 결론의 참을 위한 증거를 제공하는 이유를 제시해야 한다. 좋은 논증인지를 판단하는 데 사용하는 원칙

은 전제의 관련성이다. 좋은 논증의 전제는 결론의 참이나 요소와
관련이 있어야 한다. 전제가 결론의 참과 관련이 없다면 전제의 참
이나 수락을 평가하는 데 시간을 낭비한다. 결론의 참 또는 요소를
믿고 찬성하거나 관련이 있는 이유를 제공한다면 전제는 적합하다.
전제 추가가 특정한 전제의 관련성을 더 분명하게 하는 데 필요하더
라도 전제의 관련성은 다른 전제와의 관계에 의해서 결정된다.

　어떤 의미에서 결론이 전제로부터 도출된다면 논증의 전제는
적절하다. 논증이 연역적이라면 전제가 논리적으로 정확하거나 타당
한 형태일 때 결론은 필연적으로 전제로부터 도출된다. 정확하게 구
성된 연역논증이 이미 전제에 함축된 것을 간결하게 설명하기 때문
에 전제는 결론과 분명하게 관련이 있다. 논증이 귀납이라면 이러한
전제가 결론의 참을 지지하거나 확인할 때 결론은 전제로부터 온다.

　논증은 여러 측면에서 관련된 원칙을 준수하지 못한다. 어떤 논
증은 다수 의견이나 전통에 호소하는 것처럼 관련되지 않은 호소
(appeal)를 사용하고, 어떤 논증은 전제로부터 잘못된 결론을 도출하
거나 결론을 지지하는 잘못된 전제를 사용한다. 특정한 전제나 이유
가 관련이 있는지를 판단하기 위해 질문을 한다. 첫째, 전제가 어떤
식으로든 참이면 결론도 참인가? 대답이 긍정이면 전제는 아마 관련
이 있고, 대답이 부정이면 전제는 아마 관련이 없다. 둘째, 전제가
참이라도 논증의 결론이 참인지를 판단할 때 관련성은 고려해야 할
사항인가? 예를 들면, 새로운 영화가 역사상 가장 훌륭한 흥행 성공
을 누렸다는 사실은 영화의 질을 결정할 때 고려해야 할 사항인가?
대답이 긍정이면 전제는 관련이 있는 것으로 간주되어야 한다. 그러
나 대답이 부정이면 주장을 단언하는 전제는 관련이 없다.

(3) 수락의 원칙

어떤 입장을 찬성하거나 반대하는 사람은 다른 사람들이 받아들일 수 있는 수락의 원칙을 충족하는 이유를 제공해야 한다. 결론을 지지하기 위해 제시된 이유는 수락가능성이 있어야 한다. 이용할 수 있는 모든 관련된 증거에도 불구하고 합리적인 사람이 수락하는 주장이라면 이유는 수락 가능성이 있다. 물론 어떤 사람에게 합리적으로 보이는 것이 다른 사람에게는 그렇지 않을 수 있다. 주장의 수락을 판단하는 지침은 비수락성의 조건이다. 전제의 수락성을 평가하는 사람은 이러한 기준에 신중해야 한다.

❶ 전제 수락의 기준

반박이 없는 주장은 다른 사람들이 받아들이는 주장이다. 진통제가 진통을 완화한다는 주장은 반박이 없지만 커피가 건강에 나쁘다는 주장은 반박이 있다. 확실한 지식이 있는 주장은 혼란이 없어야 한다. 사람들은 혼란이 없는 주장을 참이라고 믿는다. 예를 들면, 95%의 사람들이 신이 존재한다는 주장을 믿거나 인정하더라도 신이 존재하는지의 질문은 학자들에 의해서 논쟁 중에 있다. 따라서 신이 존재한다는 주장은 신의 존재가 확실한 지식의 문제는 아니기 때문에 논증의 전제로서 역할을 할 수 없다.

사람들은 경험이나 관찰에 의해서 확인되는 주장을 대체로 받아들인다. 논증의 상황에서 주장에 대한 증거가 없더라도 쉽게 접근할 수 있는 권위 있는 자료를 참조함으로써 옹호될 수 있는 주장을 받아들이는 것은 합리적이다. 사람들은 경험을 통해 어떤 주장이 의심스러운 이유가 있다는 것을 알게 된다. 예를 들면, 목격자 보고는 문제가 있다고 생각한다. 그러나 목격자 보고가 다른 사람, 자신의 개인적인 관찰이나 믿을 수 있는 반례에 의해서 부인되지는 않는다면, 받아들이지 않을 이유가 없다. 권위자의 주장에 이의를 제기할 어떤 이유가 없다면 받아들일 만한 것으로 간주한다. 결론이 다른 논증의 전제로 사용된다면 그것을 받아들이지 않을 이유가 없다. 또한 지지나 반대할 증거가 없는 논증의 전제로서 소전제가 있다. 이러한 것을 질문할 이유가 없다면 맥락에서 합리적인 가정일 때 기꺼이 받아들여야 한다.

수락 원칙을 논증에 적용할 때 몇 가지 질문을 할 수 있다. 전제가 진지한 질문 없이 받아들일 수 있는 결론을 지지하는 것으로 제시되었는가? 전제가 이해하기에 충분히 명확한가? 전제가 받아들일 수 없는 명확하지 않는 가정에 근거하는가? 다음과 같은 조건은 전제를 받아들일 만하다.

- 확실한 지식이 있는 주장
- 개인적 경험이나 관찰로 확인된 주장
- 적절하게 정의되거나 적절하게 방어될 수 있는 주장
- 반박되지 않은 증언자 증언
- 관련 권위자로부터의 반박되지 않은 주장
- 다른 좋은 논증의 결론
- 합리적인 가정으로 보이는 주장

❷ 전제의 수락불가 기준

믿을 수 있는 증거, 잘 확립된 주장, 타당한 권위나 자신의 경험과 모순되는 전제나 논증의 맥락에서 방어할 수 없는 전제는 받아들일 수 없는 전제이다. 이러한 모순이 해결될 때까지 문제가 있는 주장은 받아들일 수 없다. 어떤 전제는 이용할 수 있는 증거나 이용할 수 있는 자료에 대한 관련성에 의해서 방어될 수 없다. 예를 들면, 모든 이혼의 30%는 조혼의 결과이기 때문에 정부 당국은 사회의 이혼제도를 안정시키기 위해서 사람들이 결혼할 수 있는 최소 연령을 올려야 한다고 주장할 수 있다. 주장을 지지할 수 있는 증거를 생각할 수 없기 때문에 이러한 결론은 수락할 수 없는 전제에 근거한 것이다.

　전제는 수락할 수 있는 증거와 명백하게 부합되어야 한다. 전제에 신뢰를 주는 것으로 보이는 매우 의심스러운 가정을 암묵적으로 사용하는 경우가 있다. 따라서 부당한 가정에 근거하는 전제를 받아들여서는 안 된다. 다음과 같은 조건은 전제를 받아들이지 않는다.

- 믿을 수 있는 증거나 타당한 권위와 모순되는 주장
- 경험이나 관찰과 상반되는 주장
- 적절하게 방어할 수 없는 문제가 있는 주장
- 자기 모순적이거나 언어적으로 혼란스러운 주장
- 진술되지는 않지만 매우 문제가 있는 추정에 근거한 주장

(4) 충분성의 원칙

　관련되고 수락 가능한 전제가 반드시 좋은 논증을 만드는 것은 아니다. 논증은 충분성 원칙을 충족해야 한다. 어떤 입장을 지지하거나 반대하는 사람은 관련이 있고 수락할 수 있는 이유를 제시해야 한다. 좋은 논증은 관련이 있는 수락 가능한 전제가 충분하다. 충분한 근거가 있는지를 판단하는 명확한 지침이 없지만, 대부분 논증적인 맥락과 충분성의 요구는 다르다. 예를 들면, 자동차 임차보다 구매에는 충분한 근거가 더 요구된다. 자동차 구매는 많은 돈이 지출되고 장기적으로 사용하기 때문에 구매에 더 신중하다. 충분성을 적용하는 어려움은 각각의 지지 증거에 중요성을 주는 것이다. 어떤 사람에게 가장 중요한 증거가 다른 사람에게 사소한 것일 수 있다.

　논증은 충분성 원칙을 충족할 수 없는 경우가 있다. 예를 들면,

전제가 표본이 너무 작거나 대표성이 없는 자료에 근거한 증거를 제공하는 경우이다. 이 증거는 논증자의 개인적 경험에 근거한 일화는 대표성이 없다. 또한 증거가 상황의 잘못된 인과분석에 근거하면, 중요한 증거가 논증에서 제시되지 않을 수 있다.

충분성을 논증에 적용할 때 몇 가지 질문을 해야 한다. 전제가 관련성이 있고 수락할 수 있다면 제시된 결론을 도출하는데 충분한 이유가 있는가? 결함 있는 인과분석에 의해 제시된 증거가 결함이 있는가? 중요한 증거가 논증에 없는가?

(5) 반박의 원칙

지지나 반대를 표시하는 사람은 논증의 예상된 비판에 대해 효과적인 반박을 대비한다. 반박의 원칙을 충족하는 것은 논증에서 어렵다. 가장 치명적인 비판을 대비하지 못하고, 효과적으로 반박하지 못하고, 방어하지 못하는 논증은 좋은 논증이 아니다. 완전한 논증은 문제의 반대편에서 제기된 논증을 반박할 수 있다. 영리한 사람들은 믿거나 믿기를 원하는 좋은 논증을 고안할 수 있다. 예를 들면, 재판장에 있는 판사는 검사의 기소에 영향을 받는다. 검사의 논쟁을 듣기만 한다면 거의 모든 판사는 피고인을 유죄로 판단할 것이다.

전제가 결론과 관련이 있고, 수락할 수 있고, 근거의 종류와 수가 있다면 논증은 설득력이 있다. 좋은 논증자는 비판과 반론을 제거할 때까지 논증을 완성하지 않는다. 논증은 여러 가지 방법으로 반박의 원칙을 충족할 수 없다. 비판을 제시하지 않는 논증은 사소한 반대나 다른 문제를 야기하거나 유머나 조롱에 호소한다. 어떤 논증자는 비판을 공격함으로써 비판에 반응하는 것을 피하려고 한다. 논증에 반박의 원칙을 적용할 때에는 몇 가지 질문하고 답변해야 한다. 어떤 것이 방어되는 입장에 대한 강한 논증인가? 논증은 반론을 효과적으로 설명하는가? 대안적인 입장에서 논증이 결함이 있는 이유를 보여주는가?

Chapter 09 논증의 평가
연습문제

01 연역논증의 타당성에 관한 문제이다. 각 논증은 타당하거나 부당하다. 각 문제별로 타당 여부를 판별한다.

❶ 어떤 개는 포유류이다. 어떤 개는 진돗개이다. 따라서 어떤 포유류는 진돗개이다.

❷ 전 영국 대처 수상은 논리학자가 아니었거나 공학자가 아니었다. 그러나 그녀는 공학자였다. 따라서 그녀는 논리학자가 아니었다.

❸ '성공'이라는 단어에는 2개의 글자가 있다. 따라서 '성공'이라는 단어에는 짝수 개의 글자가 있다.

❹ 몽달귀신이 인간이라면 몽달귀신은 심장이 있다. 몽달귀신은 인간이 아니다. 몽달귀신은 심장이 없다.

❺ 상어가 돌고래라면 오리발은 포유류이다. 상어는 돌고래이다. 따라서 상어는 포유류이다.

❻ 추석은 항상 월요일에 있기 때문에 추석 다음날은 항상 화요일이다.

❼ 모든 호랑이는 곰이다. 어떤 곰도 물고기가 아니다. 따라서 어떤 호랑이도 물고기가 아니다.

❽ 호랑이가 난다. 호랑이는 동물이다. 따라서 어떤 동물은 난다.

❾ 모든 네 발 동물은 날개가 있다. 모든 거미는 네 발 동물이다. 따라서 모든 거미는 날개가 있다.

❿ 모든 개는 새다. 모든 새는 어류이다. 따라서 모든 개는 어류이다.

02 논증의 강도에 관한 문제이다. 다음에 오는 귀납논증이 강한지 또는 약한지를 판단한다.

❶ 생물학자는 청개구리가 양서류라고 말할 것이다. 따라서 청개구리는 양서류이다.

❷ 지난 30년 간 서울에서 7월에 비가 많이 왔다. 따라서 내년 7월에도 서울에서 비가 많이 올 것이다.

❸ 사람들은 구두를 사기 전에 구두를 신어본다. 사람들은 자동차를 임차하기 전에 자동차를 운전해 본다. 따라서 사람들은 탑승권을 구매하기 전에 비행기를 탑승해야 한다.

❹ 국어 선생님이 신은 존재한다고 말씀하셨다. 따라서 신은 아마 존재할 것이다.

❺ 십대 두 명이 학교 책상을 파괴한 것이 적발되었다. 따라서 모든 십대들은 학교 책상을 파괴한다.

❻ 신뢰할 수 있는 연구에 따르면 서울 시민의 90%가 원활히 통행하는 교통을 원한다. 호동이는 서울 시민이다. 호동이도 아마도 원활히 통행하는 교통을 원할 것이다.

❼ 승기와 혜교는 한 달 동안 매일 승혜식당에서 점심을 먹었고, 매번 음식이 좋았다. 승기와 혜교는 오늘 승혜식당에서 저녁을 먹을 계획이고, 과거의 기억으로 오늘 음식도 좋을 것이라고 결론을 내린다.

❽ 재호는 아침 식사를 승혜식당에서 한번 먹었고 음식이 좋았다. 이러한 근거로 미희가 오늘 승혜식당에서 저녁을 먹는다면 좋아할 것이다.

❾ 내가 알고 있는 어부들은 그들이 잡은 생선을 먹는다. 따라서 많은 어부들은 그들이 잡은 생선을 먹는다.

❿ 내가 10년 동안 토론토에서 보낸 겨울은 추웠다. 따라서 토론토의 올 겨울도 대부분 추울 것이다.

03 귀납논증에 관한 문제이다. 각 논증이 강한지 약한지를 결정하고, 정답과 전제와 결론의 참이나 거짓의 관계를 기록한다. 그런 다음 각 논증이 설득적인지 또는 비설득적인지를 결정한다.

❶ 국립묘지의 묘비는 이승만 전 대통령이 묻혀 있다고 표시되어 있다. 이승만 전 대통령이 실제로 틀림없이 묘지에 묻혀있다.

❷ 루스벨트는 두려움 자체 이외에는 두려워할 것이 없다고 말했다. 따라서 연쇄강도를 두려워할 이유가 없다.

❸ 사람들은 백년 이상 아리랑을 들었다. 아마도 사람들은 지금부터 일년 후에도 계속 듣게 될 것이다.

❹ 칠성 사이다는 매우 인기 있는 청량음료이다. 따라서 아마도 누군가가 지금 칠성 사이다를 마실 것이다.

❺ 아르헨티나 축구 선수 마라도나는 축구 분야에 막대한 영향을 미치고 있다. 마라도나와 마찬가지로 메시는 브라질 축구 선수이다. 따라서 메시는 축구 분야에 엄청난 영향을 미칠 것이다.

04 타당성과 건전성에 관한 문제이다. 각 논증의 타당성, 건전성, 전제와 결론의 진위 여부를 구별해본다.

❶ 박경리는 대지를 썼고, 대지는 과학 소설이다 따라서 박경리는 과학 소설을 썼다.

❷ 남미에서 가장 긴 강은 아마존이며, 아마존은 브라질을 관통한다. 따라서 남미에서 가장 긴 강이 브라질을 관통한다.

❸ 모든 돼지는 포유류이며 포유류는 물고기가 아니다. 따라서 어떤 돼지도 물고기가 아니다.

❹ 도쿄는 일본에 있고 일본은 아프리카에 있다. 따라서 도쿄는 아프리카에 확실히 있다.

❺ 다른 문화는 도덕에 대한 다른 믿음을 가지고 있다. 따라서 도덕에 관한 절대적이거나 객관적 기준이 없다는 것이 확실하다.

05 논증 평가에 관한 종합적인 문제이다. 다음 논증에 대해 연역 또는 귀납, 연역논증인 경우 타당이나 부당, 귀납논증인 경우 강이나 약, 연역논증인 경우 건전이나 비건전, 귀납논증인 경우 설득이나 비설득인지를 판단한다.

❶ 모든 개는 포유류이며, 어떤 포유류는 물고기가 아니다. 따라서 어떤 개도 물고기가 아니다.

❷ 하와이는 미국에 있고, 미국은 아프리카에 있다. 따라서 하와이는 아프리카에 있다는 것이 사실이어야 한다.

❸ 어떤 사람도 태평양을 헤엄친 적이 없다. 한국의 대통령은 인간이다. 따라서 한국의 대통령은 태평양을 헤엄칠 수 없을 것이다.

❹ 경기도의 인구는 오늘 1,000만 명이 넘었다. 따라서 경기도의 오늘 인구는 500만 명이 넘었다는 것은 확실하다.

❺ 남아프리카는 남극의 북쪽에 있다. 남극은 남아프리카의 남부에 있다.

❻ 한국의 수도인 서울은 크고 유명하며 흥미로운 도시이다. 따라서 서울은 아마도 일년에 최대 1,000명의 관광객을 수용할 것이다.

❼ 존경받는 경영학자들은 계량모형에서 탁월한 성과를 내기 위해서는 통계학을 배우는 것이 중요하다고 말한다. 따라서 계량모형에서 탁월한 성과를 내기 위해 통계학을 배우는 것이 중요하다.

❽ 다문화는 윤리에 대한 신념이 다르다. 따라서 윤리에 관한 절대적인 근거가 전혀 없다는 것은 확실하다.

❾ 윤리적 신념은 환경을 통해 형성된다. 따라서 윤리에 관해 절대적이거나 객관적인 근거가 전혀 없을 가능성이 높다.

❿ 사상가는 윤리에 대한 절대적 또는 객관적인 근거에 아직 동의하지 않는다. 따라서 윤리에 대한 절대적 또는 객관적 근거가 없다는 것은 확실하다.

06 방향성의 원리를 활용하여 논증의 타당성과 건전성을 평가한다.

❶ 개는 다람쥐이다. 다람쥐는 새이다. 따라서 개는 새이다.

❷ 다람쥐는 새이다. 개는 새이다. 따라서 다람쥐는 새이다.

❸ 다람쥐는 새이다. 새는 포유류이다. 따라서 다람쥐는 포유류이다.

❹ 다람쥐는 새이다. 호랑이는 새이다. 따라서 다람쥐는 호랑이이다.

❺ 다람쥐는 포유류이다. 고양이는 포유류이다. 따라서 다람쥐는 고양이이다.

❻ 모든 동물은 죽는다. 다람쥐는 동물이다. 따라서 다람쥐는 죽는다.

❼ 다람쥐는 포유류이다. 호랑이는 포유류이다. 따라서 다람쥐는 호랑이이다.

CHAPTER 10

Logic and Fallacies

 논증의 오류

1. 논증의 오류

    논증의 오류는 논리적으로 불충분하지만 종종 심리적으로 설득력 있는 논증이다. 이러한 오류는 형식적 오류와 비형식적 오류가 있다. 형식적 오류는 타당하지 않은 형태를 갖고 있는 연역논증이다. 즉, 논증의 형식에서 빚어지는 오류이다. 한편, 비형식적 오류는 논증의 내용에서 빚어지는 오류이다. 비형식적 오류의 특징은 명제에 대한 주장을 논리적으로 하지 않고 모호한 언어 사용, 감정 의존, 비약적인 판단에 따르는 오류 등이 있다. 형식적 오류는 전적으로 논리적 형식에서, 비형식적 오류는 논증의 비논리적 내용에서 발생한다.

    논리의 핵심 과제 중 하나는 부정확하게 추론하려는 방법을 확인하는 것이다. 논증의 전제가 결론을 지지하지 못할 때 부정확하게 추론한 것이고, 그런 종류의 하나가 오류(fallacy)이다. 즉, 오류는 부정확한 논증의 한 형태이다. 오류는 결론에 주어진 전제가 필요한 지지의 정도를 제공하지 않는 논증이다. 논리적 오류란 추론 과정에서 발생하는 실수이다. 어떤 문제의 사실을 입증하는 과정에서 논증의 규칙이나 추론의 법칙을 위반하는 데서 오는 오류이다. 다음은 좋은 논증의 기준을 위반한 오류의 원인이다.

- 논증에서의 구조 결함
- 결론과 무관한 전제
- 수락의 기준을 충족하지 못하는 전제

2. 형식적 오류

형식적 오류(formal fallacy)는 논리적 오류로서 형태나 구조에서 나타나는 오류이다. 반면, 논증의 전제가 수락성이나 관련성이 부족하다면 비형식적 오류이다. 형식적 오류는 논증의 형태, 배열이나 기술적 구조에 있는 오류이다. 이것은 추론의 타당한 규칙을 잘못 적용하고 명백하게 타당하지 않은 규칙을 따를 때 나타난다. 형식적 오류가 의심되면 추론이 타당하지 않은 규칙과 반례를 제시함으로써 논증 자체가 타당하지 않다는 것을 확인하는 것이 중요하다.

• 형식적 오류: 논증의 형태나 구조에서 나타나는 오류

오류 판단의 중요성은 결론이 참 또는 거짓인지 여부가 아니라 논증의 형식이 정확하거나 부정확한지, 타당하거나 타당하지 않은지 여부이다. 논증이 형식적으로 타당하지 않더라도 논증의 결론 진술은 참일 수 있다. 이와 달리 논증이 형식적으로 타당하더라도 결론 진술이 거짓일 수 있다. 이처럼 논증에는 형식적으로 타당한 논증과 타당하지 않은 논증이 있다.

표 10-1 **형식적으로 타당한 논증**

참과 타당(A)	거짓과 타당(B)
모든 사람들은 죽는다. 소크라테스는 사람이다. 따라서 소크라테스는 죽는다.	모든 사람들은 황색이다. 소크라테스는 사람이다. 따라서 소크라테스는 황색이다.

표 10-2 **형식적으로 부당한 논증**

거짓과 부당(C)	참과 부당(D)
어떤 사람들은 황색이다.	어떤 사람들은 죽는다.
소크라테스는 사람이다.	소크라테스는 사람이다.
따라서 소크라테스는 황색이다.	따라서 소크라테스는 죽는다.

예제 (A)는 첫 진술이 참이고 논증의 형태나 구조도 정확하고 타당하다. 예제 (B)는 첫 진술이 거짓이지만 논증의 형태나 구조는 정확하고 타당하다. 모든 사람들이 황색이라면 소크라테스도 또한 황색이다. 예제 (C)와 (D)는 첫 진술이 모든 사람들이 아니라 어떤 사람에 관해 말한 것이다. 소크라테스가 황색이거나 죽을 수 있다는 것을 정확하게 추론할 수 있지만, 소크라테스가 반드시 황색이거나 죽는다고 정확하게 추론할 수 없다. 형식적 오류는 타당하지 않은 논증이지만, 결론이 전제를 따르지 않는다. 결론은 실제로 객관적으로 참일 수 있지만, 참은 다른 진술문에 의존하거나 따르지 않는다. 소크라테스를 포함한 모든 사람들은 정말로 죽지만, 소크라테스를 포함한 모든 사람들은 정말로 황색이 아니다. 모든 사람들이 황색이라면 그때 소크라테스는 또한 황색일 것이다. 그러나 어떤 사람들만 황색이라면 그때 소크라테스는 반드시 황색이 아니다.

1) 직접추론에 관한 오류

추론 형식에는 직접추론과 간접추론이 있다. 직접추론은 하나의 전제에서 하나의 결론을 도출하는 추론이다. 즉, 직접추론은 전제→결론의 형식으로 이루어진다. 이 논증은 단 하나의 전제만 가지고 있기 때문에 직접추론(immediate inference)이다. 한 전제에서 다음 전제로, 그리고 결론으로 추론하는 대신 결론을 직접 내린다. 하나의 판단에서 즉각 결론을 이끌어 내는 추론으로서 간접추론과 같이 어떤 매개로 되는 판단을 가지고 있지 않다. 예를 들면, "모든 철학자는 논리학자이다"가 참이면, "어떤 철학자는 논리학자이다"라는 명제도 참이다.

(1) 선결 문제 요구의 오류

결론을 약간 다른 형태의 전제로 제시하는 오류로 전제는 결론의 결과이다. 이를 순환논리의 오류라고도 한다. 증명되지 않은 논점의 주장을 사실로 가정하여 사용하는 오류이다. 이 오류는 전제에서 결론을 도출하거나 전제와 결론이 순환적으로 서로의 전제가 될 때 나타난다. 예를 들면, 성공한 사람은 고급 승용차를 타고 다닌다. 따라서 고급 승용차를 타고 다니는 사람은 성공한 사람이다.

(2) 자가당착의 오류

전제가 모순을 내포하고 있는 오류이다. 전제가 모순을 내포하고 있으면 모순된 전제로부터 도출된 결론은 타당하지 않다. 이를 비정합성1의 오류라고도 한다. 예를 들면, 모든 천재는 단명한다. 천수는 천재이다. 따라서 천수는 단명한다. 천재들 중에는 단명하는 사람도 있고 장수하는 사람도 있으므로 전제가 모순을 내포하고 있다.

2) 간접추론에 관한 오류

간접추론은 둘 또는 그 이상의 전제로부터 결론을 이끌어 내는 추론으로 삼단논법이 해당된다. 간접추론은 대전제→ 소전제→ 결론

---

1 이론의 내부에 모순이 있는 오류.

의 형식으로 이루어진다. 간접추론에 관한 오류는 연역법을 위반할 때 생기는 오류이다.

(1) 전건부정의 오류

전건부정(negating the antecedent)은 '앞을 부정한다'는 뜻이다. 가언 삼단논법에서 대전제의 전건을 부정하는 소전제를 바탕으로 결론을 내리는 데서 발생하는 오류이다. 전건부정을 추리하여 후건부정을 타당한 결론으로 수락하는 오류이다. 조건문에서 전건긍정 또는 후건부정은 참이지만, 반대의 경우는 오류이다. 예를 들면, 절약하면 부자가 된다. 수희는 절약하지 않는다. 수희는 부자가 되지 못할 것이다.

만약 A이면 B이다.	수희가 선거권이 있으면 그녀는 만 19세 이상이다.
A가 아니다.	수희는 선거권이 없다.
따라서 B가 아니다.	따라서 그녀는 만 19세 이상이 아니다.

첫 전제는 전건(수희는 선거권이 있다)과 후건(그녀는 만 19세 이상이다)으로 구성된 복합 조건문이다. 둘째 전제는 전건을 부정한다(수희는 선거권이 없다). 결론은 전제를 따르지 않지만(그녀는 만 19세 이상이다), 결코 선거권이 없다. 이 논증은 반례를 지적함으로서 반증될 수 있다. 즉, 만 19세 이상의 모든 사람들은 선거권이 없다.

(2) 후건긍정의 오류

후건긍정(affirming the consequent)은 '뒤를 긍정한다'는 뜻이다. 가언 삼단논법에서 대전제의 후건을 긍정하는 소전제를 바탕으로 결론을 내리는 데서 발생하는 오류이다. 후건긍정을 추리하여 전건긍정을 타당한 결론으로 수락하는 오류이다. 이 형식은 논리적으로 타당하지 않다. 즉, 전제가 참이라도 결론을 유도하는 추론의 구조가

올바르지 못하다. 예를 들면, 절약하면 부자가 된다. 수희는 부자가
되었다. 그렇다면 수희는 절약했다.

만약 A이면 B이다.	수희가 도서관에 있으면 우등생이 도서관에 있다.
B이다.	우등생이 도서관에 있다.
따라서 A이다.	그러므로 수희가 도서관에 있다.

첫 전제는 전건(수희가 도서관에 있다)과 후건(우등생이 도서관에 있
다)으로 구성된 복합 조건문이다. 둘째 전제는 후건(우등생이 도서관에
있다)을 재진술한다. 결론은 전제를 따르지 않는다. 또 다른 전건부
정과 마찬가지로 반례를 통해서 논증을 해결할 수 있다.

(3) 선언지 긍정의 오류

선언 삼단논법에서 대전제의 어느 한 명제를 긍정하는 것이 필
연적으로 다른 명제의 부정을 도출한다고 생각하는 오류이다. 이것
은 포괄적 선언명제와 배타적 선언명제를 혼동하는 오류다. 논리학
에서 선언명제는 언제나 포괄적 의미로만 사용된다. 즉, 어떤 전제의
대상은 A일 수도 있고 B일 수도 있다. 따라서 대상이 A라고 해서 B
가 아니라고 할 수 없다. 예를 들면, 수희는 사업가이거나 근로자이
다. 그런데 수희는 사업가이다. 따라서 수희는 근로자가 아니다.

A이거나 B이다.	수희는 축구 선수이거나 배구 선수이다.
A이다.	수희는 축구 선수이다.
따라서 B가 아니다.	따라서 수희는 배구 선수가 아니다.

Chapter 10

연습문제
논증의 오류

01 다음은 형식과 비형식적 오류에 관한 문제이다. 각 논증에 의해서 범하는 오류를 판별한다.

❶ 서현이 정말로 미쳤다면 그녀는 영재를 기만했다. 서현은 정말 미치지 않았다. 그러므로 그녀는 영재를 기만하지 않았다.

❷ 우주선은 바다에 있는 배와 같다. 어떤 선원도 선장의 명령에 항의할 수 없다. 이와 같은 이유로 어떤 국민도 대통령 정책에 항의할 수는 없다.

❸ 문상근, 오현재와 강수라는 민주당원이다. 따라서 모든 충무로 스타가 민주당원이라는 것은 사실임에 틀림이 없다.

❹ 일부 기업합병은 해고를 일으키는 조치이다. 해고를 일으키는 일부 조치는 경제적 불안정의 원인이다. 따라서 일부 기업 합병은 경제적 불안정의 원인이다.

❺ 단순함을 추구하되 항상 그것에 대해서 의구심을 갖는다.

02 다음 논증은 전건긍정, 후건부정, 후건긍정, 전건부정 또는 다른 예인지 확인하는 문제이다.

❶ 혜경이가 과일을 좋아한다면 혜경이는 배를 좋아한다. 혜경이는 실제로 과일을 좋아한다. 따라서 혜경이는 배를 좋아한다.

❷ 영희가 사과를 좋아한다면 영희는 과일을 좋아한다. 영희는 과일을 좋아

한다. 따라서 영희는 사과를 좋아한다.

❸ 정구가 논리학자이면 정구는 오류를 이해한다. 정구는 논리학자가 아니다. 따라서 정구는 오류를 이해하지 못한다.

❹ 영수는 농구선수 또는 배구선수이다. 영수는 농구선수가 아니다. 따라서 영수는 배구선수이다.

❺ 민희가 '여인천하' 영화에 출연한다면 민희는 배우다. 그러나 민희는 배우가 아니다. 따라서 민희는 '여인천하' 영화에 등장하지 않는다.

❻ 민지가 강이면 민지는 하늘이다. 민지는 강이다. 따라서 민지는 하늘이다.

❼ 유나는 드림의 멤버가 아니었다. 유나가 드림의 멤버라면 유나는 설연을 알고 있다. 따라서 유나는 설연에 대해 알지 못한다.

❽ 정수가 한국 출신이라면 톰은 미국 출신이다. 톰이 미국 출신이라면 피터는 영국 출신이다. 따라서 정수가 한국 출신이라면 피터는 영국 출신이다.

❾ 내가 설연과 사귀면 해교와 사귀지 못해 후회할 것이다. 내가 해교와 사귀면 설연과 사귀지 못해 후회할 것이다. 나는 설연이나 해교와 사귈 것이다. 따라서 나는 후회할 것이다.

❿ 김철권 의원이 유지인 의원의 청년 창업지원 법안에 찬성표를 던지면, 유지인 의원은 김철권 의원의 모자보호 법안에 찬성표를 던진다. 그러나 김철권 의원은 유지인 의원의 법안에 투표하지 않을 것이다. 따라서 유지인 의원은 김철권 의원의 법안에 투표하지 않을 것이다.

03 논증의 오류를 배우는 목적은 무엇인가?

CHAPTER 11

Logic and Fallacies

 비형식적 오류(상)

1. 비형식적 오류

　　형식적 오류는 연역적 논증에서만 발생하지만 비형식적 오류는
연역적 오류와 귀납적 오류에서 모두 발생할 수 있다. 정확한 추론
은 명확한 진술과 타당한 형태를 포함한다. 형식적 오류(formal fallacy)
는 타당하지 않은 '형태의 문제'인 반면 비형식적 오류(informal fallacy)
는 명확하지 않은 '표현의 문제'이다. 형식적 오류는 기술적 구조의
논리를 다루나 비형식적 오류는 언어의 의미를 다룬다.

　　비형식적 오류는 논증 내용의 문제이다. 이것은 주로 불명확한
표현의 문제, 단어나 문법과 같은 언어의 오용, 사실이나 의견의 허
위 진술 등에서 발생한다. 이러한 비형식적 오류의 분류는 다소 논
쟁의 여지가 있지만 포괄적인 이해를 돕기 위해 관련성 호소 오류,
기대 호소 오류, 불완전한 귀납 오류, 추정 오류와 모호성 오류 등으
로 분류하여 설명한다.

- 형식적 오류: 타당하지 않은 형태의 문제
- 비형식적 오류: 명확하지 않은 표현의 문제

　　논증의 내용에서 빚어지는 오류의 특징은 명제에 대한 주장을
논리적으로 하지 않고 모호한 언어 사용, 감정 의존, 비약적인 판단
에 따르는 오류 등이 있다. 형식적 오류는 전적으로 논리적 형식에
서, 비형식적 오류는 논증의 내용에서 발생한다. 논증은 전제, 추론
및 결론으로 구성된다. 잘못된 추론을 포함하는 논증, 즉 전제가 도
출된 결론에 대해 적절한 지원을 제공하지 않는 추론은 확실히 오류
라고 할 수 있다.

그림 11-1 비형식적 오류의 분류

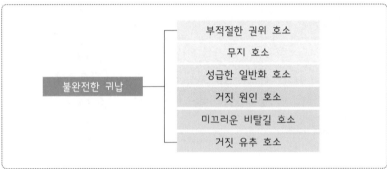

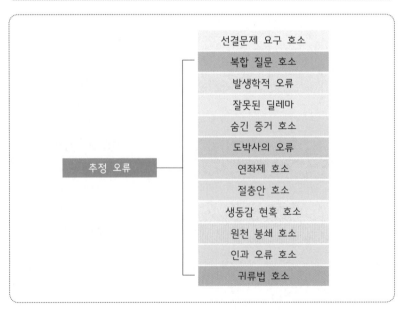

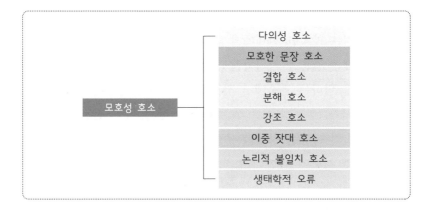

- 관련성 호소 오류: 잘못된 증거
- 기대 호소 오류: 주관적인 희망에 의한 추론
- 불완전한 귀납 오류: 증거의 부족
- 추정 오류: 증거가 지지하는 것에 대한 혼란
- 모호성 오류: 증거의 의미에 대한 혼란

2. 관련성 호소 오류

관련성 호소 오류(fallacies of relevance)는 전제와 결론 간의 부적절의 관계이다. 즉, 논증의 전제와 결론 사이에 어떤 실질적인 연관성이 없다. 논리적 연결이 없기 때문에 전제는 결론의 진실을 확립하지 못하지만 전제는 심리적으로만 관련이 있고, 독자들에게 어떤 정서적 영향을 준다. 심리적으로 호소할 목적으로 독자의 감성을 자극하여 전제와 결론의 비관련성을 연결하는 흔한 오류의 하나이다.

관련성 호소 오류는 실제로 전제에서 결론에 대한 확실한 증거를 제공하지는 않지만 전제에서 결론이 나오거나 따른다. 우수한 논증에서 전제는 결론을 지지하는 진정한 증거를 제공한다. 반면 관련성의 오류를 범하는 논증에서 전제와 결론 간의 연결은 심리적이거나 감성적이다. 관련성 호소 오류를 확인하기 위해 진정한 증거와 정서적 호소의 다양한 형태를 구별해야 한다. 관련성의 주요 유형으로는 감정과 사람에 관한 호소가 있다.

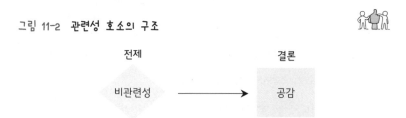

그림 11-2 **관련성 호소의 구조**

전제		결론
비관련성	⟶	공감

▌감정 호소

열정, 경험, 고통이나 감정을 뜻하는 파토스(pathos)는 강하고, 강력하고, 비극적이며, 평등, 자유가 있다. 이 단어는 연설에서 청중에게 감정적인 호소력을 강화하기 위해 사용된다. 감정 호소는 특히 사실적인 증거가 없는 경우 논쟁을 이기기 위해 청중의 감정을 조작하는 논리적 오류이다. 즉, 사실적 증거 대신 비관련 증거를 사용하는 주장이다. 파토스는 사람들의 동정심이나 분노와 같은 감정을 불러일으킨다. 예를 들면, 우리가 빨리 당장 움직이지 않으면 우리 모두 죽게 될 것이다.

그림 11-3 **감정 호소의 원리**

감정 호소에는 두려움, 시기, 증오, 동정, 교만 등이 있다. 논리적 논증 대신 감정을 사용하거나 자신의 입장에 대해 강력한 합리적인 이유가 존재하지 않는다는 사실을 모호하게 하면 문제와 오류가 발생한다. 이것은 매우 흔하고 효과적인 논증 전술이지만 궁극적으로 결함이 있고 부정직하며 상대방을 감정적으로 만드는 경향이 있다.

- 파토스는 청중의 감정에 호소한다.
- 타당한 논리가 아닌 감정의 조작을 사용한다.
- 감정적 반응을 시도하여 이기려는 논리적 오류이다.
- 청취자의 편견에 호소하는 논리적 주장으로 부정직하다.

감정에 근거한 주장은 매우 설득력이 있으나 전제의 타당성은 입증할 수 없다. 감정에 대한 호소는 두려움, 동정심, 기쁨과 같은 내적 감정을 이끌어내어 잘못된 주장에 제시된 진술이 사실임을 설득하기 위한 감정언어가 사용된다. 감정(emotion)은 사랑, 공포, 애국심, 애교심, 애사심, 죄악감, 증오나 기쁨이다. 감정에 대한 호소는 사람들이 경험하는 모든 유형의 감정을 포함할 수 있으며 감정에는 두 가지 주요 유형이 있다.

- 긍정적 감정: 기쁨, 희망, 용기, 친절, 동정심, 공감, 신뢰, 존중, 감사, 애정, 사랑
- 부정적 감정: 분노, 증오, 분개, 질투, 질투, 허영, 불신, 동정, 혐오, 죄책감, 불안, 공포, 절망, 무관심, 좌절, 슬픔, 수치심

논증에서 이기기 위해 사실이나 증거에 의존하지 않고 다른 사람의 감정을 조작한다. 감정 호소(appeal to emotion)는 이성적·논리적 판단이 필요한 부분을 감정으로 호소하는 오류이다. 사실적 증거가 없는 경우 논쟁에서 이기기 위해 사람의 감정을 조작하는 논리적 오류이다. 그러나 감정 호소는 결론의 진실과 아무런 관련이 없다. 이 오류는 모든 오류 중에서 가장 나쁘지만 가장 흔한 오류의 하나이다. 청중들의 감정에 호소하는 선동가와 선전가가 선호하는 도구이다.

그림 11-4 **감정 호소의 유형**

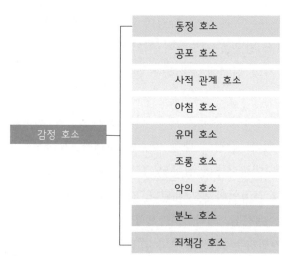

그림 11-5 **감정 호소의 구조**

감정 호소는 증거와 합리적 논증 대신에 어떤 주장에 대한 열정을 자극하기 위해 표현 언어와 다른 수단에 의존한다. 예를 들면, 감정을 자극하기 쉬운 것은 애국심으로, 히틀러(Adolph Hitler)는 참혹한 학대와 불의를 애국심의 이름으로 저질렀다. 애국심은 명예로운 감정이지만 독재자들은 애국심에 호소하여 권력을 유지하려는 최후의 피난처를 찾는다. 감정에 호소하는 오류는 동정이나 연민, 공포나 증오, 쾌락이나 유머 등의 감정 자극, 사적 관계 호소, 아첨 등이 있다. 논증의 형식은 다음과 같다.

☑ **논증의 형식**
• 호의적인 감정은 X와 관련이 있다.
• 따라서 X는 참이다.

감정 호소는 사람들의 감정을 조작하여 주장을 사실로 받아들이도록 한다. 이러한 추론은 주장에 대한 증거 대신 강력한 감정을 생성하는 다양한 수단을 대체한다. 감정에 호소하여 누군가가 무언가를 믿거나 행동하도록 설득할 수 있다. 감정 호소는 정치에서 매우 일반적이며 현대 광고의 많은 부분의 기초가 된다. 정치 연설은 사람들의 감정을 불러 일으켜 감정이 특정 방식으로 투표하거나 지지할 수 있도록 한다. 광고는 사람들이 특정 제품을 구매하도록 영향을 줄 수 있는 감정을 불러일으키는 것을 목표로 한다. 대부분의 경우 연설과 광고에는 실제 증거가 없는 것으로 악명이 높다. 다음은 비형식적 오류에서 자주 사용하는 공통적인 감정언어이다.

☑ 공통적 감정언어

- 공포(fear)
- 희망(desire)
- 분노(anger, outrage)
- 유머(humor, laughter)
- 수치심(guilt, shame)
- 자부심(pride)
- 분노(indignation)
- 동정(pity)
- 무례(disrespect)
- 경건(reverence)
- 보답(reciprocation)
- 복수(revenge)

☑ 감정 호소의 예

- 나에게는 언젠가 청와대에서 모든 노동자의 아들들과 모든 기업가의 아들들이 식탁에 함께 앉을 수 있다는 꿈이 있습니다.
- 시청자들에게 후원금을 받기 전에 이번 여름 태풍으로 파괴된 지역 사회의 처참한 모습을 보여준다.
- 한 의원은 다른 당이 국민에 대한 재난기본소득 예산을 삭감할 것이며 이것은 영세 자영업자와 취약계층들에게 부정적인 생계위협의 영향을 미칠 것이라고 주장한다.

☑ 기자와 의원의 회견

기자: 의원님은 당 대표의 혐의에 대해 어떻게 생각하십니까?

의원: 오, 정치 검찰의 쿠데타이고 명백한 인권과 정당 탄압입니다. 그래서 검찰 개혁이 필요한 겁니다.

☑ 딸과 어머니의 대화

딸: 엄마, 나는 배가 너무 불러 더 이상 먹을 수 없어요.

어머니: 충분한 음식이 언제나 부족한 아프리카 어린아이를 생각하고, 접시에 있는 모
든 음식을 언제나 먹어야 한다.

감정 호소는 동정, 공포, 사적 관계, 아첨, 유머, 결과, 조롱, 악
의에 찬 호소 및 희망적인 사고를 포함하는 논리적 오류이다. 감정
호소를 다른 오류와 구별하는 것이 어려울 수 있으며, 여러 오류가
발생할 수 있다. 인신공격 호소는 감정 호소와 매우 유사하며 경우
에 따라 두 가지 오류가 모두 발생한다. 예를 들어, 지도자는 정적의
주장을 거부하기 위해 자신 추종자들의 정적에 대한 증오심을 불러
일으킬 수 있다.

1) 동정 호소

동정 호소(appeal to pity)는 이유보다는 상대방의 동정심이나 연
민에 호소하는 주장이다. 불행한 결과를 지적함으로써 상대방을 설
득하려는 시도로 전제의 진실은 결과의 진실과 아무런 관계가 없다.
이성에 의존하기보다는 동정과 연민의 감정을 자극하여 자신의 주장
을 지지하려는 방식이다. 동정, 사랑, 존중, 자비, 애도와 같은 감정
에 호소하는 데 사용될 수 있는 논증이다. 이러한 호소는 흔한 오류
의 하나이고, 판사 앞에서 피의자나 변호사가 자주 사용한다.

그림 11-6 **동정 호소의 구조**

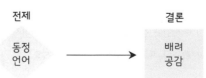

동정 호소는 증거를 제공하는 대신 상대방의 동정심이나 죄책 감을 이용하여 논증을 시도할 때 발생하는 논리적 오류이다. 동정 호소에서 동정심이나 연민이 증거로 사용된다. 실제로 동정심을 믿 게 하는 경우이지만 동정심은 여전히 증거가 아니다. 동정 호소는 개인이 논증에서 증거에 대한 동정심을 조성하기 위해 주장을 대체 하는 오류이다. 논증의 형식은 다음과 같다.

☑ **논증의 형식**

• X가 동정을 만들려는 의도로 제시된다.
• 따라서 주장 X는 참이다.

주장의 관점을 지지받기 위해 동정이나 죄책감을 조작한다. 그 러나 감정은 관점의 정확성이나 가치와 관련이 없다. 동정 호소는 슬픔이나 고통을 유발하여 사실이라고 주장할 때 발생하는 논리적 오류이다. 그 반대는 증오 호소이다.

☑ **동정 호소의 예**

• 당신의 죄로 죽으셨기 때문에 당신은 예수를 믿어야 합니다.
• 경찰이 과속 운전 남자에게 속도위반 스티커를 발급하려고 한다. 경찰관이 면허증을 요구하자 그 남자가 다음과 같이 말한다.
  "저는 이번에 실직했습니다. 근로복지공단에 가서 실업수당을 신청하려고 합니다. 실 직자의 고통을 생각해 주시지 않겠습니까?
• 판사님! 피고인은 노부모와 5명의 자식을 부양하고, 막노동으로 생계를 유지하고 있 습니다. 이런 처지를 참작하시어 피고인을 석방해 주십시오.
• 교수님, 저는 이미 학사경고 상태입니다. 이 과정을 통과하지 못하면 제적 상태가 되 어 학교를 떠나야 합니다. 따라서 성적을 높여주십시오.

> • 나는 당신이 나의 결정을 따라야 한다고 생각합니다. 당신의 어머니는 그것을 원했을
>   것입니다. 그녀는 이 세상의 다른 무엇보다도 당신을 사랑했습니다.
> • 사장님, 저는 이 직장이 간절하게 필요합니다. 아내와 세 자녀를 부양해야 합니다.

2) 공포 호소

사람들의 태도와 행동은 어떻게 변화될 수 있을까? 종종 태도와 행동에 영향을 미치는 한 가지 감정은 공포이다. 공포는 정치 캠페인이나 마케팅에서 강력한 도구가 될 수 있다. 공포 호소는 메시지의 추천을 수락하지 않을 경우 발생할 수 있는 잠재적 피해에 대해 사람들을 설득하려고 하는 메시지이다. 예를 들면, 사회적 배제에 대한 언급, 직장에서 해고, 흡연으로 인한 암 유발 또는 자동차 사고 등이 있다. 공포 호소는 조작이며, 주장된 위험이 증가할 때 설득의 수준이 항상 증가하는 것은 아니다.

공포 호소(appeal to fear)는 상대방에게 공포나 협박 등 강압적인 수단을 동원하여 자신의 주장을 받아들이게 하는 오류이다. 동의를 얻기 위해 공포나 협박을 주어 개인의 신변을 겨냥하는 위협을 사용한다. 공포 호소는 합리적인 논증이나 증거가 없거나 통하지 않을 때 사용된다. 예를 들면, 대화하다가 소통이 안 되면 "너 자꾸 그러면 맞는다"고 협박하는 경우이다.

그림 11-7 공포 호소의 구조

전제		결론
불안 협박	⟶	위축 수락

전제는 결론과 관련이 있지만 꼭 필요한 주장은 아니다. 사람들

에게 공포를 심어주는 것은 주장에 대한 증거가 되지 않기 때문에 이 추론은 오류이다. 공포 호소는 겁 전술 사용으로 위협을 강조하거나 가능한 위험을 과장한다. 예를 들면, 보험 가입을 요청할 때 "추가 보험 없이는 보상을 다하지 못해 파산하고 노숙자가 될 수 있습니다"라고 부연 설명하면 거절하기 힘들다. 합리적 근거는 주장을 객관적이고 논리적으로 뒷받침하는 증거이지만 신념 근거는 주장의 참이나 거짓과 관련이 없는 외부 요인으로 인해 받아들이는 이유이다. 예를 들어, 회장의 아들이 나의 직장 생활을 힘들게 만들 것이라는 두려움 때문에 신중하게 행동할 수 있다. 그러나 이것은 아들이 경영을 잘 할 자격이 있다는 주장에 대한 증거를 제공하지는 않는다. 논증의 형식은 다음과 같다.

☑ **논증의 형식**

• X를 사실로 수락하지 않으면 끔찍한 일이 발생할 것이다.
• 따라서 주장 X는 사실이다.

증거나 이성이 아닌 공포는 사람들이 생각, 제안 또는 결론을 받아들이게 하는 주요 동기로 사용되는 오류이다. 누군가 대안을 두려워하면 논쟁에서 편을 선택할 가능성이 더 크다. 그러나 이것은 견해를 뒷받침하는 논리적 이유가 아니라 두려움의 감정에 근거한다. 대안을 두려워하면 논쟁에서 패배할 가능성이 큰데, 이것은 견해를 뒷받침하는 논리적 이유가 아니라 두려움의 감정에 근거한다.

☑ **공포 호소의 예**

• 하나님을 믿지 않으면 영원히 지옥에서 불타게 될 것입니다.
• 한 시민단체는 불법 입국자나 체류자를 추방하지 않으면 테러 단체에게 우리나라의 안전을 맡기는 꼴이라고 주장한다.

- 멕시코가 사람들을 미국으로 보낼 때, 그들은 선량한 사람을 보내지 않습니다. 그들은 많은 문제를 가진 사람들을 보냅니다. 그들은 마약을 가져오고 있습니다. 그들은 범죄를 가져오고 있습니다. 그들은 강간범입니다. - 도널드 트럼프(2015, 캠페인 집회에서)
- 조업을 하면 급료를 지급하고, 파업을 하면 형사고발과 민사소송을 제기하겠다.
- 이민자들을 더 많이 우리나라에 입국시키면 그들은 우리의 직업을 빼앗을 것이고 아름다운 나라의 문화를 파괴할 것입니다.
- 마스크를 착용하지 않고 학생들이 학교에 가는 개학일은 치명적인 전염병 전파 위험이 있을 것이다. 개학일자를 또 다시 연기한다.
- 당신은 신이 존재한다고 믿어야 합니다. 결국 당신이 하나님의 존재를 받아들이지 않으면 지옥의 공포에 직면하게 됩니다.
- 방사능 피해 주민의 사진을 보여주면서 원자력발전소를 폐쇄하지 않으면 끔찍한 비극이 온다고 홍보한다.
- 북한의 요구를 들어 주어야 합니다. 그렇지 않다면 북한은 전쟁할 것입니다. 여러분은 전쟁을 선택하실 것인가? 평화를 선택하실 것인가?

3) 사적 관계 호소

사적 관계 호소는 혈연, 지연, 학연, 정당, 종교, 단체나 개인적인 친분 관계를 내세워 자신의 주장을 수용하도록 하는 주장이다. 즉, 사적 관계로 인해 발생하는 소속감, 동질성이나 정에 호소해서 주장을 받아들이게 하는 오류이다. 예를 들면, 정치권에서 유행했던 "우리가 남인가?"는 지역감정을 부추기어 소속감을 갖게 하는 오류이다.

그림 11-8 **사적 관계 호소의 구조**

사적 관계 호소는 주장의 근거를 사적인 관계, 즉 지연, 혈연, 학연, 종교, 단체에 둘 때 일어나는 오류이다. 논증을 주장할 때 타당한 이유가 없는데 사적 관계를 논증의 전제로 만들려고 하는 오류이다. 논증을 주장할 때 종종 사적 관계는 상대방의 이성을 무디게 하여 감성적인 결정을 하게 하는 오류를 발생시킨다. 특히 집단주의 문화가 강한 사회에서는 효과가 더욱 강하다. 어떤 관련성은 추론의 이유가 되지 못한다. 논증의 형식은 다음과 같다.

☑ 논증의 형식
- A는 X 관련성을 주장한다.
- 따라서 X는 참이다.

☑ 사적 관계 호소의 예
- 고향 선배님 아니신가요? 선배님을 또 뵙게 되어 영광입니다. 능력이 있을 때 고향 후배 좀 끌어주십시오.
- 너는 나의 둘도 없는 친한 친구잖아? 이번 사업에 네가 날 도와주지 않는다면 누가 날 도와준단 말인가?
- 이번에 어떤 일이 있었더라도 우리는 황자랑 후보를 밀어야 합니다. 무엇보다도 우리 고향에서 나온 첫 대통령 후보가 아닌가?
- 같은 당원이시군요. 방금 당에서 결정한 정책입니다. 같은 당원이니까 적극적으로 지지할 거로 봅니다.
- 알고 보니 동향이시네요. 그래서 이번에 저를 밀어주어야 합니다.

4) 아첨 호소

아첨은 남의 환심을 사거나 남에게 잘 보이려는 말이나 행동이다. 때로는 아첨이 사람의 눈과 귀를 멀게 하고 바보로 만든다. 어리석고 오만한 자일수록 아첨을 특히 좋아한다. 아첨은 사실 주장에 대한 증거가 아니기 때문에 이러한 추론은 주장이다. 아첨 호소(appeal to flattery)는 상대방에게 아첨이나 아부하여 자신의 주장을 받아들이게 하는 오류이다. 예를 들면, 상사의 자켓이 매우 멋진 인상을 준다고 알려주는 것이다. 아첨이나 아부를 진정한 칭찬으로 착각하고 과시하는 심리를 이용하는 것이다. 이러한 주장은 상대방이 현실을 정확하게 판단하지 못하고 자신을 과대평가하도록 하는 데 목적이 있다.

그림 11-9 **아첨 호소의 구조**

전제		결론
칭찬 환심	⟶	과시 자긍심

논증의 힘이 아니라 논증을 받아들이려는 사람들에게 아첨을 사용하여 논증을 지지하려고 시도하는 주장이다. 이 주장은 사람들이 실제로 원하지 않는 일을 하도록 속이는 것이다. 아첨은 아이디어나 제안의 진정한 의도를 숨기는 데 사용된다. 칭찬은 판단력을 약화시킬 수 있는 순간적인 개인적인 주의분산을 제공한다. 논증의 형식은 다음과 같다.

☑ **논증의 형식**
- A는 B에게 아첨한다.
- A는 X를 주장한다.
- 따라서 X는 참이다.

☑ **아첨 호소의 예**

• 당신과 같은 지적이고 분별력 있는 사람은 자연스럽게 내 주장이 설득력 있다는 것을 알게 될 것입니다.
• 자선단체 광고에서 공통적인 현상은 끝에 청취자들이 관대하다는 가정으로 감사하는 것이다. 그리고 청취자들에게 존경을 표시한다.
• 이 넥타이는 손님에게 너무 잘 어울리시네요. 넥타이가 주인을 기다렸군요. 매우 지적이고 세련되어 보입니다.
• 구매를 유도하기 위해 엄마들의 육아에 대한 노력에 깊은 찬사를 보내고 특정 기저귀 브랜드를 광고한다.
• 어떤 가전회사가 구매를 유도하기 위해 현명한 사람만이 특정한 브랜드를 구매한다고 방송에 광고한다.
• 귀하는 이것을 가지고 다닐 수 있는 강한 힘이 있습니다.
• 김성현 교수님의 수업은 독창적으로 훌륭한 아이디어였습니다. 플라톤의 입장에 대해 분명하고 웅변적인 강의를 들은 적이 없습니다. 저의 과제는 이것을 근거로 수행하겠습니다. 조금 추가적인 배려를 주십시오.

5) 유머 호소

유머는 오락의 원천이자 어렵거나 어색한 상황과 스트레스가 많은 사건을 대처하는 수단이다. 유머는 가벼운 형태에서 터무니없는 형태에 이르기까지 사회적 유대를 형성하거나 긴장을 풀거나 이성을 유인하는 데 중요한 역할을 한다. 좋은 유머는 예상치 못하고 부적절해야 한다. 같이 속하지 않은 것들을 함께 모으면 재미있어 보인다. 매우 재미있는 것이 경험에 더 개방적이며 더 호기심이 간다. 다음은 유머가 일상생활에 미치는 영향이다.

• 유머는 갈등을 분산시킬 수 있다.
• 웃음은 면역 체계, 혈압 및 혈류를 개선할 수 있다.

• 재미있는 근무 환경은 직원의 이직과 소진을 줄일 수 있다.
• 유머는 지도자에게 바람직한 특성이다.

유머는 상황에서 재미있는 것을 인식하고 더 밝은 면을 제공한
다. 유머는 사회적 상호작용에 중요한 윤활제이며 팀 구성 또는 집단
목표 달성에 기여할 수 있다. 유머는 고통스러운 상황에 대처하는 귀
중한 방법이고, 다른 사람들을 웃게 하는 능력과 관련이 있다. 한 사
람에게 유머러스하게 보이는 것은 다른 사람에게는 유머러스하지 않
을 수 있다. 웃음은 우리에게 유익하기 때문에 유머는 건강에 중요한
역할을 할 수 있다. Martin[1] 교수는 유머를 네 유형으로 구분한다.

• 친화성 유머: 상대방을 기분을 좋게 하는 유머이다. 목표는 친교, 행복 및 복지 감
  각을 창조하는 것이다. 동물이나 일상적인 사건에 대한 농담을 좋아한다면 친화
  성 유머를 사용한다. 이것은 상대방을 즐겁게 하고 관계를 촉진하며 대인관계 긴
  장을 완화시킨다.
• 공격성 유머: 개인을 겨냥한 비하, 야유, 조롱, 조소, 멸시나 모욕이 포함된다. 마
  음에 들지 않는 다른 사람들을 괴롭히기 위해 사용하거나 타인을 위협하거나 심
  리적으로 해를 입히려는 의도이다. 상대방과의 관계를 희생시키면서 자신을 고양
  하는 수단이 된다. 유머는 어떤 사람에게는 재미가 있지만 어떤 사람들은 불편함
  을 감추고 웃을 수도 있다.
• 자기고양성 유머: 자신을 기분 좋게 하는 유머이다. 일상적인 상황에서 유머를 찾
  으려고 노력하고 자신을 유머러스한 대상으로 만든다. 스트레스에 대한 건강한
  대처와 관련이 있다. 그러나 이것은 다른 사람을 불쾌하게 할 수 있다.

---

1 Martin, R. A., Puhlik-Doris, P., Larsen, G., Gray, J., & Weir, K. (2003). Individual
  differences in uses of humor and their relation to psychological well-being:
  Development of the Humor Styles Questionnaire. *Journal of research in
  personality*, 37(1), 48-75.

• 자기파멸성 유머: 공격적이거나 나쁜 방식으로 자신을 무너뜨리는 자멸적인 유머
이다. 즉, 자신을 조롱하여 다른 사람들을 기쁘게 하는 유머이다. 예를 들면, 나
는 존경을 받지 못한다. 나는 못생긴 아기였다. 또 다른 예로는 못생겨서 죄송하
다. 심리적으로 이것은 건강에 해로운 형태의 유머가 될 수 있으며, 때로는 공격
을 피하려는 시도이다.

유머 호소(appeal to humor)는 쾌락, 재미나 유머 등을 내세워
논증을 받아들이게 하는 주장이다. 쾌락이나 유머를 통해 웃는 분위
기를 조성하여 상대방에게 자신의 논증을 받아들이도록 하거나 상대
방을 비웃음거리로 만들어 상대방의 논증을 공격할 때 사용하는 오
류이다. 예를 들면, "웃자고 한 말인데 죽자고 달려든다"처럼 좋은
의도로 한 것이기 때문에 비판해서는 안 된다는 의도가 깔려있다.
이때 웃음은 내재된 공격이다. 그러나 웃음이라는 좋은 의도가 모든
것을 정당화하지는 않는다.

그림 11-10 **유머 호소의 구조**

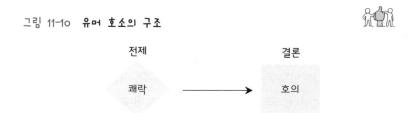

훌륭한 코미디언이 재미있는 유머를 사용하듯이 자신의 주장을
설득시키기 위해 유머를 사용할 때 발생하는 오류이다. 화자는 농담
을 의식하지만 청자는 유머를 잘 의식하지 못한다. 이 주장은 좋은
유머와 웃음을 불러일으키면서 설득을 시도한다. 누군가와 함께 웃
으면 자신의 입장에 동의하는 것으로 보이고 동의하는 것이 더 쉬워
진다. 유머는 특정 관심사와 관련이 있을 때 효과적으로 사용할 수

있다. 논증의 형식은 다음과 같다.

> ☑ 논증의 형식
>
> • A는 B에게 유머를 한다.
> • A는 X를 주장한다.
> • 따라서 X는 참이다.

> ☑ 유머 호소의 예
>
> • 버스에서 내리기 전에 무엇을 해야 합니까? 버스에 타세요.
> • 의사 선생님, 저는 손이 나으면 피아노를 칠 수 있습니까? 의사는 말했다. 물론이죠.
>   그러나 저는 전에 결코 피아노를 친 적이 없었거든요.
> • 스웨터를 만드는 데 양 세 마리가 필요하다는 것을 알고 계셨습니까? 양이 스웨터를
>   뜨는 줄 전혀 몰랐어요.
> • 두 금붕어가 탱크에 있습니다. 한 사람이 다른 사람에게 돌아서서 탱크를 운전하는
>   법을 어떻게 아십니까?
> • 닭장에는 왜 항상 두 개의 문이 있습니까? 문이 4개라면 치킨 세단이 될 것입니다.
> • 진화에 대한 토론에서 한 사람이 다른 사람에게 물었다. 자, 당신의 조상이 유인원인
>   것은 당신의 어머니 쪽입니까? 아니면 아버지의 쪽입니까(Wilberforce 주교)?
> • 대기만성이라는 말이 있지 않습니까? 약속 시간에 늦었지만, 이것은 제가 큰 인물이
>   될 수 있다는 것입니다.
> • 낙태를 지지하는 모든 사람들이 이미 태어났다는 것을 알게 되었습니다(로널드 레이건).

6) 조롱 호소

조롱은 비웃거나 깔보면서 놀린다는 뜻으로 이를 주장의 증거로
사용한다. 때로는 말도 안 되고 터무니없는 것을 주장한다. 조롱 호소
(appeal to ridicule)는 주장을 조롱하거나 과장하여 우스꽝스럽게 보이
게 하는 오류이다. 이것은 논쟁을 말도 안 되게 보이게 한다. 상대방의

주장을 터무니없고, 어리석거나, 웃기는 말이나 행동으로 간주하여 진지하게 고려할 가치가 없다. 이것은 상대방의 주장이나 견해를 조롱하고 청중에게 감정적 반응을 불러일으키고 주장의 반직관적인 측면을 강조하여 어리석고 반대되는 것처럼 보이게 하는 수사적 전술이다.

그림 11-11 **조롱 호소의 구조**

조롱 호소는 주장을 조롱하는 것이 허위임을 나타내지 않기 때문에 오류이다. 오류가 없는 논증과 같이 타당한 방법을 사용하여 주장을 거절하는 것이 때로는 합리적일 수 있다. 예를 들면, 진화는 인간이 연못 쓰레기에서 나왔다는 생각이다. 이러한 추론은 잘못된 것이다. 왜냐하면 주장을 조롱하는 것은 그것이 틀렸다는 것을 보여주지 않기 때문이다. 정당한 방법, 즉 올바른 논리를 사용하여 주장이 터무니없음을 보여 주고, 이것은 주장을 거부하는 것을 합리적으로 만들 수 있다. 논증의 형식은 다음과 같다.

☑ 논증의 형식
- X가 사실이라고 주장한다.
- X를 잘못 해석하여 X를 말도 안 되게 만든다.
- 따라서 X는 거짓이다.

☑ 조롱 호소의 예

• 진화론은 우리가 유인원에서 왔다고 말합니다. 말도 안 됩니다.
• 도널드 트럼프는 여기에 와서 멕시코 사이에 벽을 쌓고 싶어한다. 어쩌면 우리는 그 것을 증오의 만리장성이라고 부를 수 있다.
• 이제 그들은 지구 온난화가 젖소 방귀 때문에 발생한다고 우리에게 말하고 있습니다. 정말 재미있어요.
• 그는 타이어를 부풀려서 가스를 절약할 수 있다고 말했다. 그런데 여러분, 나는 이 물건을 만들 수 없었다.
• 순진한 사람들! 그들은 군비감축이 평화의 열쇠라고 생각합니다. 그런 어리석은 바보들!

7) 악의 호소

악의는 나쁜 마음이다. 악의 호소(appeal to spite)는 주장에 대해 논증이 이루어질 때 악의가 증거를 대체하는 오류이다. 즉, 상대방이 갖고 있는 기존의 쓰라린 감정, 악의 또는 불행에 대해 갖는 쾌감을 이용하여 논증에 호의를 표현하는 오류이다. 타인의 불편함에는 보편적인 기쁨이 있다. 잘못된 주장을 받아들이게 하는 다른 사람과 유대감을 형성한다.

그림 11-12 **악의 호소의 구조**

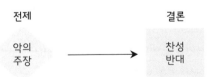

악의 호소는 논리적 오류의 한 유형이다. 누군가가 악의로 호소할 때, 주장이나 행동 과정을 반박하기 위해 악의적인 주장을 제기한다. 주장이나 행동 과정에 반대하는 대신에 그 사람은 기존의 정신적 감정을 가지고 행동함으로써 누군가가 그것에 맞서 싸우도록 시도한다. 이러한 추론은 악의적인 느낌이 주장에 대한 찬성이나 반대 증거로 간주되지 않기 때문에 오류이다. 논증의 형식은 다음과 같다.

> ☑ **논증의 형식**
> - 주장 X는 악의를 야기할 의도로 제시된다.
> - 따라서 주장 C는 거짓(또는 참)이다.

> ☑ **악의 호소의 예**
> ☑ 회장 선출에서 생긴 일
> A: 저는 C가 회장으로서 잘 해낼 거라고 생각합니다.
> B: 작년 일을 잊어 버렸나요? 작년에는 C가 당신을 추천하지 않았다는 것을 기억하세요.
> A: 당신 말이 맞아요. 나는 C를 지명하지 않을 것에요.
> ☑ 공로상 추천에서 생긴 일
> A: 저는 C의 아이디어가 정말 좋아 회사를 위해 정말 많은 돈을 절약할 것이라고 생각합니다.
> B: 작년에 그가 당신의 아이디어에 치명적인 결함이 있다고 말한 것을 기억하세요.
> A: 나는 그것에 대해 거의 잊고 있었어요. 그렇군요. 당신 생각을 받아들여야겠군요.
> ☑ 재무부장 선출에서 생긴 일
> A: C가 단체의 재무부장이 되는 것을 투표할 것입니다.
> B: 지난해에 회의에서 지갑이 사라진 사건을 기억하십니까?
> A: 예, 기억하지요.
> B: C가 지갑과 물건을 훔쳤다는 것을 알게 되었습니다.
> A: 나는 C에게 찬성투표를 하지 않겠습니다.

8) 분노 호소

분노 호소(appeal to anger)는 분노, 증오 또는 격분의 감정이 논쟁의 증거로 대체될 때 발생한다. 상대방이 믿지 않거나 주장이 받아들여지지 않는다면 화를 낸다. 공격적인 신체 언어를 표시하는 위치를 찾고, 응시, 목소리를 높인다. 다른 사람에게 화를 낼 수 있다. 분노는 오해를 엄격하게 말하지는 않지만 논리적 이유가 없는 설득의 방법으로 의식적으로 사용된다. 두 가지 유형이 있다. 하나는 논쟁을 지지하기 위해 분노를 사용하고, 다른 하나는 논쟁을 반대하기 위해 분노를 사용한다.

그림 11-13 **분노 호소의 구조**

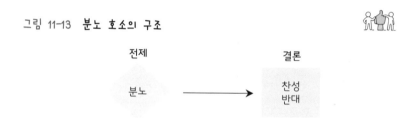

상대방이 믿지 않을 때 무시되고 불신감을 느끼게 되어 화를 내면서 반발하게 된다. 믿지 않고 동의하지 않을 때 무언가를 진실하다고 말할 수 있다. 물론 분노는 진실을 만들지 않지만 논쟁에 사용되는 매우 일반적인 기술이다. 이것은 두 가지 이유가 있다. 첫째, 분노는 자연스럽고 유쾌하지는 않지만 인간 경향이다. 둘째, 분노 감정이 자주 작동된다. 그렇기 때문에 비논리적이지만 매우 감정적인 방식으로 논쟁한다. 논증의 형식은 다음과 같다.

☑ 논증의 형식
- X가 참이라고 주장한다.
- 주장 X에 격분했다.
- 따라서 X는 참이다.

> ☑ 분노 호소의 예
>
> • 조는 자신을 다음과 같이 생각합니다. 사람들이 저와 다르게 생각하기 때문에 분노합니다. 따라서 그들은 나처럼 생각해야 합니다.
>
> • 감히 어떻게 그런 말을 하나요? 이제 다시 생각해보십시오. 내일 휴무를 원하십니까?
>
> • 어떤 사람들이 너무 많은 돈을 갖고 있고 나는 없다는 것이 나를 화나게 한다. 이것은 공평하지 않으며 당신 또한 화를 내야 한다. 그러므로 부를 분산할 법을 만들어야 한다.
>
> • 국민 여러분, 현 정부에 의해 무시되는 것에 지치지 않으셨습니까? 현 정부의 정책은 부익부빈익빈 정책으로 상위 1%를 위한 정책이 아닙니까? 오늘 투표 해주세요.
>
> • 인간이 원숭이에서 진화했다는 말에 대해서 어떻게 생각할 수 있습니까? 내가 당신에게 원숭이처럼 보이나요?

9) 죄책감 호소

죄책감 호소(appeal to guilt/shame)는 설득될 사람이 입장을 받아들이지 않아서 죄책감을 느끼게 함으로써 설득하려고 시도하는 것이다. 즉, 주장을 받아들이도록 죄의식을 불러일으키는 방법이다. 설득시키기 위해 복잡한 주장을 할 때 이해가 부족하면 어느 정도 죄책감이나 수치심을 느끼는 것이 당연하다. 추론자가 청중이 제시된 추론을 올바르게 따르지 못한다고 비난한다. 그러나 청취자가 따라야 할 추론을 실제로 제공하지 않는다.

그림 11-14 죄책감 호소의 구조

전제   결론

죄책감 ⟶ 반대

죄책감은 건설적인 행동을 불러일으키거나 부정적인 태도와 분노를 유발할 수 있다. 이 주장은 설득될 사람이 자신의 입장을 받아들이지 않아서 죄책감을 느끼게 함으로써 설득하려고 시도할 때 사용한다. 대화에서 승리하기 위해 누군가의 행동이나 주장을 부끄럽게 만드는 경우가 종종 있다. 이러한 오류는 죄책감이나 수치심이 주장을 수락하는 이유나 증거로 사용될 때 발생한다. 논증의 형식은 다음과 같다.

☑ 논증의 형식
- X를 주장한다.
- X는 수치스럽다.
- 따라서 X는 거짓이다.

☑ 죄책감 호소의 예
- 당을 위해서 헌신했는데 공천에서 탈락시키다니 믿을 수 없습니다.
- 신청서 작성 후에 차를 구매하지 않다니 이해할 수 없습니다.
- 그렇게 부도덕한 장관을 변호하고도 마음이 편안한가요?
- 그러한 생각을 갖고도 부끄럽지 않습니까?
- 의견이 거의 막말 수준이군요. 역시 당신은 막말하는 사람이군요.
- 가장 도덕적으로 타락하고, 극심하게 불안한 사람들만이 내 주장의 진실을 보지 못할 수 있습니다.
- 그런 식으로 부도덕한 범죄 혐의자를 변호하고 지지한다는 것을 어머님이 아신다면 어머니의 마음이 상할 것입니다.

▌사람 호소

사람 호소(argument against the person)는 어떤 사람의 전제나 결론을 가지고 논박을 하는 것이 아니라 그의 성격, 약점이나 처해 있

는 상황 등을 끌어내어 그의 주장이 거짓이라고 말하거나 자신의 잘
못을 합리화하려는 오류이다. 즉, 논증이 누구의 것이냐에 따라 타당
성을 결정하는 오류이다. ad hominem은 논증의 논리나 내용이 아
닌 사람의 성격을 공격함으로써 사람의 논증에 대한 반응이다. 그러
나 이러한 논증은 전반적인 주장과 관련이 없기 때문에 종종 오류이
다. 진술의 진실이나 주장의 건전성을 반증하려고 하지 않고 진술이
나 주장하는 개인의 성격이나 상황을 공격하는 것이다.

그림 11-15 **사람 호소의 유형**

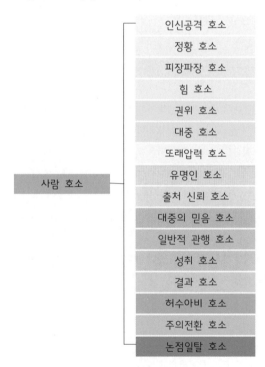

그림 11-16 **사람 호소의 구조**

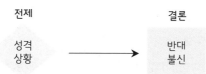

이 호소는 사람의 주장이나 관점을 반대하거나 불신하기 위해 사람의 성격이나 상황을 공격하는 주장이다. 두 가지 유형이 있다. 즉, 논쟁은 사람의 성격을 공격하거나 사람의 상황을 공격한다. 모두 주장을 공격하거나 주장에 반박하기보다는 주장의 근원을 공격한다. 주장하는 사람의 성격이나 상황을 공격함으로써 주장을 반박하려고 할 때 발생하는 비형식적 논리적 오류이다.

☑ 논증의 형식

- A가 X를 주장한다.
- B가 A를 공격한다.
- 따라서 X는 거짓이다.

☑ 사람 호소의 예

- 정치인은 그의 반대자가 낙태에 반대하는 종교적 신념이 있기 때문에 여성을 위한 좋은 선택이 될 수 없다고 주장한다.
- 검사는 피의자가 과거에 절도 전과가 있기 때문에 재판장에게 그가 도난에 대한 책임이 있다고 주장한다.
- 교사가 사립대학교를 졸업했기 때문에 가르치는 방법을 모른다고 학부모는 말한다.
- 어떤 어머니는 소아과 의사가 결코 어머니가 아니기 때문에 그 의사가 자신의 판단을 신뢰하지 않는다고 말한다.
- Darrell Issa 하원 의원은 백악관 대변인 Jay Carney를 유료 거짓말쟁이라고 부릅니다.

10) 인신공격 호소

인신공격 호소(ad hominem abusive)는 주장을 하는 사람의 흠집을 내어 그의 주장을 비판하는 오류이다. 즉, 주장의 진실이나 건전성을 반증하려고 하지 않고 단지 진술이나 주장을 진행하는 개인의 인품, 성격, 도덕성이나 행적을 공격하는 것이다. 논증자가 제시한 이유는 매우 사실일 수 있지만 그의 인품이나 행적 때문에 이유와 논리에 대한 그의 주장을 지지하지 않는다. 전제가 문제가 있음을 증명하는 것이 아니라 제안한 사람을 계속 공격한다.

그림 11-17 **인신공격 호소의 구조**

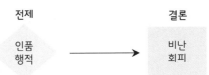

때때로 일부 옹호자의 강한 반대를 유도하기 때문에 인식공격은 심리적으로 설득력이 있다. 이러한 오류는 논증 대신 사람을 비판하여 결론을 반증하려고 할 때 발생한다. 적절한 반대 주장을 찾을 수 없을 때 만드는 인신공격 오류는 두 단계로 구성된다. 첫째, 주장하는 사람의 성격, 상황이나 행동에 대한 공격이 이루어진다. 둘째, 이 공격은 문제의 사람이 하고 있는 주장이나 논증에 대한 증거로 간주된다. 논증의 형식은 다음과 같다.

☑ 논증의 형식
- A가 X를 주장한다.
- B가 A를 공격한다.
- 따라서 X는 거짓이다.

☑ 인신공격 호소의 예

• 그는 이 분야에서 근무한 적이 없어 직무를 잘 수행할 수 없다.

• 고기를 먹고 있을 때 동물보호를 어떻게 주장할 수 있습니까?

• 토론에서 A는 대통령의 경제정책이 비현실적이라고 주장한다. 그의 반대자인 B는 그에게 그의 성격이 건전하지 못하다고 비난했다.

• 한 의원이 세금 인하는 좋은 아이디어가 될 것이라고 법안을 제안한다. 이것은 사생활로 비난을 받고 있는 의원이 제안한 법안이다.

• A의 주장은 결코 사실이 아닙니다. 우리는 그가 얼마나 도덕적으로 역겨운지 알고 있습니다. 또한 그는 친일파입니다.

• 세계암학회에서 한 의사가 발표자로 소개되었다. 나는 논문 조작자로 알려진 그가 세계암학회에서 초대된 이유를 모르겠다.

11) 정황 호소

정황 호소(circumstantial ad hominem)는 주장하는 사람의 직책, 직업, 나이, 행적 등의 정황을 근거로 주장할 때 발생하는 오류이다. 이것은 실제로 주장이 참인지 거짓인지에 관계가 없다. 주장하는 사람이 특정 입장을 취하기 위해 편향되거나 성향이 있다고 공격한다. 이것은 상황을 받아들이게 하거나 포기하게 하는 공격이다. 주장이 참이나 거짓과 관계없이 상대방이 처한 정황을 이용하여 주장을 받아들이지 않으면 안 된다고 공격한다. 또한 상대방이 처한 특별한 상황에서 그렇게 주장할 수밖에 없을 것이라고 몰아붙이는 경우에 발생하는 오류이다.

그림 11-18 **정황 호소의 구조**

주장하는 사람의 이익에 호소함으로써 그의 입장을 공격한다. 상대방이 자신의 상황 때문에 논쟁을 받아들이거나 반박해야 한다고 주장한다. 상대방이 성직자라면 성서와 대립할 수 없기 때문에 특정한 주장을 수락하게 하는 것은 오류이다. 독자가 민주당이기 때문에 특정인을 지지하는 것은 정황 호소 오류이다. 상대방의 특수한 상황은 특정한 견해의 진실이나 거짓에 영향을 미치지 않는다. 논증의 형식은 다음과 같다.

☑ 논증의 형식

- A가 X를 주장한다.
- A가 X에 기득권을 갖고 있다.
- 따라서 X는 거짓이다.

☑ 정황 호소의 예

- 그 의원의 반대 주장에 실망할 필요가 없습니다. 그 의원은 다른 당 출신으로 반대만 하는 사람이에요.
- 어떤 사람이 A장관의 결백을 믿는다고 말한다. 그가 그렇게 하지 않으면 공천에서 탈락할 수 있을 것이다.
- 그가 시민단체에 근무한다는 것을 알게 되었을 때 정부정책을 지지하는 것을 나는 이해할 수 있었습니다.
- 어느 의원은 태양광발전을 확대하는 것이 국가의 최선의 이익이라고 주장한다. 그 의원의 반대자는 자신의 지지자들이 태양광발전의 혜택을 누리기 때문에 말하는 것이라고 주장한다.
- A학생은 교수님에게 이번 퀴즈는 성적에 포함해서는 안 된다고 말합니다. B학생은 A가 퀴즈를 잘 풀지 못해서 그렇게 느끼는 것이라고 말합니다.

12) 피장파장 호소

피장파장(tu quoque)은 비판받는 내용이 비판하는 사람에게도 동일하게 적용될 수 있음을 근거로 비판을 모면하고자 하는 오류로 역공격의 오류라고도 한다. 상대방도 동일한 잘못을 했으니 자신을 비난할 수 없다는 논리이다. 즉, 네가 못하니 나도 못해도 된다는 논리이다. tu quoque는 라틴어로 "너도 마찬가지야(you too)"라는 의미이다. 논증을 주장하는 사람이 논증의 주장과 일치하지 않게 행동하는 것을 지적함으로써 논증이 결함이 있다는 것을 주장한다.

일관되지 않은 주장에도 불구하고 단 하나만 사실일 수 있지만 둘 다 거짓일 수 있다. 논증을 주장하는 사람이 논증의 주장과 일치하지 않게 행동하는 것을 지적함으로써 논증이 결함이 있다는 것을 공격한다. 그러나 어떤 사람의 주장이 자신의 행동과 일치하지 않는다는 사실은 그 사람이 위선자임을 나타내지만 이것이 그의 주장이 거짓임을 증명하지는 않는다.

그림 11-19 **피장파장의 구조**

전제   **결론**

동일   ⟶   비난
과오   부당

피장파장은 그릇된 논쟁자가 다른 사람의 입장, 논거 또는 결론을 무시하는 경우에 발생한다. 예를 들면, 한 친구가 "술을 끊어야 한다. 그것은 너의 건강에 해롭다"라고 말하자 "왜 내가 너 말을 들어야 하니? 너도 술을 마시잖아?"라고 답했다. 이 오류는 ① 다른 사람이 말한 내용과 일치하지 않거나 ② 자신이 말한 내용과 자신의 행동이 일치하지 않기 때문에 개인의 주장이 허위라고 결론을 낸다.
논증의 형식은 다음과 같다.

☑ 논증의 형식

- A가 X가 사실이라고 주장한다.
- A는 X가 사실이 아닌 것처럼 행동한다.
- 그러므로 X는 거짓이다.

☑ 피장파장의 예

- 똥 묻은 개가 겨 묻은 개 나무란다.
- 얘야, 그것을 먹어서는 안 된다. 고지방 햄버거를 먹는 것은 건강에 좋지 않다는 것이 과학적으로 입증되었단다. 아녜요. 엄마는 항상 고지방 햄버거를 먹기 때문에 사실이 아니에요.
- 한강 주변에 조형물 건설을 반대했던 시장의 입장이 이전과 다른 입장을 취했기 때문에 공격을 받았다.
- 정치교수의 부당성은 그가 대학교수 재직 시 비판 기록이 있기 때문에 공격을 받았다.
- 지난 대선에서 도널드 트럼프의 입장은 과거의 말과 행동으로 인해 비난을 받았다. 그가 정치 연설로 보수적인 기독교인들에게 호소할 때, 많은 사람들은 이전에 보수적인 기독교 가치가 부족해 보인다고 비난했다.

---

13) 힘 호소

힘 호소(appeal to force)는 어떤 결론을 받아들이도록 힘, 강압이나 권위의 위협에 호소하는 경우이다. 권력에 있는 사람이 자신의 제안에 동의하지 않는 사람에게 불행한 결과를 줄 수 있다고 위협한다. 위협의 증거는 힘, 강압이나 권위이며, 선택의 결과는 신체적, 경제적 또는 심리적 위협일 수 있다. 이것은 자신의 제안에 동의하도록 하는 데는 효과적인 방법일 수 있지만 전제가 사실이라고 믿을 증거를 제공하지 않는다. 오류는 항상 전제에 포함되어 있다.

그림 11-20 **힘 호소의 구조**

전제		결론
협박	⟶	동의

힘 호소는 결론을 정당화하려는 이유 대신에 힘, 강압이나 권위의 위협이 사용되는 경우이다. 이것은 심리적, 신체적이나 물질적 손해의 위협에 근거하고 있으며 논쟁 자체와 관련이 없는 오류 또는 잘못된 주장이다. 이유 대신에 힘이나 협박의 위협을 사용하여 다른 사람이 그들의 주장을 포기하도록 강요한다. 위협은 진술의 진실을 증명하거나 반증하지 않는다. 폭력의 위협이 있거나 암시된다. 따라서 결론을 받아들여야 한다. 예를 들면, 내 말을 믿어라. 그렇지 않으면 한 대 맞을 것이다. 논증의 형식은 다음과 같다.

☑ 논증의 형식
- X를 사실로 수용하라.
- 그렇지 않으면 손해를 볼 것이다.

위협이 결론과 논리적으로 관련이 있는 것은 매우 드문 일이다. 물론 합리적인 이유와 신중한 이유를 구분해야 한다. 힘 호소가 포함된 오류는 결론을 믿을 만한 합리적인 이유를 제시할 수 없다. 그러나 이것은 행동에 대한 신중한 이유를 제시할 수 있다. 위협이 신뢰할 만하고 나쁘면 마치 믿는 것처럼 행동해야 할 이유가 될 수 있다. 본질적으로 논쟁은 청취자가 피하고자 하는 일종의 두렵거나 폭력적인 결과와 관련이 있는, 바람직하지 않은 부정적 결과에 호소한다. 이러한 오류는 확실한 증거 없이 부정적인 결과가 가정될 때 발생한다. 이 오류를 이용하는 논증에서 논리는 건전하지 않으며 논증의 유일한 근거도 아니다. 대신 입증되지 않은 부정적인 감정과 가능성에 호소한다.

☑ **힘 호소의 예**

• 귀하가 본사의 정책을 거부한다면 특별할인을 중단하겠습니다.

• 여러분은 근무시간을 더 많이 해 생산량을 증가해야 합니다. 그렇게 하지 않는다면 결국 직장을 잃게 될 것입니다.

• 판매신장으로 경영위기를 극복하고자 하는 새로운 시장개척에 반대하는 사람은 사임하겠다고 말하는 것으로 볼 것입니다.

• 정부정책을 찬성하지 않으면 예산이 삭감될 것입니다. 나는 예산 삭감을 싫어합니다. 그러므로 정부정책을 찬성할 것입니다.

• 산림청의 입장에 동의하지 않으면 용역을 줄일 것입니다. 산림청의 입장은 국립공원에 나무를 심으면 산불 위험이 줄어든다는 것입니다. 따라서 국립공원에 나무를 심으면 산불 위험이 줄어듭니다.

---

14) 권위 호소

권위 호소(appeal to authority)는 명제가 참인 것을 입증하기 위해서 그 권위를 제시하는 추론이다. 주장에 대한 타당한 권위자가 다른 근거를 제시하지 않고서도 사실이라고 말했기 때문에 주장이 사실이라고 주장하는 것은 오류이다. 그 사람이 실제로 권위자인지에는 상관없다. 실제 증거를 제시하는 대신 주장은 권위의 신뢰성에 의존한다. 사람들이 권위를 믿는 경향이 있기 때문에 이 오류는 꽤 흔한 오류이다. 이러한 종류의 추론은 개인이 특정 상황에서 적절한 권위를 가지고 있지 않은 경우에만 오류이다.

그림 11-21 **권위 호소의 구조**

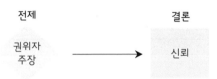

권위 호소는 문제의 사람이 해당 주제에 대한 정당한 권위가 없을 때 적용된다. 이러한 추론은 문제의 사람이 전문가가 아닌 경우에 오류이다. 자격이 없는 사람이 주장하는 것이 주장에 대한 정당성을 제공하지 않기 때문에 추론에 결함이 있다. 그 주장은 사실일 수 있지만 자격이 없는 사람이 주장했다는 사실은 그 주장을 참으로 받아들일 만한 합리적인 이유를 제공하지 않는다. 논증의 형식은 다음과 같다.

☑ **논증의 형식**

• A는 주제 S에 대한 권위자이다.
• A는 주제 S에 대해 X를 주장한다.
• 따라서 X는 사실이다.

☑ **권위 호소의 예**

• 이 책은 지구 온난화가 실제로 일어나지 않는다고 주장하며, 수년간 기후 변화를 연구해 온 한 환경 과학자의 연구를 인용한다.
• 경제학 박사가 주장한 바와 같이 나는 소득주도성장은 경제성장을 견인하지 못하는 수사적 표현이라고 말할 수 있다.
• 어떤 친구가 회식 자리에서 술을 마시는 것이 건강에 좋지 않다고 주장하며 한 대학병원 의사의 말을 인용한다.
• 한 어린 소년은 엄마가 강에 오염 물질이 있다고 말했기 때문에 친구들이 강에서 수

영을 해서는 안 된다고 말한다.
• 한 광고는 대부분의 치과 의사가 자신의 가족이 사용하기 위해 특정 브랜드의 치약을 선택할 것이라고 주장한다.
• 한 식품학자가 우리 회사 제품을 먹으면 건강에 좋은 음식이라고 적극적으로 추천하였다. 그 식품학자는 매우 유명한 학자이다.

15) 대중 호소

대중 호소(appeal to popularity)는 어떤 주장에 대한 타당한 근거를 제시하지 않고, 대중의 감정, 군중심리, 열광 등에 호소하거나 여러 사람이 동의한다는 점을 들어 자신의 주장에 동의하도록 하는 오류이다. 모든 사람들은 다른 사람들에 의해서 사랑, 존경, 칭송, 인정받기를 원한다. 대중에 호소하는 오류는 이러한 기대를 이용하는 것이다. 많은 사람들이 믿고 있다는 이유로 명제를 참이라고 결론짓는 것을 동의하도록 한다. 널리 알려져 있다는 사실이 반드시 참은 아니다. 따라서 대중에 호소하는 논증은 어떤 신념이 얼마나 인정되고 있느냐는 것이지 참인지는 증명하지 않는다.

편승 오류(bandwagon fallacy)는 대다수 또는 특정 집단의 사람들의 신념에 따라 무언가가 진실이거나 선해야 한다는 가정에 근거한다. 이 오류는 어떤 것이 대중적이므로 사실이라고 주장할 때 발생하는 논리적 오류이다. 편승 오류는 대중 호소, 군중 호소 등으로 불린다. 이들 용어는 종종 서로 상호 교환적으로 사용되지만 일부 용어는 약간 다른 유형의 잘못된 호소를 나타낸다. 그러나 그것들은 실제적으로 근본적으로 유사하다.

그림 11-22 **대중 호소의 구조**

　대중, 정당, 폭도 또는 집단의 감정, 편견이나 관심을 불러 일으켜 입증되지 않은 결론을 받아들이도록 하는 시도는 오류이다. 대중 호소는 많은 사람들이 그것을 하는 것에 동의하기 때문에 어떤 것이 옳다고 주장하는 것이다. 진실성에 대한 증거로써 전제를 사용한다. 상식으로 뭔가 인기가 있다면 좋을 것이라 판단한다. 그러나 제시되는 증거는 결론과 관련이 없다. 대신 그들의 소망에 호소함으로써 결론을 따르도록 한다. 논증의 형식은 다음과 같다.

☑ **논증의 형식**

• 모든 사람들이 X를 하고 있다.
• 따라서 X가 옳은 것이 틀림없다.

• X가 인기 있다.
• 인기 있는 것은 항상 사실이다(언급되지 않는다).
• 따라서 X는 참이다.

☑ **대중 호소의 예**

• 모든 사람들이 이번 기회에 출마하는 것이 좋다고 말한다.
• 모든 사람들은 피고가 남편을 죽였고, 이것을 확실하다고 믿는다.
• 대부분이 위선이라고 생각하며 거짓말쟁이를 지지하지 않는다.
• 당신은 새로운 잠바를 사야한다. 모두가 그것을 입고 있다.

- 이 책은 전국 서점에서 베스트셀러이므로 좋은 책이다.
- 많은 사람들이 범죄 피의자를 수호한다고 서초동 사거리에서 데모합니다. 따라서 모든 범죄 피의자들을 수호해야 합니다.
- 이 화장품은 전세계 모든 여성들이 사용하고 있는 제품이다. 따라서 이 화장품은 모든 여성들에게 매우 우수한 제품이다.
- 선거철이 다가오니까 대권에 도전하려는 많은 정치가들이 무상 복지와 무상 수당을 국민들에게 지급해야 한다고 주장한다. 국가의 예산 조달이 중요하지만 나도 국민들에게 인기를 얻으려고 더 많은 무상 복지와 무상 수당을 주장한다.
- 교통 경찰관님, 나는 속도위반이 아니라고 생각합니다. 모두가 나처럼 도로에서 동일한 속도로 가고 있습니다. 만일 도로에서 내가 더 느리게 가면 교통 흐름을 방해해서 교통사고가 발생할 것입니다.
- 미국 성인의 약 25%가 점성술을 믿고 있기 때문에 점성술에는 진실이 있습니다. 많은 사람들이 틀릴 수 없습니다.
- 모든 문화의 사람들이 더 높은 존재를 믿기 때문에 하나님이 있어야 합니다.

16) 또래압력 호소

같은 연령의 친구들은 대체로 암묵적으로 정해진 규칙이나 지침에 따라 생각하고 행동한다. 또래압력(peer pressure)은 또래에 의한 거부의 위협이 논증에서 증거로 대체될 때 발생하는 오류이다. 또래압력은 진실에 관심이 없으나 또래들에게 적합하고 수용되는 것에 관심이 있다. 부정적인 또래압력의 예로는 누군가에게 마약, 담배, 알코올 및 성행위를 시도하도록 말하는 것이 포함된다. 또래압력의 주요 이점은 동료로부터 인정, 공감과 존경을 받는 것이다. 동료 인정, 공감과 존경은 자긍심, 자신감 및 자신이 잘하고 있다는 긍정적인 감정의 수준을 높인다.

그림 11-23 **또래압력 호소의 구조**

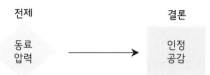

전제   결론

동료
압력   ⟶   인정
공감

    집단에 대한 충성도와 소속의 필요성은 사람들에게 집단의 견해와 입장을 준수해야 할 매우 강력한 이유를 줄 수 있다. 또한 실제적인 관점에서 집단에 속하기 위해 자신의 신념을 타협해야 한다. 그러나 이러한 충성심이나 소속의 필요성은 단순히 주장에 대한 증거가 아니다. 또래압력은 종종 부정적인 것으로 보이나 누군가에게 긍정적인 영향을 줄 수 있다. 예를 들어, 자녀가 스포츠, 학교 클럽에 가입하거나 친구 중 한 명이 성적을 높이려고 하면 자신도 성적을 높이려고 할 수 있다. 모든 연령대에서 또래압력이 발생할 수 있다. 논증의 형식은 다음과 같다.

☑ **논증의 형식**

- P는 동료들에게 압력을 받거나 거절 위협을 받는다.
- 따라서 P의 주장 X는 거짓이다.

    집단에 대한 충성도와 소속의 필요성은 사람들에게 그 집단의 견해와 입장을 준수해야 할 매우 강력한 이유를 줄 수 있다. 또한 실제적인 관점에서 종종 집단에 속하기 위해 자신의 신념을 타협해야 한다. 그러나 이러한 충성심이나 소속의 필요성은 단순히 주장에 대한 증거가 아니다. 성인에 대한 또래압력의 예는 다음과 같다.

- 또래집단의 구성원이 가는 특정한 식당에 간다.
- 또래집단의 구성원이 갖고 있는 고급차를 구매한다.
- 또래집단의 구성원이 입는 옷을 입는다.

고등학생의 또래압력은 십대 우울증, 스트레스, 부정적 행동 문제, 잘못된 의사결정 및 결과로 이어질 수 있어 해롭다. 또래압력은 개인의 삶에 갈등이나 충돌을 일으킨다. 부정적인 압력은 개인이 위험한 습관을 쉽게 받아들일 수 있다. 사교계에서 받아들여진다고 느끼거나 소속감을 느끼고 싶기 때문에 흡연, 음주 또는 약물 복용을 시작한다. 소위 동료들이 그들을 받아들이기를 원한다. 다음은 십대들에게 또래압력을 받는 주요 원인이다.

- 입거나 갖고 싶은 소망
- 거부를 피하고 사회적 수용을 얻으려는 욕구
- 조화로운 불일치
- 개인, 사회적 혼란 또는 불안

또래압력 함정에 빠질 위험이 높은 특성은 낮은 자존감. 자신감 부족, 또래집단 내에서 불인정에 대한 위험이 있다. 또래압력이 편안하지 않은 방식으로 행동할 것을 요구할 때, 십대는 낮은 자존감, 불안 및 우울증으로 고통을 받을 수 있다. 십대들은 종종 매우 강한 감정을 느끼고 극심한 분위기로 이어진다. 또래압력은 청소년들에게 강력한 영향을 미친다. 그 이유 중 하나는 부모보다 동료와 더 많은 시간을 보내기 때문이다. 또래압력의 증상은 다음과 같다.

- 낮은 기분, 눈물 또는 절망감

- 일반적이지 않은 공격성 또는 반사회적 행동
- 명백한 이유 없이 행동의 급격한 변화
- 수면 장애, 과도한 수면, 일찍 일어나기
- 식욕 상실 또는 과식
- 등교 기피

☑ **또래압력 호소의 예**

- A는 현재 정부의 무상복지정책을 좋아하지 않는다. 그는 사람들이 자신의 복지를 위해 일해야 한다고 생각한다. 그의 친구들은 그를 비웃으며 극우파라고 비난하고 집단에서 기피했다. 그는 거절을 피하기 위해 자신의 입장을 포기하기로 결정했다.
- 친구들이 학교에서 미니스커트를 입기 시작했습니다. 나는 너무 많은 피부를 보여주는 것이 편안하지 않지만 친구들처럼 미니스커트를 입었습니다.
- 나는 친구와 사귀고 있으며 그들은 모두 술을 마십니다. 그들은 모두 좋은 시간을 보내고 있는 것처럼 보이기 때문에 나도 음주를 시도합니다.

☑ 다음은 A와 B 간의 대화이다.

A: "나는 1 + 1 = 2라고 생각해."

B: 하지만 "친구들이 모두 그렇지 않다"고 주장해.

A: "농담이야. 물론 1 + 1 = 2가 아니야"라고 말하고 친구들의 거절을 피하기 위해 기존의 생각을 수정하였다.

---

17) 유명인 호소

유명인 호소(appeal to celebrity)는 유명인이 인기로 인해 권위가 있다고 주장할 때 발생하는 오류이다. 유명인에 대한 호소는 특히 광고에서 일반적이다. 인기는 진실과 관련이 없다. 인용된 유명인이 자신의 전문지식으로 인해 유명인이 유명할 때는 예외가 된다. 예를 들면, 마이클 조던(Michael Jordan)은 농구화의 권위자일 수 있는데, 이것은 농구에 대한 전문지식 때문이다.

그림 11-24 **유명인 호소의 구조**

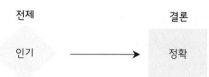

오류는 권위 호소에 속하는 오류이다. 논쟁의 힘이 아니라 유명인의 지위에 근거한 유명인의 주장을 받아들이도록 하는 호소이다. 유명인에게 호소하는 것은 권위에 대한 가장 보편적인 오류 중 하나이다. 제품에 대한 유명인의 지지는 너무 일반적이기 때문에 거의 눈치채지 못한다. 유명인들은 제품 외에도 정치 후보를 지지하며, 대통령 선거에도 각 후보자를 돕기 위해 등장한다. 유명인은 모든 정치적, 종교적, 자선적 사유를 공개적으로 지지한다. 유명인들이 좋아하고, 즐기거나 말하는 것이 일반인들도 그렇게 한다는 아이디어에 근거한다.

☑ 논증의 형식
- 유명인은 X를 지지한다.
- 유명인은 정확하다(언급되지 않는다).
- X는 정확하다.

☑ 유명인 호소의 예
- 유명 배우가 노벨 물리학상을 받은 학자의 이론을 평가한다.
- 유명 선수가 지열발전소가 지진을 유발할 것이라고 경고한다.
- 한 유명 배우가 질병 진단 제작 방법을 자세히 설명한다.
- 철학 교수님이 제품개발 서적을 읽을 것을 권한다.
- 유명 연예인이 대통령 선거 유세장에 나와 특정 후보를 능력이 있고 정직하고 민주적인 후보라고 강력히 추천한다.

- 유명 배우 X는 지구 온난화가 현실적이며 더 많은 관심을 기울여야 한다고 말한다.
- 유명 배우 X는 매일 아침 특정 브랜드의 우유를 마시며 하루를 시작한다. 그래서 유명 배우 X가 먹는 특정 브랜드의 우유는 가장 좋은 우유이다.

18) 출처 신뢰 호소

출처 신뢰(appeal to trust)는 출처가 신뢰할 수 있다면 해당 출처의 정보는 참이고, 출처가 신뢰할 수 없는 것으로 간주될 경우 해당 출처의 정보는 거짓이다. 이것은 각각의 주장 또는 제안이 그 자체의 장점으로 평가되어야 하기 때문에 오류이다. 어떤 방식으로든 논증에서 신뢰할 수 있음을 보여주고 어떤 것에 대해서는 신뢰할 수 있기 때문에 모든 것에 대해 신뢰할 수 있다고 가정할 경우에 오류가 발생한다.

그림 11-25 **출처 신뢰 호소의 구조**

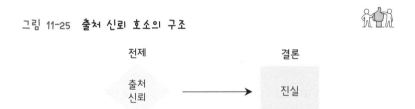

신뢰는 진실성과 정직이다. 신뢰할 수 있는 사람은 약속을 지킨다. 정직한 사람이 진실을 말한다. 신뢰 호소에는 누군가 또는 무언가를 신뢰하는 것은 포함되지 않는다. 출처가 신뢰할 수 있거나 신뢰할 수 없는 것으로 간주될 경우 해당 출처의 정보는 각각 참 또는 거짓이다. 이것을 사용하기 위해서는 어떤 방식으로든 신뢰할 수 있음을 보여주고 어떤 것에 대해서는 신뢰할 수 있기 때문에 모든 것에 대해 신뢰할 수 있다는 가정이다. 예를 들면, "믿어 줘요. 저는 의사입니다"는 의사가 항상 진실을 말한다는 가정이다. 따라서 신뢰할 수 있다고 참이라 하는 것은 오류이다.

> ☑ 논증의 형식
>
> • Y는 신뢰할 수 있는 정보이다.
> • 주장 X는 Y에 의해 이루어졌다.
> • 따라서 주장 X는 참이다.

> ☑ 출처 신뢰 호소의 예
>
> • Y후보가 능력이 있고, 정직하다고 언론에 보도되었습니다. 당신은 그의 모습을 좋아
>   할 것입니다. 내가 보증합니다.
> • 정말로 나를 믿으면 나와 함께 강남으로 갈 거라고 생각할 것입니다.
> • 믿어 줘요. 저는 의사입니다.
> • 당신이 알다시피 나는 확실히 약속을 준수할 수 있습니다. 나에게 투자하시죠?
> • 나는 오늘 경제신문에서 임야 투자는 좋은 투자라고 읽었습니다. 임야 매입을 위해
>   대출해 줄 수 있습니까?
> • 나는 큰 장벽을 지을 것입니다. 아무도 나보다 장벽을 더 잘 지을 수는 없습니다(도
>   널드 트럼프, 2015, 캠페인 집회에서).
> • 의학저널에 이 물질이 암의 원인을 제거할 수 있다고 기술되어 있다. 따라서 이 물질
>   이 암을 치료할 수 있을 것이다.

19) 대중의 믿음 호소

대중의 믿음 호소(appeal to common belief)는 많은 사람이 믿고
있다는 이유로 어떤 명제를 참이라고 결론짓는 것을 의미한다. 대부
분 또는 많은 사람들이 대중의 주장이 진실이라고 주장할 때 주장에
대한 증거로 제시된다. 본질적으로 많은 사람들이 무언가를 믿기 때
문에 사실이어야 한다는 주장이다. 많은 사람들이 무언가를 믿었다

면 사실이고, 진실 가능성이 믿는 사람들의 수에 의해 평가되는 오류이다. 이 논리는 아무리 많은 사람들이 어떤 것을 믿고 있는지에 상관없이 여전히 사실이 아닐 수 있기 때문에 건전하지 않다.

그림 11-26 **대중의 믿음 호소의 구조**

많은 사람들이 주장이 참이라는 증거를 제공하지 않기 때문에 이러한 추론 방식은 오류이다. 많은 사람들이 주장을 참이라고 인정하는 사실은 주장이 참이라는 암시이다. 사람들이 실제로 믿는 것이 주장의 진실을 결정하는 경우도 있다. 예를 들어, 예절과 올바른 행동에 대한 주장의 진실은 단순히 사람들이 좋은 예식과 올바른 행동이라고 믿는 것에 달려 있다. 또 다른 예는 대부분의 사람들이 받아들이는 기준으로 간주되는 지역사회 기준의 경우이다. 경우에 따라 특정 지역사회 기준을 위반하는 것이 음란한 것으로 간주된다. 논증의 형식은 다음과 같다.

☑ 논증의 형식

• 대부분의 사람들은 주장 X가 사실이라고 믿는다.

• 따라서 X는 참이다.

☑ 대중의 믿음 호소의 예

• 대다수의 미국인들이 하나님을 믿으므로 하나님이 존재해야 한다.

• 모두가 이것이 옳은 일이라고 말하고 있습니다.

- 당신의 가족은 모두 차를 좋아합니다.
- 한 조사에서 10명의 의사 중 8명이 신약이 위험하다고 한다.
- 많은 사람들은 가족이 여름마다 휴가를 가야 한다고 생각하므로 가족들은 여름마다 휴가를 간다.
- 대다수의 엄마들은 아이들이 밤에 일찍 자야 한다고 생각한다. 따라서 일찍 자는 것은 그들에게 좋은 것이 틀림없다.
- 많은 사람들은 선의의 거짓말을 하는 것이 괜찮다고 생각하므로 그러한 거짓말을 하는 것은 아무 문제가 없다.
- 한때 대부분의 사람들은 지구가 태양계의 중심이라고 믿었다. 당시에는 적어도 그러한 것들에 대한 믿음을 가진 사람들이 대부분이었다. 그러나 이 믿음은 오늘날에는 거짓으로 판명되었다.

20) 일반적 관행 호소

일반적 관행 호소(appeal to common practice)는 작가나 발표자들이 일반적으로 행동하거나 대부분의 사람들이 행동하는 것은 정확하고, 도덕적이고, 정당하고, 이성적이고, 합리적이라고 주장한다. 기본 개념은 대부분의 사람들이 행동한다는 사실이나 실천을 뒷받침하는 증거로 사용된다는 것이다. 그러나 대부분의 사람들이 무언가를 한다는 사실만으로는 그것이 정확하고, 도덕적이거나, 정당하거나 합리적이라고 생각하는 것은 오류이다. 예를 들어, 사무실에서 일하는 여성은 동일한 일을 하는 남성들이 자신보다 더 많은 돈을 받는다고 말할 수 있다. 그래서 그 여성은 남자들과 동일한 급료를 받는 것은 정당하다고 말할 수 있다. 이것은 여성과 남성들 간에 능력, 경험이나 근무시간 면에서 타당한 차이가 없다면 사실일 수 있다.

그림 11-27 **일반적 관행 호소의 구조**

    오류의 배후에 있는 기본 개념은 대부분의 사람들이 X를 한다는 사실이 행동이나 실천을 뒷받침하는 증거로 사용된다. 대부분의 사람들이 무언가를 한다는 사실만으로는 그것이 정확하고, 도덕적이며, 정당하거나 합리적이지 않기 때문에 오류이다. 이 호소는 종종 변명할 때 사용된다. 무언가에 대해 확신이 없으면 다른 사람들에게 의지하여 그들이 하기 때문에 정확하다고 합리화하는 것이다. 또한 이것은 사람들에게 압력을 가하는 사회집단에 영향을 미치는 방법이다. 사람들이 해야 할 일이 확실하지 않은 경우, 어떤 일이 확실하지 않은 경우 일반적인 관행을 채택한다. 논증의 형식은 다음과 같다.

☑ 논증의 형식

- 대부분의 사람들은 X를 한다.
- 따라서 X는 정확한, 도덕적, 정당한, 이성적이다.

☑ 일반적 관행 호소의 예

- 모든 사람들이 공공기관 채용시험은 공정하지 않다고 말한다. 따라서 공공기관 채용시험은 공정하지 않다.
- 물론 어떤 사람들은 평등을 헛소리로 믿는다. 그러나 모든 사람들이 임시직보다 정규직에게 돈을 덜 준다는 것을 알고 있다. 모두가 그렇게 하므로 실제로 나쁜 것은 아니다.
- 핵심 과목을 희생하더라도 논리학 수업을 수강하는 데 아무런 문제가 없다. 어쨌든

모든 대학에서 논리학 수업을 강의하고 있다.

- 어떤 회사의 직원들은 사무용품을 개인적으로 집에 가져간다. 따라서 당신도 역시 가져갈 것이다.
- 구청 환경과장은 폐기물 관리를 담당하고 있는 사람이다. 폐기물 관리에 부패가 있는 것으로 판명될 때마다 환경과장은 이 제도에 문제가 있지만 모든 구청에서 시행되고 있다고 말한다.

21) 성취 호소

무언가를 성취한 사람은 신뢰할 수 있다는 믿음이 있다고 가정한다. 성취 호소(appeal to accomplishment)는 성취한 개인의 의견을 증거로 사용할 때 발생하는 오류이다. 즉, 제안자의 성취에 따라 주장이 참 또는 거짓으로 간주되는 경우에 발생한다. 이 오류의 형태는 논쟁 자체의 장점보다는 논쟁하는 사람의 성취 또는 성공에 대한 논쟁이 평가될 때 발생한다. 이것은 어떤 사람이 자신의 성취 수준을 결론을 뒷받침하는 타당한 전제로 제시하는 것이 아니다. 어느 누구도 적절한 성취를 가지고 있지 못해서 어떤 것이 불가능하다는 것을 증명할 수 없다는 사실에 호소하는 것이다.

그림 11-28 **성취 호소의 구조**

전제 → 결론
성취 수준 → 신뢰

성취 호소는 누군가가 결론을 뒷받침하기 위해 타당한 전제를 제시하기보다는 성취를 전제로 사용할 때 발생한다. 제안자의 업적에 근거하여 주장이 사실로 간주되는 경우에 발생한다. 논증은 주장하는 증거와 무관하다. 논증 뒤에 숨은 미덕이나 악을 강조하는 것은 인간의 본성이다. 성취 호소는 권위에 대한 단순한 호소일 때만 오류가 된다. 필요할 때 자신의 입장을 뒷받침할 수 있는 추가적인 증거를 제시할 수 있다면 특정 수준의 교육이나 경험을 얻은 사람의 증언에 의존하는 것은 잘못이 아니다. 논증의 형식은 다음과 같다.

☑ 논증의 형식
- X가 참이라고 주장한다.
- 정말로 성취되었다.
- 따라서 X는 참이다.

☑ 성취 호소의 예
- 회장님을 어떻게 비판합니까? 여러분이 회사를 운영하는 것에 대해 무엇을 알고 있습니까?
- 교육 프로그램 제작에 대해 너무 많이 알고 있다고 생각하면 스스로 만드십시오.
- 아이작 뉴턴은 과학에 막대한 영향을 미쳤기 때문에 그의 연금술 분야에서 그의 가치는 참으로 위대했습니다.
- 대학 연구소에는 5명의 박사가 있으며 그들은 물질변환에 관한 베스트셀러 책을 저술했다. 따라서 그들이 말하는 것은 사실이다.
- 당신이 유니콘 기업이 되었을 때 연락하십시오. 그때까지는 입다물고 조용히 있기를 바랍니다.

---

22) 결과 호소

결과 호소(appeal to consequences)란 전제가 바람직하거나 바람직하지 않은 결과를 초래하는지에 따라 참 또는 거짓이라고 결론짓는 잘못된 주장이다. 전제에 대한 믿음이 좋은 결과를 가져 오면 사실이나 전제에 대한 믿음이 나쁜 결과를 초래하면 거짓이라고 주장하는 것은 종종 부적절하다. 예를 들면, 나는 영원히 존재하기를 원하기 때문에 내세를 믿는다. 오류는 전제의 진실 가치와 관련이 없다는 사실에 있다. 전제는 결론의 진실이 아니다.

그림 11-29 **결과 호소의 구조**

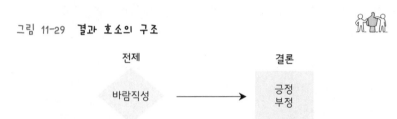

결과 호소는 전제의 진실이 결과에 따라 결정되는 논리적 오류이다. 이것은 긍정 형태와 부정 형태의 논증이 있다. 긍정 형태는 바람직하기 때문에 참이고, 부정 형태는 바람직하지 않기 때문에 거짓이다. 결과 호소에 근거한 주장은 장기적 의사결정과 추상적 윤리에서 유효하며, 실제로 많은 도덕 이론의 초석이다. 결과를 바람직하거나 바람직하지 않은 것으로 분류함에 있어서 주장은 본질적으로 주관적인 관점을 포함한다. 논증의 형식은 다음과 같다.

> ☑ 긍정 형태 논증의 형식
> * A이면 B가 발생한다.
> * B는 바람직하다.
> * 따라서 A는 참이다.

[긍정 형태 논증의 예]
객관적인 도덕이 있다면 사망 후 좋은 도덕적 행동은 보상된다. 나는 보상을 받고 싶다. 그러므로 도덕은 객관적이어야 한다.

[부정 형태 논증의 예]

객관적인 도덕이 없다면 모든 나쁜 사람들은 사망 후 나쁜 행동으로 처벌받지 않을 것이다. 나는 그것을 좋아하지 않는다. 그러므로 도덕은 객관적이어야 한다.

☑ 결과 호소의 예
- 하나님을 믿지 않으면 지옥에 갈 것입니다.
- 나는 다른 사람이 되고 싶지 않기 때문에 환생을 믿지 않는다.
- 신이 없는 삶은 무의미하다. 따라서 신은 틀림없이 존재한다.
- 나는 진화론이 참이라고 동의하지 않는다. 그러므로 진화론이 참이라면 인간은 원숭이보다 나을 것이 없다.
- 신에 대한 믿음은 자선을 증가시킨다. 그러므로 신이 존재한다.
- 다른 사람들을 사랑하고 보살피는 것을 가르치기 때문에 기독교는 사실이다.
- 종교는 천국에서 영원한 삶을 약속합니다. 자, 이제 당신은 천국에 가고 싶지 않습니까?
- X는 끔찍한 대통령이 아니다. 시민들이 그녀를 선택했고, 그녀가 실제로 나쁜 사람이었다면 그것이 우리에 대해 무엇을 말해 줄까요?
- 정부의 부동산 대책에도 불구하고 부동산 시장은 올해도 계속 상승할 것입니다. 주택 소유자는 자본 이익을 누릴 것입니다.
- 당신이 신을 믿지 않는다면 당신은 지옥에 갈 것입니다. 따라서 당신은 반드시 신을 믿어야 합니다.

23) 허수아비 호소

허수아비(strawman)는 상대방의 입장과 유사한 환상을 만들어

내고, 그 환상을 반박하는 것이다. 상대방의 입장과 주장을 문제가 있는 주장으로 변경하여(허수아비) 이를 공격하는 것이다. 허수아비는 공격하기 쉬운 가공의 인물이나 상대방의 주장을 약점이 많은 주장으로 만든 것이다. 그러나 허수아비는 상대방의 입장과 외견상으로 유사하지만 사실은 다른 명제이다. 제 아무리 공격하더라도 상대방의 본래 입장이 전혀 반박되지 않은 채 남는다. 이 오류는 전투훈련을 하면서 가상의 적인 허수아비를 만들어 공격한 데서 비롯됐다. 허수아비는 단지 훈련용 가상의 적에 불과한데도 그것에 매몰되어 적 자체에는 관심과 초점을 잃는다.

그림 11-30 **허수아비 호소의 구조**

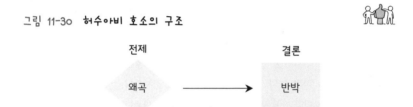

허수아비 오류는 사람이 단순히 상대방의 실제 입장을 무시하고 왜곡되거나 과장되거나 잘못 표현된 입장을 대체할 때 발생된다. 이러한 추론은 왜곡된 입장을 공격하는 것이 단순히 입장 자체에 대한 공격이 아니기 때문에 오류이다. 완전한 허상에 대한 공격이 사람을 해칠 것으로 예상할 수도 있다. 논증의 형식은 다음과 같다.

☑ **논증의 형식**

- A는 X의 입장이다.
- B는 Y의 입장(X의 왜곡)을 나타낸다.
- B는 Y의 입장을 공격한다.
- 따라서 X는 거짓이다.

허수아비는 상대방의 왜곡된 주장이다. 실제로 다른 사람이 믿는 것과 다른 견해를 가지고 있다고 주장할 때 발생한다. 따라서 사람의 실제 진술이나 신념을 공격하는 대신 주장을 왜곡하여 이를 공격하는 것이다. 가장 강력한 논증을 공격하기보다는 공격하기 쉬운 약한 논증을 찾는다. 그리고 공격할 수 있는 실제 입장을 변경한다. 기본 가정은 논증의 작은 부분이 거짓으로 판명될 수 있다면, 전체적으로도 거짓이라는 것이다. 논쟁의 약한 부분을 선택하고 다룸으로써 논증의 주요 부분이 되어 주의가 산만해진다.

☑ **허수아비 호소의 예**

• 점성술은 입증되지 않았지만 거짓으로 판명된 것은 아니다.

• "평화를 유지해야 한다. 따라서 전쟁을 해서는 안 된다"는 주장에 "그렇다면 적이 침입해도 가만히 있어야 된다는 말이냐?"

• 여당의원은 국방예산을 늘리지 말아야 한다고 말했다. 야당의원은 여당의원이 국가를 무방비 상태로 두고 싶어 한다고 말했다.

• 생물교사는 모든 것이 진화한다는 진화를 가르쳤다. 학생은 단지 인간이 벌레에서 왔다는 것을 받아들일 수 없다고 말한다.

• 당신은 평범한 사람이 중요하다고 말했습니다. 그렇다면 지금 나에게 평범한 사람을 보여주세요.

• 교육에 비용을 적게 지출하고 싶습니다. 정말로 이 나라의 미래를 망치고 싶습니까?

---

24) 주의전환 호소

주의전환(red herring)[2]은 관련이 있거나 중요한 논점을 오도하

---

2 독한 냄새가 있는 훈제 청어는 과거에 유럽에서 여우 사냥개를 훈련할 때 개의 후각을 단련시키는 데 사용하였다. 사냥감을 쫓던 개가 그 냄새를 맡으면 혼란을 일으켜 사냥감을 놓치기도 해서 도망자들이 지니고 다녔다. 논쟁 등에서 논점을 흐리고 엉뚱한 곳으로 상대방의 관심을 돌리는 수단을 뜻한다.

거나 다른 데로 관심을 돌리게 하는 것이다. 즉, 엉뚱한 곳으로 관심을 돌려 논점을 흐리게 하는 것을 말한다. 이 오류는 주제를 변경함으로써 상대방의 주의를 돌릴 때 발생한다. 즉, 거짓 신호로 주의를 다른 곳으로 돌리거나 혼란을 유도해 상대방을 속이는 것이다. 따라서 사소한 문제를 크게 부각하면서 정작 중요한 문제를 감추는 경우이다. 허수아비 호소는 상대방의 주장을 적당히 왜곡해 공격하는 것인데 비해 주의전환 호소는 주제를 다른 것으로 바꿈으로써 논점을 회피하려는 것이다.

그림 11-31 **주의전환 호소의 구조**

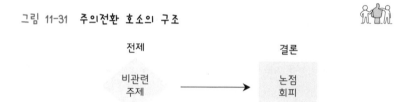

원래의 문제에서 관심을 돌리기 위해 관련이 없는 주제가 제시되는 오류이다. 사람의 주의를 다른 곳으로 돌리거나 혼란을 유도해 상대방을 속이는 것이다. 기본 아이디어는 논쟁에서 벗어나 다른 주제에 주목시켜 원래의 논점을 회피하는 것이다. 이러한 오류는 소설보다 설득력 있는 글쓰기와 연설에서 더 흔하다. 논증의 형식은 다음과 같다. 주제 Y가 우선하기 때문에 주제 X는 무시되거나 관련이 없는 다른 것으로 대체된다. 주제 Y는 주제 X와 무관하다.

☑ 논증의 형식
- A가 X를 제시한다.
- B가 Y를 제시한다(Y는 X와 관련이 없다).
- X가 버려진다.

☑ 주의전환 호소의 예

• 말싸움을 하다가 불리해지면 "너 몇 살이야?"

• 바람핀 남자에게 옳지 않다고 그의 친구가 말한다. 그 친구는 옳고 그름을 누가 판단 하는지를 말하기 시작한다.

☑ 은행원과 대출 요청자의 대화

대출자: 고객에게 대출 이자 5%를 청구해서는 안 됩니다. 이것은 비윤리적입니다.

은행원: 글쎄요, 내가 이 이자율을 청구하지 않으면 다른 직원이 할 것입니다.

• 환경보호와 관련하여 많은 동요가 있습니다. 우리는 이 세상을 에덴으로 만들 수 없 습니다. 이 세상이 에덴이 되면 어떻게 될까요? 아담과 이브는 지루해지겠지요.

☑ 딸과 엄마의 대화

딸: 내 생일에 지갑을 선물한다고 약속했어?

엄마: 아프리카의 굶주린 아이들에 대해 잠시 생각해봐라. 그때 너의 모든 문제는 사 소해 보일 것이다.

• 이 일은 히틀러가 권력을 잡기 5년 전에 일어난 일이라고 합니다. 왜 히틀러에 매료 되어 있습니까? 반유대주의자입니까?

25) 논점일탈 호소

논점일탈(missing the point)은 동문서답의 유형으로 논증과 관련 없는 이야기를 하여 논증과 무관한 결론에 이르는 오류이다. 논증의 전제가 하나의 특별한 결론을 뒷받침하지만 정확한 결론과 관련 없 는 다른 결론이 도출될 때 발생하는 오류이다. 단지 논증하려고 하 는 것과 외견상으로 비슷하거나 약간의 관계를 갖고 있을 뿐이다. 논점일탈 호소는 증거가 실제로 도출된 것과 다른 결론을 내릴 때 발생한다. 즉, 주장의 전제는 구체적인 결론을 지지하지만 저자가 내 리는 결론은 아니다. 예를 들면, 요즘 복지제도의 남용이 만연하고 있다. 유일한 대안은 복지제도를 완전히 폐지하는 것이다.

그림 11-32 **논점일탈 호소의 구조**

완벽하게 타당하고 건전한 결론을 도출할 수 있는 주장이 있지만, 언급된 결론은 다른 것이다. 무언가를 증명하고 싶지만 방법을 모르는 사람들이 이 오류를 사용하기 때문에 주장한 다음 원하는 결론을 바꾼다. 이것은 정치인들이 자주 사용하는 방법이다. 한 논증의 전제는 특정 결론을 뒷받침하지만 다른 모호하게 관련된 결론이 대신 변경된다. 논점일탈은 논점의 중심점을 피하고 논증과 관련이 없는 주장으로 이동하는 오류이다. 논쟁자는 전제의 논리적 의미를 오해한다. 논증의 형식은 다음과 같다.

☑ **논증의 형식**

- A는 X를 주장한다.
- B는 관련이 없는 진술을 한다.
- 청자나 논증자는 주장 X를 잊는다.

☑ **논점일탈 호소의 예**

- 금도끼를 든 산신령이 연못에 도끼를 빠뜨린 나무꾼에게 "이것이 네 도끼냐?"라고 물었다. 나무꾼은 "금도끼는 쇠도끼보다 비싸도 실용적이지 않습니다"라고 대답하였다.
- 이 지역에서 최근에 강도 사건이 증가했습니다. 왜냐하면 많은 사람들이 이 지역으로 이사왔기 때문입니다.
- 항우울제는 과도하게 처방되어 위험하므로 분명히 불법으로 해야 한다.
- 처벌의 심각성은 범죄의 심각성과 일치해야 한다. 현재 음주운전에 대한 형벌은 괜찮

다. 그러나 음주운전은 무고한 사람들을 죽일 수 있는 심각한 범죄이다. 따라서 음주운전에 대한 형벌은 사형이어야 한다.

- 당신은 슬프고 나는 기쁘다. 당신은 회색 코트와 검정색 바지를 입고 있다. 그럼 차 한잔 할까요?

- 미국에서 많은 구직의 수혜자는 새로운 이민자입니다. 따라서 이민자 수를 대폭 줄여야합니다.

Chapter 11 비형식적 오류

연습문제

❖ 다음은 관련성의 오류에 관한 질문이다. 그릇된 추론이 연민에 대한 호소로 이해되는가? 사람, 대중, 인신공격, 우연, 동정, 주의전환, 피장파장, 허수아비, 정황 호소 오류인가?

❶ 수중에 있는 칼을 이용하면 안 된다. 밧줄에 묶여있는 친구를 보더라도 밧줄을 자르기 위해 칼을 이용해서는 안 된다.

❷ 운전사가 교통 경찰관에게 말했다. 교통 경찰관, 당신이 나의 일까지 망치게 했다. 나는 회사에서 상사에게 혼났다. 주차장에서 다른 차에 부딪쳤다. 나의 주식은 계속해서 떨어졌다. 따라서 속도위반했다고 나에게 속도위반 딱지를 줄 수 없다.

❸ 한 고등학교 친구가 나에게 불만을 말했다. 부모님이 밤 11시까지 귀가하라고 했다. 이건 너무 부당하다. 그들은 내가 놀거나 친구들을 만나는 것을 좋아하지 않는다. 내 인생을 모두 통제하고 싶어한다. 따라서 이것은 너무 부당하므로 나는 부모님의 귀가 시간을 지킬 필요가 없다.

❹ 홍길동 의원은 법안을 제출하였다. 유명한 사회 인사나 시민단체 운동가들이 무상급식을 주장하였다. 이들은 모두 한국인이다. 당신이 한국을 사랑한다면 나의 법안을 지지해야 한다.

❺ 정희준 의원은 홍길동 당 대표의 법안을 마지못해 지지한 이유를 다른 의원들에게 알렸다. 정희준 의원은 홍길동 당 대표와 같은 당 의원이기 때문에 그의 기분을 맞춰주는 것이 최대의 관심사였다. 따라서 우리는 법안의 지지에 대한 당신의 주장을 거부할 수 있다.

❻ 김길수는 논리학 시험을 통과하기 위해 공부해야 한다고 친구에게 전한
다. 그의 친구는 다음과 같이 대답한다. "길수야, 네가 필요한 문장을 읽
는 것 이상으로 공부하는 것을 본 적이 없다. 네가 논리학 공부를 거의
이야기할 사람이 아니다. 따라서 논리학 시험을 위해 공부의 필요성에 대
한 너의 주장을 무시할 수 있다."

❼ 긴장된 학생이 스스로에게 말했다. 중요한 논리학 시험 전에 공부하는 것
은 항상 좋다. 그래서 비록 시험 전에 밤이 늦고 이틀 동안 잠을 자지 않
았지만, 내일 시험을 위해 오늘 잠을 자지 말아야 한다.

❽ 김 교수님은 이번 학기에 고대 한국사를 가르친다. 그러나 그는 결코 옷을
잘 입지 않고, 머리손질이 필요하며, 담배 냄새가 난다. 그래서 나는 그가
고대 한국사에 관해서 강의해야 하는 것을 무시할 수 있다고 생각한다.

❾ 김 교수님은 학생들이 스마트폰과 인터넷을 적게 사용해야 하며, 다양한
사람들과의 대화나 독서에 많은 시간을 기울여야 한다고 말했다. 김 교수
님은 분명히 문화와 기술을 싫어하고 불을 지피고 연기로 신호를 보내는
구석기 시대로 돌아가게 한다. 따라서 우리는 활동 확대에 대한 그의 주
장을 거부할 수 있다.

❿ 화학물질이 중요하지만, 많은 의사들은 무농약 식품을 섭취해야 한다고
말한다. 화학물질 없이는 인간이 오늘날 의존하는 플라스틱을 가질 수 없
으며, 자동차나 비행기를 위한 강하고 가벼운 재료도 이용할 수 없을 것
이다. 따라서 의사들은 단지 어리석다.

⓫ 박제동 의원을 다시 선출해야 한다. 그는 최근 수재를 당하고 생활이 어렵
다. 그는 격려가 필요하다.

⓬ 어떤 목사는 성직자의 소득세를 부과하는 새로운 법안에 반대한다고 주장
했다. 그러나 그가 성직자이기 때문에 그의 주장을 무시할 수 있다.

⓭ 어떤 의상 담당자는 대중의 관점에서 옷을 입어서는 안 된다고 말했다.
분명히 그는 다른 사람들이 신체를 보는 것은 견디지 못하고, 환자를 진
찰하는 의사를 감옥에 집어넣고, 무대에서 누드를 연기한 배우를 성범죄
자로 분류할 것이다. 이것은 터무니없는 말이다. 따라서 의상 담당자의
입장을 거부할 수 있다.

⑭ 한 학생이 교수님께 연구 프로젝트 대신 논문이 주어지면 수업이 효과적일 것이라고 주장했다. 그러나 그는 논문을 작성하는 방법을 알고 있는 논리학을 전공하는 학생이다. 논문은 그에게는 식은 죽 먹기이다. 따라서 그의 주장은 나쁘다.

⑮ 유 교수님의 논리학은 논리학의 왕이다! 따라서 유 교수님의 논리학을 읽어야 한다.

⑯ 우리는 자신에게 하는 것과 마찬가지로 다른 사람들에게 해야 할 일을 해야 한다. 공상허언증자[3]로서 나는 거짓말을 좋아하기 때문에 다른 사람들에게 거짓말을 해야 한다.

⑰ 직장에서 성격이 시원한 사람들은 찢어진 청바지를 입고 있다. 따라서 나는 또한 찢어진 청바지를 입어야 한다.

⑱ 거짓말을 해서는 안 된다. 따라서 청문위원들이 논문표절과 병역의무 의혹을 묻는다면 진실한 의견을 분명하고 정직하게 답변해야 한다.

⑲ 공장장이 공장에서 내가 부품을 훔쳤다고 고발한다. 그러나 나는 그가 장비를 훔치는 것을 보았다. 따라서 나에 관한 그의 주장을 수용할 수 없다.

⑳ 환자가 의사에게 말했다. 의사 선생님은 저에게 체중을 줄이고 운동을 더 많이 해야 한다고 권고했지만 의사 선생님도 과체중입니다. 따라서 제가 과체중이고 운동을 더 많이 해야 한다는 선생님의 주장을 거부합니다.

---

3 자신이 거짓말을 하고 믿는 병 또는 증상. 허구로 말하고 믿는 증상.

CHAPTER 12

Logic and Fallacies

 비형식적 오류(하)

1. 기대 호소 오류

기대 호소는 주관적인 희망에 의한 추론이다. 기대하는 것은 심리적, 지각적 인식에 영향을 미친다. Bruner와 Goodman은 경제적 지위에 따라 아이들을 빈곤 집단과 부자 집단으로 나누어 지각적 인식에 관하여 실험하였다. 두 집단 모두 조리개의 직경을 조작하여 실제 동전의 크기를 추정하도록 요청했다. 두 집단 모두 동전의 크기를 과대평가했지만 빈곤 집단은 최대 50%까지 크기를 과대평가했고, 이는 부자 집단보다 최대 30% 더 컸다. 이러한 결과로부터 그들은 빈곤한 어린이들은 돈에 대한 열망이 커져 동전을 더 크게 인식한다고 결론지었다. 물체의 주관적 경험이 그 물체의 지각적 인식에 영향을 준다고 제안하였다.

그림 12-1 기대 호소의 구조

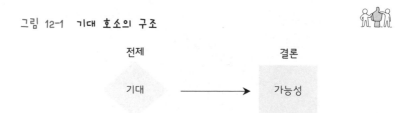

기대 호소는 주의, 해석 또는 반응에 편향이 일어날 수 있다. 기대는 증거나 합리성을 호소하는 대신 상상할 수 있는 것에 따라 신념을 형성하고 결정을 내리는 것이다. 연구 결과에 따르면, 다른 모든 것들을 동일하게 유지하면 피험자들은 긍정적인 결과가 부정적인 결과보다 더 가능성이 높을 것으로 예상한다.

그림 12-2 **기대 호소의 유형**

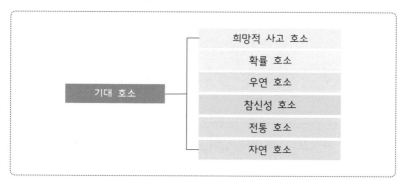

☑ 논증의 형식

• 나는 X가 사실이기를 기대한다.

• 따라서 X는 참이다.

26) 희망적 사고 호소

심리적으로 희망적 사고(wishful thinking)는 희망으로 무언가가 이루어지길 믿는 것이다. 희망적 사고는 전제가 사실이 되는 소망을 표현하는 논증이다. 희망적 사고는 증거, 이성 또는 현실보다는 상상에 근거하여 신념을 형성하는 것을 말한다. 즉, 증거나 이성이 아니라 희망과 욕망을 불러서 설득하려고 할 때 발생한다. 따라서 희망적 사고는 무언가를 진실 또는 거짓으로 원하는 대로 가정할 때 발생한다. 원하는 욕구가 주장의 진실성에 대한 증거 대신에 사용된다. 희망적으로 사고하면 원하는 것이 사실일 것처럼 행동한다.

그림 12-3 희망적 사고 호소의 구조

희망적 사고는 인지적 편견과 논리적 오류이다. 이것은 무언가를 믿거나 사실보다 더 가능성이 높은 것으로 믿는 것이다. 왜냐하면 그것이 참이 되기를 원하기 때문이다. 희망적 사고는 희망에 호소하고 설득하려고 할 때 발생한다. 이러한 추론이 명백한 허위에도 불구하고 자주 나타난다. 잠재적 욕구가 진리의 가정을 통해 나타나기 때문에 사람들이 자신이 하는 일을 얼마나 자주 깨닫지 못한다. 이러한 사고를 하는 사람들은 종종 공격이나 탄원과 같은 감정적 상태를 보충한다. 논증의 형식은 다음과 같다.

☑ 논증의 형식

• 나는 X가 사실이었으면 좋겠다.
• 따라서 X는 참이다.

☑ 희망적 사고 호소의 예

• 나는 야구팀이 이번 시즌에서 우승할 것을 진심으로 알고 있다.
• 내가 쓴 책은 그것을 읽는 모든 사람에게 사랑을 받고 있다.
• 표창장을 위조하여 제출해도 위조가 적발되지 않을 것이다.
• 사후에 생명이 없다면 이 생은 의미가 없을 것입니다. 그래서 저는 우리에게 영원한 영혼이 있다고 믿습니다.
• 무신론자들은 신의 존재에 대한 어떠한 증거도 갖고 있지 않고 오히려 신이 존재하는 것을 원하지 않는다.

- 나는 죽을 때 모두에게 새롭고 젊고 완벽한 몸이 주어지고 사랑하는 사람들과 영원을 보낼 거라고 믿는다. 죽었을 때 삶이 끝난다면 그런 인생을 상상할 수 없다.
- 사람들은 지난 주 로또 복권을 통해 수십억을 받았다. 그래서 언젠가는 당신에게 일어날 수도 있다.

27) 확률 호소

확률은 동일한 원인에서 특정한 결과가 발생하는 비율이다. 확률 호소(appeal to probability)는 아마도 어떤 일이 일어날 수 있기 때문에 확실히 일어날 것이라고 가정한다. 전제에 대한 지원은 어디에도 없다. 이것은 선례에서 주어진 확률에 근거하여 어떤 확률을 가지고 있다고 결론짓는 것이다. 이러한 주장은 전제에서 결론까지의 추론이 확률 법칙을 위반할 때 타당하지 않다. 확률 호소는 사실일 가능성이 있다고 결론을 내릴 때 발생한다.

그림 12-4 **확률호소의 구조**

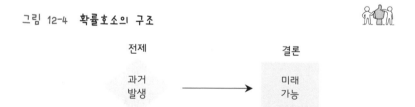

과거에 어떤 일이 일어났기 때문에 향후에도 일어날 수 있다. 어떤 일이 발생할 수 있기 때문에 그것이 발생하는 것은 불가피하다고 가정한다. 확률 호소의 예로는 머피의 법칙(Murphy's Law)이 있다. 잘못될 가능성이 있는 것은 잘못된다는 명제이다. 확률 호소는 당연한 일이거나 아마도 그럴 수 있기 때문에 당연한 것으로 취하는 논리적 오류이다. 전제가 잘못되면 결론도 잘못된다. 예를 들면, 우산을 가져 오지 않으면(전제) 비가 올 것이다(타당하지 않은 결론).

☑ 논증의 형식

• X는 가능하다.

• 가능한 모든 것이 확실하다(언급되지 않음).

• 따라서 X는 사실이다.

☑ **확률 호소의 예**

• 오늘의 좋은 계획은 내일의 완벽한 계획보다 낫다.

• 인터넷에는 많은 해커가 있다. 따라서 해킹당할 것이다.

• 판매직원은 경기침체로 인해 판매둔화를 예상해야 한다.

• 마케터는 제품결함으로 출시 전략이 수정될 것을 예측해야 한다.

• 공장장은 설비고장으로 제품생산이 중단되는 것을 예측해야 한다.

• 목표에 도달하는 것이 불가능하다. 따라서 나는 결코 목표를 달성할 수 없다.

• 경영자는 최고 급여를 받기 위해 이직하는 우수 직원을 예측해야 한다.

• 방화벽을 사용하는 것이 현명하고 합리적인 방법이지만 해킹이 보호되지 않은 컴퓨터를 공격하는 것은 불가피하다. 이 주장에는 지지 논리가 있지만 최악의 시나리오를 과장한다.

28) 우연 호소

우연 호소(accident fallacy)는 일반적 규칙을 특수한 경우에 적용할 때 일어나는 오류이다. 일반화는 기본적인 조건들이 변하지 않을 때 성립한다. 일반적인 규칙이 전제에 인용되고, 그런 다음 결론에 언급된 특수한 경우에 적용된다. 사물의 본질적 속성과 특수한 우연적 속성을 혼동할 때 생기는 오류이다. 좋은 예는 "새들이 날 수 있다"는 것이 모든 새들에게 적용된다고 가정하고, 따라서 펭귄이 날 수 있다고 주장하거나 심지어 믿는 것이다. 새가 날 수 있다는 진술은 틀린 것이 아니지만 펭귄은 예외이다. X는 일반적으로 받아들여지는 규칙이다. 따라서 X에는 예외가 없다. 명백히 예외적인 특정

사건에 일반적인 진술을 적용하여 잘못된 주장을 구성하는 오류이
다. 예를 들면, 나는 의도적으로 다른 사람을 해치지 말아야 한다고
믿는다. 따라서 나는 외과의사가 될 수 없다.

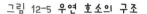

그림 12-5 **우연 호소의 구조**

우연 호소는 일반적 규칙을 개별 규칙에 적용할 때 발생하는 논
리적 오류이다. 상황에 따라 규칙에 대한 예외가 적용되어야 하는
경우 일반적 규칙이 적용된다. 규칙에 분명한 예외가 있는 경우 모
든 상황에 일반적 규칙을 적용하려고 할 때 일반적 규칙에 대한 예
외를 무시하면서 논증을 하는 경우에 오류가 발생한다. 사람들은 단
순함을 좋아하며 합리성을 희생하면서도 단순성을 유지하려고 한다.
모든 사람 또는 모든 상황에 적용할 수 있다고 가정할 때 오류가 발
생한다. 논증의 형식은 다음과 같다.

☑ **논증의 형식**

• X는 일반적이고 수용된 규칙이다.
• 따라서 X에 대한 예외는 없다.

☑ **우연 호소의 예**

• 새들은 날 수 있다. 펭귄은 새이다. 따라서 펭귄은 날 수 있다.
• 너희는 생물을 죽이지 말아야 한다. 따라서 집안의 흰개미를 제거하거나 국가를 위해
  싸우려고 노력해서는 안 된다.
• 인간은 이성적인 동물이다. 따라서 자신이 하는 일을 즐기지 않고 추리와 사고에 더

많은 시간을 집중해야 한다.

- 거짓말은 나쁘다. 따라서 의사가 환자를 치료할 목적으로 거짓말을 하는 것도 나쁘다.
- 칼로 사람을 자르는 것은 범죄입니다. 외과의사는 칼로 사람들을 잘라냅니다. 외과의사는 범죄자입니다.
- 정숙은 지난 2년 동안 수많은 사고를 냈다. 그는 압도적인 증거가 제시되더라도 과실이 아니라 우연의 일치일 뿐이라고 주장했다.

29) 참신성 호소

새로운 것이 더 낫다(Newer is better). 참신성 호소(appeal to novelty)는 단순히 새로운 것이기 때문에 무언가가 더 좋고 옳다고 가정할 때 발생하는 오류이다. 새롭거나 현대적인 것을 주장하는 것은 독점적으로 새로운 것에 기초하여 현재 상태보다 우수하다. 참신성 호소는 무언가가 새로운 것이거나 현대적이기 때문에 우월해야 한다는 생각에 의존하는 오류이다.

그림 12-6 **참신성 호소의 구조**

아이디어나 제안은 독점적이거나 새롭기 때문에 정확하거나 우수하다고 주장한다. 현상과 새로운 발명 사이의 논증에서 참신성 호소 자체가 타당한 주장은 아니다. 조사는 이러한 주장이 사실임을 입증할 수 있지만, 모든 참신이 좋다는 일반적인 주장에서 이를 결론짓는 것은 오류이다. 모든 사람들이 기술의 최첨단을 열망하는 현대 세계에서 참신 호소는 종종 성공한다. 또한 광고주는 구매의 이유로 제품의 참신성을 자주 내세운다. 그래서 중요한 아이디어를 먼저 보지 않고 새로운 아이디어를 순진하게 포용하는 것은 위험하다. 논증의 형식은 다음과 같다.

☑ 논증의 형식

• X는 새로운 것이다.
• 따라서 X는 정확하거나 좋거나 우수하다.

이러한 추론은 무언가의 참신이나 새로움이 오래된 것보다 반드시 좋거나 정확하지 않기 때문에 오류이다. 새롭기 때문에 더 좋다는 추론은 여러 가지 이유로 매력적이다. 첫째, 서양 문화에는 새로운 것이 오래된 것보다 낫다는 강력한 의미가 있다. 둘째, 진보의 개념은 새로운 것들이 오래된 것들보다 우수하다는 것을 암시한다. 셋째, 미디어 광고는 종종 새로운 것이 더 낫다는 메시지를 보낸다. 이러한 이유로 인해 사람들은 아이디어, 제품, 개념 등이 새롭기 때문에 더 낫다는 것을 종종 잘 받아들인다. 참신성은 특히 광고에서 일반적이다.

☑ 참신성 호소의 예
• 새로 부임한 사장이 전 사장보다 능력이 더 탁월하다.
• 최신 모델 차량은 백업 카메라가 있어 더 조용하고 안전하다.
• 최신 모델의 제품은 이전 모델 제품보다 우수하다고 주장한다.
• 이 운동화는 새롭기 때문에 더 좋습니다.
• 새로운 도덕성이 더 새롭기 때문에 더 낫다.
• 체중을 줄이려면 가장 좋은 방법은 최신 기구를 사는 것이다.
• 새로운 정부가 들어서 국가경제가 더 나아질 것이다.
• 이 신전략은 회사를 더 빠르고 더 수익성 있게 만들 것이다.
• 새로운 가전제품이 나오자마자 구입해야 합니다. 이전보다 훨씬 좋기 때문입니다.

30) 전통 호소

전통 호소(appeal to tradition)는 단순히 오래되거나 전통적이거나 항상 행해졌기 때문에 단순히 더 낫거나 정확하다고 가정할 때 발생하는 경우이다. 전통 호소는 항상 수행된 방식이기 때문에 어떤 것이 진실되거나 더 나은 것으로 받아들여지는 논리적 오류이다. 그것은 전통적인 믿음이나 행동 과정이기 때문에 더 낫다고 믿는다. 주장이 과거 또는 현재의 전통에 비추어 올바르다고 보는 오류이다. 이런 추론은 나이나 오래된 것이 새로운 것보다 더 정확하거나 좋은 것은 아니기 때문에 오류이다.

이런 추론은 여러 가지 이유로 매력적이다. 첫째, 사람들은 오래되거나 전통적인 것을 선호한다. 이것은 사람들이 심리적 특성으로 주변에 있는 것들에 대해 더 편안하게 느끼기 때문이다. 둘째, 오래되거나 전통적인 것을 고수하는 것이 종종 새로운 것을 시험하는 것보다 쉽다. 사람들은 종종 게으름에서 오래되고 전통적인 것을 선호한다.

그림 12-7 **전통 호소의 구조**

전제		결론
나이 수명	→	정확 양호

오래된 것이 새로운 것보다 더 좋아야 한다거나 새로운 것이 오래된 것보다 더 좋아야 한다고 가정해서는 안 된다. 사물의 나이는 질이나 정확성과 어떠한 관련이 없는 경우가 많다. 전통으로 간주되기 때문에 무언가 옳다고 가정하면 추론이 좋지 않다. 오래 되었기 때문에 주장을 받아들이는 것은 비합리적이다. 따라서 주장이 존속

하는 정당한 문제를 해결하고 오랫동안 타당한 검증을 통과하면 주장의 수락이 정당화될 수 있다. 그러나 단지 나이만 주장으로 받아들일 필요는 없다. 논증의 형식은 다음과 같다.

☑ 논증의 형식

• X는 오래되었거나 전통적이다.
• 따라서 X는 정확하거나 좋다.

☑ 전통 호소의 예

• 수업은 오전 9시에 시작해야 한다. 왜냐하면 오전 9시는 항상 수업을 시작한 시간이기 때문이다.
• 우리 학교 응원단은 월요일에 학교에서 교복을 입어야 한다. 그것이 학교가 항상 해왔던 방식이기 때문이다.
• 우리 가정에 이혼한 사람이 지금까지 아무도 없습니다. 따라서 우리도 이혼하지 않습니다.
• 가족들은 연말에 항상 함께 음식을 먹었다. 따라서 우리도 결혼해서 가족이므로 그렇게 해야 한다.
• 물론 나는 신을 믿습니다. 사람들은 수천 년 동안 신을 믿었으므로 신이 존재해야 한다는 것이 분명해 보입니다.
• 우리 가족은 오랜 전통을 지닌 남성 변호사 집안입니다. 증조할아버지, 할아버지, 아버지는 모두 변호사였습니다. 따라서 내가 변호사가 되는 것이 옳고 유일한 선택입니다.

---

31) 자연 호소

자연 호소(appeal to nature)는 "자연스럽기 때문에 좋거나 부자연스럽기 때문에 나쁘다"는 수사적 전술이다. 기본적인 가정인 "자연스러운 것이 좋다"는 전제가 관련이 없으면 나쁜 주장으로 간주된다. 왜냐하면 실제로는 아무런 의미가 없기 때문이다. 자연이 특정 맥락에서 명확하게 정의된다면 자연에 대한 호소는 타당하고 강력할 수 있다. 이 오류는 자연스럽기 때문에 좋은 것이거나 부자연스럽기 때문에 나쁜 것으로 추론할 때 발생한다.

그림 12-8 **자연 호소의 구조**

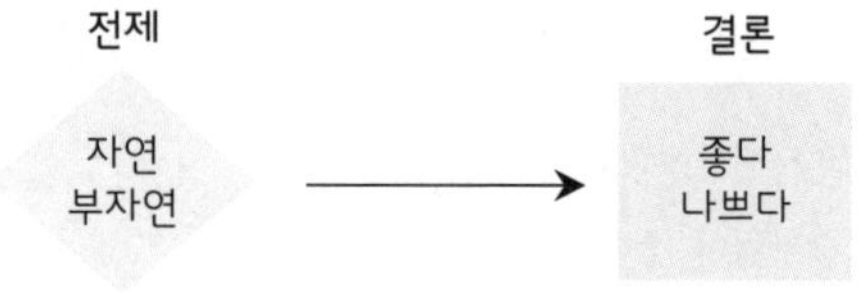

전제   결론

자연
부자연 ⟶ 좋다
나쁘다

    행위가 단순히 자연이기 때문에 도덕적이라고 주장하는 것은 논리적으로 일치되지 않는다. 그리고 행위가 부자연스럽기 때문에 부도덕하다고 주장하는 것은 일관성이 없다. 자연스러운 것이 자연스럽지 않은 것보다 항상 더 좋다는 믿음은 오류이다. 많은 사람들이 이것을 기본 믿음으로 채택한다. 자연스러운 것이 좋으나 부자연스러운 것은 나쁜 믿음이 있다. 자연 호소는 '자연' 또는 '부자연'을 언급한다. 자연스러운 것은 좋은 것으로 추정하고, 부자연스러운 것은 나쁜 것으로 추정할 때 오류가 발생한다.

☑ 긍정 형태 논증의 형식
- 자연스러운 것이 좋다.
- X는 자연스럽다.
- 따라서 X는 좋다.

☑ 부정 형태 논증의 형식
- X는 자연스럽다.
- Y는 부자연스럽다.
- 따라서 X가 Y보다 낫다.

☑ **자연 호소의 예**

- 코카인은 모두 자연 제품이다. 따라서 그것은 당신에게 좋다.
- 마리화나는 천연 약물이므로 나쁘지 않다.
- 사람들은 항상 육식을 했으므로 자연스럽고 건강에 좋다.
- 백신이 부자연스럽기 때문에 자녀를 예방 접종해서는 안 된다.
- 어떤 사람들은 동성애가 매우 부자연스럽기 때문에 부도덕하다고 주장한다.
- 동물원에서 과일을 던지는 원숭이를 보았기 때문에 관광객도 과일을 원숭이에게 던지는 것은 괜찮다.
- 가난한 사람이나 약한 사람을 도와서는 안 된다. 왜냐하면 자연은 적자생존이기 때문이다.
- 많은 사람들은 자연적으로 닭과 생선을 먹는 것이 도덕적으로 허용된다고 주장한다. 그들은 인간이 이것을 먹기 위해 치아가 있고, 그것은 자연의 생명주기이거나 다른 동물들도 그렇게 하기 때문에 자연스럽다고 주장한다.

---

2. 불완전한 귀납 오류

　불완전한 귀납 오류(fallacies of defective induction)는 전제와 결론 간의 연결이 충분하지 못할 때 발생하는 오류이다. 전제가 결론을 지지하는 증거를 조금 제공하지만 합리적인 사람이 결론을 믿기에는 증거가 충분하지 않다. 그러나 관련성의 오류처럼 불완전한 귀납 오류는 결론을 믿을 수 있는 감정적 근거를 종종 포함한다. 흔히 불완전한 귀납 오류에서 논증의 전제가 약하고, 불완전하기 때문에 결론과 관련이 있더라도 결론을 믿는 것은 오류이다.

　● 불완전한 귀납 오류: 전제와 결론 간의 연결이 충분하지 못할 때 발생하는 오류

☑ 불완전한 귀납 오류

불완전한 귀납(defective induction)은 전제와 결론 간의 연결이 충분하지 못할 때 발생하는 오류이다. 전제가 결론을 지지하는 증거를 조금 제공하지만 합리적인 사람이 결론을 믿기에는 증거가 충분하지 않다. 그러나 관련성의 오류처럼 불완전한 귀납 오류는 결론을 믿을 수 있는 감정적 근거를 종종 포함한다. 흔히 불완전한 귀납 오류에서 논증의 전제가 약하고, 불완전하기 때문에 결론과 관련이 있더라도 결론을 믿는 것은 오류이다.

그림 12-9 **불완전한 귀납 오류의 구조**

☑ 불완전한 귀납 오류의 유형

오류는 부정확한 주장으로 타당성이 부족하거나 건전성이 부족하다. 전제는 결론과 관련이 있지만 결론을 약하게 뒷받침한다. 불완전한 귀납은 논증의 전제가 강력하고 결론과 관련이 있는 것처럼 보이지만 실제로는 약하고 효과적이지 않기 때문에 발생한다. 이것은 약한 귀납적 주장이다. 귀납적 주장은 결론을 더 확실하게 하는 전제를 제공하려고 시도한다. 결론이 나올 가능성이 높을수록 전제에 주어진 논증이 강하나 가능성이 적을수록 약하다. 약한 귀납의 오류는 자신의 결론이 그럴듯하게 결론을 내릴 수 없는 주장이지만, 사람들이 자신의 결론을 설득하는 데 종종 성공하는 주장이다.

그림 12-10 **불완전한 귀납 오류의 유형**

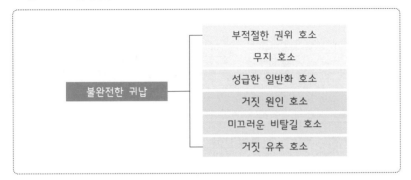

불완전한 귀납
- 부적절한 권위 호소
- 무지 호소
- 성급한 일반화 호소
- 거짓 원인 호소
- 미끄러운 비탈길 호소
- 거짓 유추 호소

32) 부적절한 권위 호소

　부적절한 권위 호소(appeal to inappropriate authority)는 자신의 주장을 뒷받침하기 위해서 부적절한 권위자의 견해를 인용할 때 발생하는 오류이다. 권위 논증은 어떤 결론을 뒷받침하기 위해 다른 사람의 권위 또는 증언을 인용하는 귀납적 논증이다. 부적절한 권위 호소는 인용된 권위나 증언이 신뢰할 수 없는 경우이다. 예를 들면, 경제학 논쟁을 해결하기 위해 르네상스 시대의 천재 예술가인 레오나르도 다빈치의 견해에 호소하는 것이나 철학에 관한 논증에서 생물학의 대단한 권위자인 멘델의 견해에 호소하는 경우이다.

　부적절한 권위 호소는 자신이 주장한 권위, 주장 또는 제안에 대한 적절한 지원 없이 동의할 때 이루어진다. 적절한 권위자는 전문지식이 있고, 그 분야에서 합의가 있으며, 신뢰할 수 있다고 믿을 만한 이유가 있는 경우에만 사용해야 한다. 다수 또는 대중에게 호소하려는 시도는 부적절한 권한의 한 형태이다.

그림 12-11 부적절한 권위 호소의 구조

전제   결론

부적절한
자의 견해   ⟶   진실

실제로 논증과 관련된 사실에 대한 권위가 없는 사람의 주장을 논증의 근거로 한다. 전문지식이 부족하고, 편견이 있고, 거짓말하고, 잘못된 정보를 전파하고, 인지나 회상하는 능력이 부족할 수 있다. 이러한 경우에 인정받은 전문가의 판단을 받는 것이 전적으로 합리적이다. 전문가의 권위로 결론에 이를 때 결론은 정확할 수 있고 오류를 범하지 않는다. 전문가의 판단은 많은 문제해결에서 필요하다. 논증의 형식은 다음과 같다.

☑ 논증의 형식

- Y에 의하면 X는 사실이다.
- 따라서 X는 사실이다.

☑ 부적절한 권위 호소의 예

- 식물학 교수인 X는 기후 변화에 대한 영향 논문을 평가했다.
- 여론보다 더 나은 판사는 없다.
- 엄마, 왜 내 혀를 뚫을 수 없어요? 다른 사람들이 하고 있습니다.
- 유명한 물리학자 X는 연극성 정신질환을 광범위하게 연구했으며 그 질환의 발병원인을 찾았다.
- 지난해에 범죄 피의자들이나 투쟁하던 사람이 검찰개혁 방안을 제시하고 대학입학 정책을 발표하였다.
- 평화론은 훌륭한 과학자 아인슈타인이 그것을 주장했기 때문에 좋은 생각입니다.

- 유명한 피아니스트인 문호기 씨는 "플라보노이드는 항산화물질로 활성산소를 억제해서 몸속 염증을 예방하고, 체내 DNA와 세포를 보호하여 질병의 위험을 낮춰준다"라고 진지하게 설명하였다.

33) 무지 호소

무지 호소(appeal to ignorance)는 결론이 반증(反證)[1]된 적이 없기 때문에 결론을 받아들이거나 결론이 증명된 적이 없다는 이유로 거절되어야 한다는 호소이다. 따라서 어떤 명제가 아직 거짓으로 판명되지 않았다면 참이라고 결론을 내릴 수 없고, 어떤 명제가 아직 사실로 판명되지 않았다면 참이라고 결론을 내릴 수 없다. 물론 많은 거짓 명제가 아직 거짓으로 입증되지 않았듯이 많은 진실한 명제는 아직까지 사실로 입증되지 않았다. 지금 확신할 수 없는 사실은 참이나 거짓으로 주장할 이유가 거의 없다. 무지는 의심이 있는 명제에 대해 참이나 거짓을 주장하지 않음으로써 판단을 정지시킨다.

그림 12-12 **무지 호소의 구조**

무지 호소는 증거가 없기 때문에 결론이 참이라고 주장할 때 발생한다. 즉, 아직 거짓으로 판명되지 않았기 때문에 어떤 것이 참이라고 말한다. 입증책임이 잘못된 편에 놓여있는 오류이다. 무지 논증은 전제가 지금까지 거짓으로 증명되어 있지 않은 것을 근거로 결론

---

1 어떤 사실이나 주장이 옳지 아니함을 그에 반대되는 근거를 들어 증명함.

이 참인 것을 주장한다. 혹은 전제가 참으로 증명되어 있지 않은 것을 근거로 결론이 거짓인 것을 주장하는 오류이다. 무지에 대한 호소는 증거의 부족에 근거한 결론에 대한 논증이다. 논증이 긍정적인지 부정인지에 따라 두 가지 논증과 논증의 형식이 있다.

- 긍정: 반대 증거가 없기 때문에 **결론은 참**이다.
- 부정: 지지 증거가 없기 때문에 **결론은 거짓**이다.

무지 호소는 전제가 아직 허위로 판명되지 않았기 때문에 사실이라고 주장하거나 전제가 아직 입증되지 않았으므로 거짓이라고 주장한다. 이것은 증거가 없기 때문에 결론이 맞아야 한다고 주장할 때 발생한다. 논증의 형식은 다음과 같다.

> ☑ 긍정 논증의 형식
> - X는 거짓이라고 증명된 적이 없다.
> - 따라서 X는 사실이다.

> ☑ 긍정 무지 호소의 예
> - 위약을 복용했는데 증상이 완전히 사라졌다. 따라서 위약이 증상을 치료했다.
> - 우리는 빨간 양말을 신고 야구 경기에서 이겼다. 따라서 빨간 양말이 야구 경기에서 이기는 데 도움이 되었다.
> - 아이스크림 판매가 증가하면 살인 사건도 증가하므로 아이스크림이 많을수록 살인 사건이 더 증가한다. 그러나 아이스크림 판매가 아닌 고온은 더 많은 살인 사건이 발생한다.

☑ 부정 논증의 형식

- X는 사실이라고 증명된 적이 없다.
- 따라서 X는 거짓이다.

☑ 부정 무지 호소의 예

- 외계인의 증거가 없기 때문에 외계인이 존재하지 않는다.
- "나는 그것을 증명할 수 없지만"으로 시작하는 진술은 종종 어떤 종류의 증거 부재를 언급하고 있다.
- 환자가 하루 동안만 항생제를 복용하고 효과가 없다고 느끼기 때문에 항생제 복용을 중지했다. 그러나 일주일 동안 복용했을 때 약물 효과가 있었다.

☑ 무지 호소의 예

- 당신이 결백하다는 것을 증명할 수 없으므로 죄가 있습니다.
- 신이 존재하지 않는다고 증명한 적이 없다. 따라서 신은 존재한다.
- 신이 존재한다고 증명한 적이 없다. 따라서 신이 존재하지 않는다.
- 눈에 보이지 않는 요정이 내 코에 살지 않는다는 것을 증명할 수 없다. 따라서 요정은 내 코에 산다.
- 아직 외계인이 존재하지 않는다는 것을 입증한 사람은 아무도 없습니다. 따라서 외계인은 존재합니다.
- 미래에는 시간 여행이 불가능하다는 것을 증명할 수 없다. 따라서 미래에는 시간 여행이 가능할 것이다.
- 화성 표면 아래에 동굴에 사는 화성인이 없다는 것을 증명할 수 없기 때문에 내가 화성인이 있다는 것을 믿는 것이 합리적입니다.
- 의사들은 그가 어떻게 혼수상태에서 깨어났는지 설명할 수 없었다. 따라서 기적의 힘으로 깨어났을 것이다.

☑ A와 B 간의 대화

A: 어떤 사람들은 정신력이 있다고 생각한다.

B: 당신의 증거는 무엇인가?

A: 정신력이 없다는 것을 증명할 수 없기 때문에 정신력이 있다.

34) 성급한 일반화 호소

대체로 모든 관련 자료를 검토하지 않고 일반적인 결론을 도출하는 경향이 있다. 성급한 일반화(hasty generalization)는 일부 제한된 사례가 모든 경우에 다 동일한 특성을 갖고 있다고 주장하는 경우이다. 즉, 제한된 증거로 귀납적 일반화에서 발생하는 오류이다. 귀납적 일반화(inductive generalization)는 전체 집단 중에 일부 구성원만을 조사한 결과로 전체 집단을 추론하는 것이다. 즉, 표본의 구성원들이 일정한 특성을 가지고 있기 때문에 집단 전체의 구성원들도 동일한 특성을 갖고 있다고 주장하는 것이다. 귀납적 일반화는 "모든 A는 B이다"라는 형식으로 하나의 표본을 중심으로 표본이 속하는 전체에 대하여 결론을 내리는 논증이다.

그림 12-13 **성급한 일반화 호소의 구조**

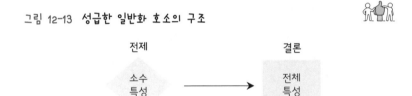

전제　　　　　　　　　　　결론

소수　　　　　　　　　　　전체
특성　　　　　　　　　　　특성

오류는 충분히 크지 않은 표본을 기반으로 모집단에 대한 결론을 도출할 때 발생한다. 작은 표본은 대표성이 없는 경향이 있다. 한 사람에게 정부의 소득주도 성장정책에 대해 어떻게 생각하는지 묻는 것이 전 국민들이 이 문제에 대해 어떻게 생각하는지 결정하기 위한 적절한 크기의 표본을 제공하지 못한다. 여론조사가 실제 여론과 다른 경우가 발생하는데 이는 표본의 크기와 응답률이 적기 때문이다. 표본이 너무 적을 때 성급한 일반화가 야기되므로 일반화를 수행할 때 충분히 큰 표본을 보유하는 것이 중요하다.

모집단이 매우 다양한 경우 상당히 큰 표본이 필요하다. 표본의 크기는 모집단의 크기에 따라 다르다. 사람들은 종종 편견, 나태나 구식 때문에 성급한 일반화를 저지른다. 적절한 표본을 수집하고 타당한 결론을 도출하기가 어렵다. 오류를 피하려면 편견의 영향을 최소화하고 충분히 큰 표본을 선택한다. 논증의 형식은 다음과 같다.

☑ 논증의 형식

• A는 X다.
• B도 X다.
• 따라서 어떠한 경우라도 X다.

☑ 성급한 일반화 호소의 예

• 한 동창생이 복권을 사서 1등에 당첨되어 매우 기뻤다. 따라서 동창생 모두가 복권을 사면 1등에 당첨될 수 있다.
• 나는 여러 어촌을 여행했고, 그 어촌에서 10명의 주민을 만났는데 모두 여성이었다. 어촌에는 아마도 여성만 거주한다.
• 조사한 3개 대학교에서 1학기에 논리학 수업을 개설하였다. 따라서 한국의 모든 대학교에서 1학기에 논리학 수업을 개설한다.
• A는 미국의 미시건 대학원에 진학하기로 결정했다. 그는 전에 미국에 가본 적이 없다. 그가 도착한 다음 날 오리엔테이션을 끝내고 나와 나무 주위에서 서로 쫓는 두 마리의 흰 다람쥐를 보았다. 그는 고향의 가족들과 통화 중에 미국 다람쥐가 희다고 말했다.
• B는 고향에서 자전거를 타면서 논리를 생각하고 있었다. 그런데 뒤에서 한 차가 따라오고 경적을 울리기 시작하고 옆으로 비키라고 소리친다. B는 경적을 울리며 소리치는 차가 일본차임을 알고 모든 일본차 운전자는 이처럼 행동한다고 결론을 지었다.

35) 거짓 원인 호소

거짓 원인(false cause)은 전제와 결론 간의 연결이 존재하지 않는 상상된 인과관계에 의존할 때 발생하는 오류이다. X가 Y보다 먼저 발생했다면 X가 Y의 원인이라고 할 수 있으나 아마 X는 Y의 원인이 아닐 수 있다. 이러한 오류에는 어떤 결과를 실제로 일으킨 원인을 잘못 간주하는 경우와 단지 먼저 발생하였다고 원인으로 간주하는 경우가 있다. 두 가지가 관련되어 있기 때문에 하나가 다른 것, 즉 결과를 유발한다. 예를 들어, 살인자 100%가 물을 마신다. 그러므로 식수는 사람들을 죽인다.

위약효과(placebo effect)는 의사가 효과 없는 가짜 약을 환자에게 제안했는데 환자의 긍정적인 믿음으로 인해 병세가 호전되는 현상인데 이는 거짓 원인의 예이다. 가뭄이 극심하여 임금님이 기우제를 드리고 그 후 비가 온 것을 기우제가 원인이라고 보는 것이다. 그러나 시간적으로 연속해서 두 개의 사건이 발생하거나 어떤 사건이 결과보다 먼저 발생했다고 해서 인과관계라고 말하기 어렵다.

그림 12-14 **거짓 원인 호소의 구조**

어떤 결과에 대한 원인이 아닌 것을 원인으로 잘못 간주해서 생기는 오류이다. 이 오류는 두 가지 일반적인 형태로 나타난다. 첫 번째는 A가 B 이전에 발생했기 때문에 B의 원인이라고 단언할 때 발생한다. 두 번째 형태는 미끄러운 비탈길이다. 이 오류는 A가 불가피하게 어떤 종류의 연쇄 반응을 통해 B를 유발한다고 주장할 때 발생하며, 그러나 각 연결이 필연적으로 다음 연결로 이어질 것이라는 증거는 부족하다. 따라서 어떤 것이 다른 것을 유발한다고 잘못 말

한 경우이다. 예를 들면, 비가 오기 전에 무릎이 아파서 무릎 통증이
비의 원인이다. 이러한 인과적 오류는 과학적 무지 때문에 발생한다.
이 오류는 두 가지가 긍정적 관계(비가 많이 올수록 무릎 통증이 많음)
또는 부정적 관계(텔레비전을 많이 볼수록 운동량이 적음)가 있다고 가
정할 때 발생한다. 논증의 형식은 다음과 같다.

> ☑ 논증의 형식
> • X를 Y의 원인으로 주장한다.
> • 따라서 X는 Y를 유발한다. 즉, X는 Y의 원인이다.

　　인과추론을 매우 어렵게 만드는 한 가지 요인은 원인과 결과가
무엇인지 항상 분명하지 않다는 것이다. 예를 들어, 문제가 있는 자
녀는 부모를 화나게 하는 원인이 될 수 있고, 부모의 성격이 자녀가
문제를 일으키는 원인이 될 수 있다. 또는 부모의 성격으로 인해 자
녀가 문제를 일으켜 자녀의 행동이 부모의 성격을 악화시킬 수 있
다. 이러한 경우 처음에 발생한 원인을 파악하기 어렵다. 따라서 오
류를 판단하기 위해서는 인과적인 결론이 적절하게 지지되지 않고,
오류를 저지른 사람이 실제 원인과 결과를 혼동했음을 보여 주어야
한다. 오류를 저지른 것을 보여주는 것은 일반적으로 실제 원인과
실제 영향을 판단하는 것이다.

> ☑ 거짓 원인 호소의 예
> • 까마귀 날자 배 떨어진다.
> • 아침에 일어나면 태양이 뜹니다. 태양이 뜨는 것은 아침에 일어나기 때문이다.
> • 봄에 꽃이 피면 새도 노래하기 시작한다. 새들이 노래하는 것은 꽃이 피기 때문이다.
> • A가 깨진 창문 근처에서 목격되었으므로 그가 창문을 깼을 것이라고 생각했다.
> • 해원은 옷에 커피를 쏟았다. 같은 날 길을 걷다가 넘어져 다리를 다쳤다. 해원은 자

신이 쏟은 커피 때문에 넘어져 다리를 다친 것으로 생각한다.

- 악명 높은 연쇄 살인범 A는 음란물을 보았다. 또 다른 악명 높은 연쇄 살인범 B도 마찬가지였다. 이것은 음란물을 보는 모든 사람이 연쇄 살인범이 된다는 것을 보여준다.
- 이 차트는 지난 몇 세기 동안 온도가 어떻게 상승했는지와 동시에 해적의 수가 감소하고 있음을 보여줍니다. 해적이 세계를 식혔습니다. 따라서 지구 온난화는 사기입니다.

36) 미끄러운 비탈길 호소

미끄러운 비탈길(slippery slope)은 일단 시작하면 중단하기 어렵고 파국으로 치달을 수 있는 문제나 상황을 뜻한다. 미끄럼틀을 한번 타면 끝까지 미끄러져 내려가는 연쇄반응이 나타난다. 이처럼 미끄러운 비탈길은 사소한 것을 허용하기 시작하면 연쇄적으로 아주 심각한 것까지 허용하게 되는 오류이다. 그러나 연쇄반응이 실제로 발생하는 이유가 충분히 존재하지 않는다. 미끄러운 비탈길은 원인과 결과 사이의 거리가 너무 먼 경우에 발생된다. 따라서 주장을 받아들이면 연쇄논법에 의해 부적당한 결론에 이르게 되어 주장은 옳지 않다.

그림 12-15 **미끄러운 비탈길 호소의 구조**

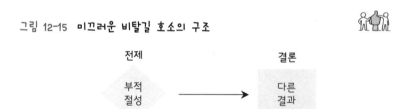

어떤 사건이 일어날 수 있다면 다른 부정적인 결과가 반드시 따를 것이라고 주장한다. 그러나 다른 사건이 발생한다는 논리적 증거는 없다. 이것은 사회 안녕이 미끄러운 비탈길에 놓여있다는 것을 설득하는 시도이다. 잘못된 방향으로 한 걸음을 내딛으면 피할 수 없는 미끄러짐이 맨 아래까지 계속된다는 주장이다. 그러나 주장한

연쇄반응이 발생하는지 여부가 불확실하다. 미끄러운 비탈길은 조치
가 이루어지거나 정책이 수행될 때 발생하는 대단히 심각한 결과를
인용함으로써 자신의 입장에 대한 지지를 얻으려는 정서적 확신이
다. 논증의 형식은 다음과 같다.

☑ **논증의 형식**

• A이면 B이다. B이면 C이다.

※ 그러나 B는 부적절한 인용이고, 따라서 C는 옳지 않다. 오류
에 빠지지 않으려면 A와 B의 유사성, 인과관계 등을 살펴야한다.

☑ **미끄러운 비탈길 호소의 예**

• 고객님을 위해 예외를 만들면 다른 모든 고객님을 위해서도 또 예외를 만들어야 합니다.

• 나는 강의 중에는 질문을 허용하지 않습니다. 한 학생이 질문을 하면 모든 학생들이
질문합니다. 그래서 강의할 시간이 없습니다.

• 교장 선생님이 태풍으로 등교 시간을 연기한다면 다음은 무슨 일이 일어날까요? 학
생들은 휴교를 원할 것입니다.

• 만약 올해 대학 등록금 인상을 허용하면 매년 대학은 수백만 원씩 인상할 것이며 교
수들은 연봉이 인상될 것이다.

• 음란물을 완전히 금지하려면 즉각적인 금지조치를 취해야 한다. 음란물의 계속적인
생산과 판매는 강간이나 근친상간 같은 성범죄를 증가시킬 것이다. 이것은 사회의
도덕적 구조를 약화시켜 결과적으로 모든 종류의 범죄를 증가시킨다. 법과 질서를
완전히 무너트려 궁극적으로 문명의 붕괴에 이를 것이다. 음란물 금지의 실패는 끔
찍한 결과를 초래한다는 충분한 이유가 없기 때문에 이 논증은 오류이다.[2]

---

2 Hurley, Patrick J.(2002), *A Concise Introduction to Logic 7th ed.*, Wadsworth
Thomson Learning, Belmont, CA.

37) 거짓 유추 호소

유추(類推)는 두 개의 사물이 여러 면에서 비슷하다는 것을 근거로 다른 속성도 유사할 것이라고 추론하는 것을 뜻한다. 유추 논증은 두 사물 간이나 상황 간의 유사성에 의존하는 논증이다. 그러나 두 사물이나 상황 간에는 동일한 특성을 공유하지 않을 수 있다. 거짓 유추(false analogy)는 어떤 사실이 비슷하다고 해서 다른 부분도 유사하다고 주장할 때 생기는 오류이다. 비유 대상 사이에 유사성이 많지 않음에도 불구하고 일부 유사한 관계로 두 대상의 속성이 동일하다고 하는 오류이다. 유추는 "A는 B와 같다"이고, 은유는 "A는 B다"이다.

- 유추: 그는 호랑이와 같다.
- 은유: 그는 호랑이다.

그림 12-16 **거짓 유추 호소의 구조**

유추는 유사한 두 개념(A와 B)이 어떤 속성과 공통적 관계를 가지고 있다고 제안한다. A에는 속성 X가 있으므로 B에는 속성 X도 있어야 한다. 대상에 약간의 유사점이 있을 수 있지만 둘 다 속성 X가 없다. 예를 들면, 바나나와 태양이 노랗게 보일지라도 같은 크기라는 결론을 내릴 수 없다. 이렇게 하면 두 대상의 색상이 같을 수 있지만 크기가 같다고 할 수 없다. 논증의 형식은 다음과 같다.

☑ 논증의 형식

* A는 B와 비슷하다.
* B는 C의 특성을 갖고 있다.
* 따라서 A도 C의 특성을 갖고 있다.

※ 그러나 A와 B 사이의 유사성은 빈약하다.

☑ 거짓 유추 호소의 예

* 사람들은 개와 같다. 그들은 분명히 훈련에 가장 잘 반응한다.
* 아첨은 마약과 같다. 그것은 듣는 사람의 기분을 끌어올린다.
* 우주는 복잡한 시계와 같다. 시계는 기능공이 만들었다. 따라서 우주도 기능공이 만들었다.
* 학교는 사업과 크게 다르지 않다. 수익성 있는 성장으로 이어질 명확한 경쟁전략이 필요하다.
* 직업을 위해 누군가를 교육하기 위해 대학을 활용하는 것은 자전거를 타는 방법을 칠판에 설명하는 것과 같다.
* 도시의 사립학교는 우수한 선생님을 보유하고 있고 그들이 대학원에 진학하여 어린이들은 우수한 교육을 받는다.

3. 추정 오류

추정 오류(fallacies of presumption)는 추론할 때 부적절한 가정에서 오는 오류이다. 추론에서의 어떤 논증은 논증을 표현할 때 정당화되지 않은 가정의 결론이다. 이러한 가정은 의도적이거나 실수일 수 있다. 독자, 청자나 심지어 논증자는 어떤 증명되지 않고 부적절한 명제의 진실을 결과적으로 가정하게 된다. 논증에 묻혀있는 모호한 명제가 결론을 지지하는 근거로 사용될 때, 논증은 나쁘고 오도하게 된다. 그러한 부적절한 비약에 의존하는 논증을 추정의 오류라고 한다.

그림 12-17 **추정 오류의 구조**

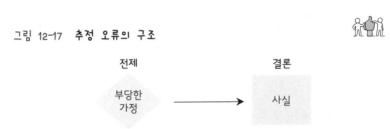

전제		결론
부당한 가정	⟶	사실

☑ **추정 오류의 유형**

추정 오류는 결론에 대한 사실을 믿는 충분한 이유를 제시하지 못한다. 그러나 이러한 경우에 잘못된 추론은 사실이 불확실하거나 불가능한 일부 다른 명제에 대한 암시적 가정에서 비롯된다. 논증에

그림 12-18 **추정 오류의 유형**

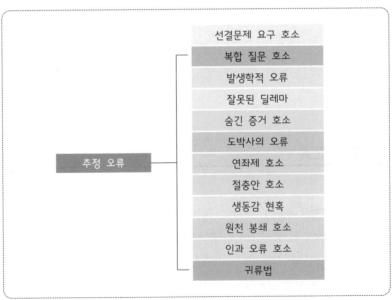

추정 오류
- 선결문제 요구 호소
- 복합 질문 호소
- 발생학적 오류
- 잘못된 딜레마
- 숨긴 증거 호소
- 도박사의 오류
- 연좌제 호소
- 절충안 호소
- 생동감 현혹
- 원천 봉쇄 호소
- 인과 오류 호소
- 귀류법

서 전제는 실제로 결론을 지지하는 경우에 관련이 있지만, 이러한 관련성은 암묵적 가정에서 나온다. 추정은 가정이기 때문에 종종 눈에 띄지 않는다. 이러한 추정 오류를 드러내려면 숨긴 가정이나 추리, 의심 또는 거짓에 주의를 기울여야 한다.

38) 선결문제 요구 호소

선결문제 요구(begging the question)는 결론에서 주장하는 바를 전제로 제시하는 호소이다. 예를 들면, 훌륭한 사람은 고급 승용차를 타고 다닌다. 따라서 고급 승용차를 타고 다니는 사람은 훌륭한 사람이다. 이러한 오류는 결론에서 증명하려는 주장이 이미 참임을 전제하기 때문에 일어나는 오류이다. 즉, 증명을 필요로 하는 결론을 전제로 사용하는 오류이다. 부적절한 전제가 핵심 전제를 벗어나거나 전제로써 결론을 고쳐 말하거나 순환논증으로 추론함으로써 결론을 충분히 지지한다는 착각을 느낄 때 나타나는 오류이다.

그림 12-19 **선결문제 요구 호소의 구조**

증명되어야 할 어떤 결론이 오히려 증명을 위한 전제로 삼는 형태이다. 이러한 형태는 세 가지가 있다. 즉, 핵심 전제 생략, 이음동의어 사용과 순환논증이다. 핵심 전제 생략은 참이라고 생각되는 핵심 전제를 생략하는 오류이다. 이음동의어 사용은 결론의 내용을 전제에서 단어들을 바꾸어 미리 보여주는 오류이다. 순환논증은 전제가 결론을 지지하고 결론이 다시 전제를 지지하는 오류이다. 즉, A가 B 때문에 참이고, B는 C 때문에 참이고, C는 A 때문에 참일 때 오류가 발생한다. 여기서 A를 전제로 하지 않으면 증명될 수 없다. 결국 A, B, C 모두 참이라고 증명되지 않는다. 따라서 오류 간파 방법은 전제와 결론이 무엇이고, 양자가 정말로 다른지를 아는 것이다. 논증의 형식은 다음과 같다.

☑ 단순형 논증의 형식

• 주장 X가 참이라고 가정한다.
• 따라서 주장 X는 참이다.

☑ 연쇄형 논증의 형식

• B가 참이기 때문에 A가 참이고,
• C가 참이기 때문에 B가 참이고,
• A가 참이기 때문에 C가 참이다.

☑ 선결문제 요구 호소의 예

• 사람을 죽이는 것이 잘못이므로 사형도 잘못이다.
• 담배가 치명적이므로 담배를 피우면 사망할 수 있다.
• 범죄자의 권리는 피해자의 권리만큼이나 중요하다. 모든 사람의 권리는 평등하다.
• 과일과 채소는 건강 식단의 일부이다. 결국 건강한 식생활 계획에는 과일과 채소가 포함된다.
• 이 스마트폰은 시장에서 가장 인기 있는 새로운 기기이기 때문에 누구나 새로운 스마트폰을 원한다.
• 성경이 그렇게 말하고 성경은 하나님으로부터 온 것이기 때문에 하나님은 실재하신다.
• 신의 말은 진리이다. 성서에 기록된 것은 신의 말이다. 성서가 신의 말이라고 하는

것은 성서에 기록되어 있다. 따라서 성서가 신의 말이라는 것은 진리이다(M. W. Drobisch).

39) 복합 질문 호소

복합 질문 호소(complex question)는 수락하거나 또는 거부할 것을 전제로 질문할 때 발생하는 오류이다. 복합 질문에는 긍정 또는 부정 답변이 필요하다. 상대방이 무슨 대답을 하더라도 반박할 수 있는 형식이다. 질문은 종종 수사적이다. 진정한 대답은 없다. 이 논증은 응답자가 인정하지 않으려고 하는 것을 인정하도록 속이기 위해 사용된다. 예를 들면, "너는 예전처럼 아직도 오만한가?"라는 질문에 대해서는 어떻게 대답하든 응답자는 예전에 오만했다는 사실을 인정해야 한다. 상대방은 암시된 가정 질문에 대한 답에 빠져들게 되어 있다.

그림 12-20 **복합 질문 호소의 구조**

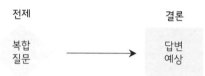

복합 질문 호소는 한 질문에 사실상 두 개의 질문이 포함되어 있고 그중 하나를 답변하더라도 사실이다. 두 질문은 서로 관련이 없는 질문이다. 예를 들면, "아내를 때리는 것을 그만 두었습니까?"와 같이 묻는다면 어떤 답변을 하든 구타하는 것이 사실이다. 복합 질문은 질문에 대답하는 방식에 상관없이 질문자가 언제나 장점을 갖고 있다. 논증의 형식은 다음과 같다.

☑ 논증의 형식

* X이거나 Y이다(X와 Y는 서로 관련이 없다).
* X나 Y는 참이다.

☑ 복합 질문 호소의 예

* 너는 매일 노름만 하는가?
* 불법영업을 중단했습니까?
* 담배를 끊었습니까?
* 아직도 게임을 합니까?
* 상대방을 비난합니까?
* 당신은 자유와 국방을 지원하겠습니까?
* 나를 도와주시겠습니까?

40) 발생학적 오류

발생학적 오류(genetic fallacy)는 어떤 대상이나 사물의 기원이나 원인을 그 사물의 속성으로 잘못 추리하는 오류이다. 즉, 어떤 사람, 사상, 관행, 제도 등의 원천이 어떤 속성을 가지고 있다고 추론하는 오류이다. 미국의 성격심리학자인 고든 올포트(Gordon Allport, 1937)는 발생학적 오류의 본질을 은유적으로 표현하였다. 나무의 생명은 씨앗에서 시작되지만, 씨앗은 성숙한 나무에 영양분을 제공하지 않는다. 이와 같이 초기의 목적은 이후의 목적으로 인도되나 이를 위해 폐기된다. 발생학적 연속성은 기능의 변화와 일치하지 않는다. 잘못된 전제나 잘못된 추론이 논증을 나쁘게 만든다.

그림 12-21 발생학적 오류의 구조

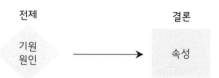

　　때때로 사람들은 어떤 대상의 기원이 갖는 속성을 그 대상도 가지고 있다고 추리한다. 발생학적 오류는 주장의 출처에 따라 주장이 참 또는 거짓으로 받아들여질 때 발생한다. 따라서 주장의 실제 장점을 보지 않고 역사, 기원이나 출처에 근거하여 판단한다. 예를 들면, 아버지가 국가대표 선수여서 그 아들도 운동을 잘할 것이다.

　　발생학적 오류는 주장 또는 사물의 기원에서 인식된 결함이 주장 또는 사물 자체를 불신하는 증거로 간주되는 추론이다. 이것은 기원이나 역사로 인해 주장이나 논증을 기각할 때 발생한다. 또한 주장이나 사물의 기원이 주장이나 사물의 증거로 간주되는 추론이다. 그러나 주장의 근원이 주장의 참 또는 거짓과 관련이 있는 경우가 있다. 신뢰할 수 있는 전문가의 주장은 사실일 가능성이 높다. 논증의 형식은 다음과 같다.

☑ 논증의 형식

• 주장 또는 사물의 기원이 제시된다.
• 따라서 주장은 참(또는 거짓)이다.

☑ 발생학적 오류의 예

• A의 아이디어는 그의 꿈에서 온 것이기 때문에 믿을 수 없다.
• 형은 그들을 믿을 수 없다고 말했고 나는 형의 말을 믿는다.
• 부모님은 신이 존재한다고 말씀하셨다. 따라서 신이 존재한다.

- 공상과학 영화에서 아이디어를 얻었기 때문에 불가능하다.
- 폭스바겐은 나치가 만들었기 때문에 가난한 사람들의 차다.
- 내 주치의는 과체중이다. 따라서 나는 내 건강을 개선시키라는 그의 조언을 믿지 않는다.
- 그는 부자들의 자녀가 외고에 다닌다고 주장한다. 따라서 외고를 일반고로 전환해야 한다.

☑ 아리스토텔레스의 의견에 대한 대화

A: 아리스토텔레스는 사회주의 원리가 이상적인 사회를 실현한다고 생각하지 않았다.

B: 아리스토텔레스의 수많은 주장들이 모두 옳았으며 그는 철학적 사고에서 정말로 중요한 사상가이다.

C: 따라서 아리스토텔레스가 이렇게 주장한 것은 옳다.

41) 잘못된 딜레마

잘못된 딜레마(false dilemma)는 논증이 두 개의 선택을 제시하고 하나를 선택하도록 하는 양자택일 유형이다. 즉, 어떤 주장에 대해 선택 가능성이 두 가지밖에 없다. 예를 들면, 나를 지지하거나 반대하라는 주장은 거짓 이분법이다. 이분법은 설득하거나 협박하기 위해 사용되고 중립적인 의견이 있다는 사실을 무시한다. 즉, A 아니면 B 중에서 하나를 선택하라는 논증이다. 실제로는 A와 B 외에도 다른 선택이 많이 존재하는데도 고의나 실수로 A와 B만을 제시한다. 잘못된 이분법은 A와 B가 모두 관련 대안을 포함하지 않는다.

그림 12-22 **잘못된 딜레마의 구조**

전제		결론
복수 대안	⟶	양자 택일

양자 선택만 제시될 때 극단 사이에 다양한 선택이 존재한다. 거짓 딜레마는 "이것 또는 저것"으로 제시되지만, 선택의 생략이 특

징이다. 양자 선택만이 제시되고, 하나는 거짓이고 하나는 참이거나, 다른 하나는 받아들여지고 다른 하나는 그렇지 않다는 주장이 제기된다. 다른 대안이 있거나 양자 선택이 모두 거짓이거나 참일 수 있다. 잘못된 딜레마는 의도적인 속임수보다는 실수로 추가 선택을 생략함으로써 발생할 수 있다. 논증의 형식은 다음과 같다.

☑ 논증의 형식
- A 또는 B가 참이다.
- 따라서 A가 참이면 B는 거짓이다.
- C는 선택이 아니다.

☑ 잘못된 딜레마의 예
- 경제가 좋아지거나 나빠질 것이다.
- 여러분은 민주당에 반대하거나 찬성할 것이다.
- 당신은 아이들을 좋아하거나 좋아하지 않습니다.
- 외고를 지원할 것인지, 일반고를 지원할 것인지 결정해야 한다.
- 나는 당신이 다른 사람들을 걱정한다고 생각했지만 불우이웃 모금 행사에서 당신을 보지 못했다.
- 동물 보호소는 동물의 권리를 소중히 여기며 동물을 보호하는 장소이거나 무고한 동물을 죽이는 장소이다.

42) 숨긴 증거 호소

사람들은 종종 유리하거나 좋은 것만 보여주고 불리한 것은 숨긴다. 숨긴 증거(suppressed evidence)는 의도적으로 중요한 사건을 숨길 때 발생한다. 예를 들면, 대부분의 개는 친절하고, 그래서 애완동물을 키우는 사람들에게는 아무런 위협이 되지 않는다. 따라서 지금 우리에게 다가오는 작은 개를 태우는 것은 안전할 것이다. 작은 개가 흥분하고 입안에서 거품이 난다는 사실을 무시하면 논증은 숨긴 증거이다. 아마도 가장 흔한 숨긴 증거는 광고를 기반으로 한 추론에서 나타난다. 거의 모든 광고는 광고된 제품의 특정 부정적인 특징을 언급하지 않는다.

그림 12-23 **숨긴 증거 호소의 구조**

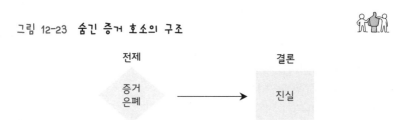

논리적 주장에는 모든 관련되고 중요한 증거가 포함되어야 한다. 관련성이 높고 중요한 증거를 숨기는 것은 비논리적이다. 청중이 입장을 받아들이도록 설득하기 위해 선택된 증거만 제시될 때 그 입장에 반대하는 증거는 숨겨져 있다.

숨긴 증거가 강할수록 논란의 여지가 많다. 불리한 사례나 자료를 숨기고 유리한 자료를 제시하며 자신의 견해 또는 입장을 지켜내려는 편향적 태도이다. 이를 체리 피킹(cherry picking)이라 하는 데 과수업자들이 질 좋은 과일만 보이고 질 나쁜 과일은 숨기는 행동에서 유래했다. 논증의 형식은 다음과 같다.

☑ 논증의 형식

• A를 주장한다.

• 유리한 증거 X를 제시한다.

• 불리한 증거 Y를 생략한다.

• 따라서 A는 참이다.

☑ 숨긴 증거 호소의 예

- 최근에 회사는 제품이 인체에 해롭다는 것을 알리지 않았다.
- 이 자동차는 가치가 매우 크다. 깨끗하고 주행거리가 짧다(판매원이 차의 심각한 충돌 사고를 말하지 않을 수도 있다.).
- 애국자 미사일은 훌륭한 무기입니다. 테스트 결과, 발사의 98%에서 미사일이 발사대를 성공적으로 떠났다(기술적으로 사실이다. 그러나 이것은 발사대를 성공적으로 떠난 후, 대부분의 미사일이 공중에서 폭발하거나 목표물에 부딪치지 않았다는 정보가 생략되었다.).
- 자동차 운전자는 차량사고에 대해 더 많은 보상을 요구할 때 불리한 몇 가지 사건에 대해서는 언급하지 않았다.

43) 도박사 오류

도박사 오류(gambler's fallacy)는 도박에서 줄곧 잃기만 하던 사람이 이번엔 꼭 딸 거라고 생각하는 오류이다. 즉, 주어진 기간 동안 어떤 일이 정상보다 더 자주 발생하면 미래에 더 자주 발생하지 않을 것이라는 것은 잘못된 생각이다. 도박사의 오류는 무작위 과정이 반복될수록 무작위 과정이 덜 무작위화되고 예측 가능하다는 잘못된 믿음이다. 이것은 도박에서 가장 일반적으로 볼 수 있으므로 오류이다.

그림 12-24 **도박사 오류의 구조**

도박사의 오류는 과거에 발생한 빈도로 인해 발생할 가능성에 영향을 준다는 추론이다. 예를 들면, 동전 던지기에서 처음에 더 앞

면이 많이 나오면 다음에는 뒷면이 더 많이 나올 거라는 그릇된 믿음이다. 이것은 사람들이 심리적으로 잘못 생각하는 추론의 오류이다. 도박사의 오류는 사람이 평균적으로 또는 장기적으로 발생하는 것에서 벗어나는 것이 단기적으로 수정될 것이라고 가정할 때 발생된다. 논증의 형식은 다음과 같다.

☑ 논증의 형식

- X가 발생했다.
- X는 평균적으로 발생할 것으로 예상되는 범위를 벗어났다.
- 따라서 X는 곧 끝날 것이다.

☑ 도박사 오류의 예

- 복권을 사서 매번 당첨되지 못한 경우 다음에는 당첨될 것이다.
- 배구 팀은 지난 2경기 연승했다. 그래서 이번에는 패배할 것이다.
- 그 가족은 연속으로 3명의 딸을 낳았다. 다음은 아들일 것이다.
- 동전을 던져서 앞면이 6회 연속으로 나오면 다음은 뒷면이 나올 것이다.
- 윷을 던져서 도·개·걸·윷만 계속 나오면 다음은 모가 나올 것으로 착각한다.
- 저기 저 말 봤습니까? 그 말은 최근 네 경기에서 연속으로 졌습니다. 따라서 나는 그 말에 내기를 걸 것입니다.

---

44) 연좌제 호소

연좌제(緣坐制)는 법률적으로 범죄인과 특정한 관계에 있는 사람에게 연대책임을 지게하고 처벌하는 제도이다. 연좌제(guilt by association)는 이미 부정적으로 본 특정한 사람이나 집단과의 연관성으로 인해 관련이 있는 사람도 부정적으로 보는 추론이다. 이것은 개인적으로 잘못한 것이 아니라 자신과 관련된 다른 사람들이 잘못했다는 것을 의미한다.

그림 12-25 **연좌제 호소의 구조**

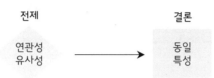

특정한 사람과의 유사성 때문에 공격을 받는 경우 연좌제 오류이다. 이것은 어떤 사람이 나쁜 사람이나 집단과 연결시킬 때 발생한다. 나쁜 집단과 유사하여 그와 유사한 속성을 가지고 있다는 것은 오류이다. 대부분은 관련이 없는 전제를 논증하고 잘못된 결론을 도출하는 추론이다. 공통된 속성으로 인해 두 가지 개념 또는 사물이 동일하거나 동일한 속성을 갖는 경우이나 비교는 사실이 아니다. 논증의 형식은 다음과 같다.

☑ 논증의 형식

- A는 B이다.
- A는 C이다.
- 따라서 모든 B는 C이다.

☑ 연좌제 호소의 예

- A의 차는 빠르고 흰색이다. 따라서 내 흰색 차도 빠르다.
- A는 영리하다. A는 기독교인이다. 따라서 모든 영리한 사람들은 기독교인이다.
- A는 사기꾼이다. A는 검은 머리털을 가지고 있다. 따라서 검은 머리털을 가진 모든 사람들은 사기꾼이다.

- A는 엉성한 판매원이다. A는 특정 반도체 검사 장비를 제안한다. 따라서 특정 반도체 검사 장비는 엉성하다.
- A는 논리학을 싫어한다. A는 난필증이다. 따라서 모든 난필증 환자는 논리학을 싫어한다.
- A, B, C는 모두 D의 친구이며 모두 경범죄자이다. E는 D의 친구이다. 따라서 E는 경범죄자이다.

45) 절충안 호소

절충안 호소 또는 중간 호소(argument to moderation)는 두 극단 사이의 중간 위치이기 때문에 정확하다고 가정할 때 발생하는 오류이다. 즉, 두 가지 서로 상반되는 주장의 중간에 위치하는 입장은 중립적이기 때문에 옳을 것이라고 가정하는 오류이다. 중용이 최선의 해결안으로 가정한다. 제시되는 주장이 의견의 극단을 나타내고 그러한 극단은 틀리며 중간이 항상 정확하다는 것을 주장한다.

그림 12-26 **절충안 호소의 구조**

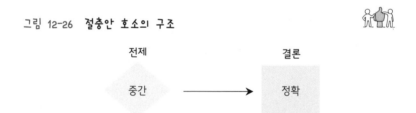

진실은 두 개의 반대 위치 사이의 타협이라고 말하는 결함 있는 추론이다. 절충이 올바르다는 기본 개념은 극단은 너무 많고 중간은 충분하다는 것이다. 두 극단의 중간에 있기 때문에 위치가 정확하다고 가정하는 오류이다. 그러나 중간 또는 중간 위치가 정확하다는 주장은 정당한 추론에 의해 뒷받침되지 않는다면 오류이다. 논증의 형식은 다음과 같다.

☑ **논증의 형식**

- A라고 말한다.
- B라고 말한다.
- 따라서 중간의 어딘가가 정확하다.

☑ **절충안 호소의 예**

- A는 컴퓨터를 사야 한다고 말한다. B는 사지 말아야 한다고 말한다. 따라서 최상의 해답은 컴퓨터를 타협하고 반만 구매하는 것이다.
- 당신은 하늘이 파란 색이라 말하고, 나는 하늘이 붉은 색이라고 말한다. 따라서 가장 좋은 해답은 하늘이 자주색이라고 타협하고 동의하는 것이다.
- 국민의 절반은 유럽 연합을 떠나는 것을 선호하고 나머지 절반은 남는 편을 선호합니다. 따라서 유럽 연합을 떠나 관세 동맹을 유지하면서 타협해야 합니다.
- 철수가 빵을 갖고 있다. 재인은 빵을 먹고 싶어 한다. 철수는 빵을 갖고 싶어 한다. 따라서 빵의 1/2을 재인에게 주어야 한다.
- A 의원은 복지예산을 50% 삭감할 것을 제안했으며, B 의원은 인플레이션과 생활비 증가에 맞추기 위해 10%의 복지예산 인상을 제안했다. 나는 복지예산이 30% 감소하는 것이 좋은 중간 근거라고 생각한다. 그래서 복지예산 30% 감소안을 생각한다.

46) 생동감 현혹 호소

생동감 현혹(misleading vividness)은 소수의 극적이고 생생한 사건이 통계적 증거보다 훨씬 더 중요하다고 주장할 때 발생한다. 자신이나 타인의 경험은 생생하고, 자신이 직접 경험한 것에 관해서는 그 발생 확률을 과장하거나 일반화하는 경우가 있다. 자신이나 타인의 생생한 경험으로 알게 될 때 오류가 발생한다. 생동감은 매우 적은 수의 극적인 사건이 상당한 양의 통계적 증거보다 중요하다는 오류이다. 이것은 사건이 생생하거나 극적이라는 사실만으로도 사건이 발생할 가능성이 높지 않기 때문에 오류가 있다. 그러나 생생하거나 극적인 경우는 인간의 마음에 매우 강한 인상을 주기 때문에 사람들은 종종 이러한 추론을 받아들인다.

그림 12-27 **생동감 현혹 호소의 구조**

소수의 극적 사건은 실제로 통계에 근거한 것보다 더 많은 일이 있다고 주장한다. 생생하거나 극적인 경우는 인간의 마음에 매우 강한 인상을 준다. 예를 들어, 사람이 특히 끔찍한 비행기 추락에서 살아남는 경우 비행기 여행이 다른 형태의 어떤 여행보다 위험하다고 생각하는 경향이 있다. 극적이거나 생생한 일이 발생할 가능성을 고려하는 것이 항상 잘못된 것은 아니다. 예를 들어, 사고가 매우 극적이기 때문에 스카이다이빙을 하지 않기로 결정할 수 있다. 통계적으로 사고가 발생할 가능성이 매우 낮다는 사실을 알고 있지만 작은 위험조차도 용납할 수 없다고 생각하면 추론에 실수하지 않을 것이다. 논증의 형식은 다음과 같다.

☑ 논증의 형식
- 극적이거나 생생한 사건 X가 발생했다.
- 따라서 X 유형의 사건이 발생할 것 같다.

☑ 생동감 현혹 호소의 예
☑ A와 B는 컴퓨터 구입에 대해 이야기하고 있었다.
  B: 컴퓨터를 구입하려고 한다. 서류 작성을 해야 하는데 컴퓨터가 고장 나서 정말 짜증이다.

A: 어떤 컴퓨터를 원하는가?

B: 사용하기 쉽고 가격이 저렴하며 적절한 처리 능력이 있어야 한다. Y사 컴퓨터를 사는 것을 생각하고 있었다. 그 컴퓨터는 소비자 잡지 평가에서 매우 신뢰할 수 있는 것으로 밝혀졌다.

A: Y사 컴퓨터를 사지 못했다. 내 친구가 한 달 전에 서류를 작성하기 위해 그 컴퓨터를 구입했다. 컴퓨터가 자주 다운되어 작성 중이던 서류가 날아 갔다. 그는 제 시간에 서류를 완성하지 못했고 마감 시한 내에 제출하지 못했다. 결국 지금 그는 실직한 상태이다.

B: 그래서 Y사 컴퓨터를 사고 싶지 않다.

☑ A와 B는 비행에 대해 이야기하고 있었다.

A: 조종사가 기내방송으로 비행기의 엔진 고장이 발생했다고 말했다. 나는 창문 밖을 내다보면서 엔진에서 연기가 튀는 것을 보았다. 결국 비행기는 비상 착륙을 했고 소방차가 도착해 있었다. 나는 공항에 앉아 다음 6시간을 기다렸다. 하여튼 죽지 않아서 다행이다. 나는 다시는 비행기를 타지 않을 것이다.

B: 그래서 집에 어떻게 갈 건가?

A: 운전할 예정이다. 비행기보다 훨씬 안전할 것이다.

B: 나도 그렇게 생각한다.

47) 원천 봉쇄 호소

원천 봉쇄(poisoning the well)는 사람들이 논증이 제시되기도 전에 그 논증을 미리부터 비난하기 위해 감정적인 말을 사용하는 경우이다. 이것을 우물에 독 넣는 오류라고도 한다. 관련이 없는 부정적인 정보가 사전에 제시되어 논쟁을 불신할 때 발생한다. 이러한 오류는 중세 유럽의 유대인 박해로부터 유래하였다. 어떤 마을에 전염병이 돌면 사람들은 유대인들이 우물에 독을 뿌렸다고 소문을 내 유대인들을 학살하곤 했다. 이 수법은 반론 가능성을 사전에 봉쇄하려고 할 때 사용된다.

그림 12-28 원천 봉쇄 호소의 구조

지지할 수 있는 주제나 주장을 불신하는 방법에는 여러 가지가 있다. 예를 들면, 그들의 거짓말에 대해 이야기하거나 그들이 무지하고, 미쳤거나, 바람직하지 않고, 열등하고, 가치가 없다고 말한다. 또 주제나 주장이 불합리하거나 허위로 판명되었고, 바보만이 지지할 것이라는 점을 지적한다. 원천 봉쇄 추론은 분명히 오류이다. 이러한 추론은 나중에 그 사람에 대해 바람직하지 않은 정보를 제시함으로써 어떤 사람이 주장할 수 있는 것을 불신하려고 시도한다. 다음은 논증의 형식이다.

☑ 논증의 형식
• A에 대한 불리한 정보(참 또는 거짓)가 제시된다.
• 따라서 A의 주장은 거짓이다.

☑ 원천 봉쇄 호소의 예
• 민주당은 A의원의 자녀가 특혜로 입사했다고 주장했다.
• 사람들은 모두가 그 사람을 패륜아라고 생각한다.
• A가 장관에 지명되었으나 야당에서는 그가 병역미필자로 장관직을 제대로 수행하지 못할 것이라고 말한다.
• 교장 선생님, 나는 나의 이야기를 합니다. A가 와서 내가 존경하지 않는다는 거짓말을 했다고 확신합니다.
• 그는 악당이다. 그의 말을 듣지 마라.

- A를 만나기 전에 그의 친구는 A가 낭비벽이 있는 사람이라고 말하였다. 당신이 그를 만난다면 모든 것이 더럽혀질 것이다.

48) 인과 오류 호소

인과 오류(post hoc fallacy)는 선후관계와 인과관계를 혼동하는 오류이다. 이 오류는 원인이 결론 전에 발생했기 때문에 한 사건이 다른 사건을 유발한다고 결론을 내릴 때 발생된다. 오류는 A가 B보다 먼저 발생하기 때문에 A가 B를 야기한 것으로 결론을 내릴 수 있으며 실제로 그러한 주장을 보증할 충분한 증거가 없다. 많은 경우에 A가 B보다 먼저 발생한다는 사실은 결코 인과관계를 나타내지 않는다. 예를 들어, 서울에 있는 A가 일본에서 지진이 시작된 동일한 시간에 기침을 했다고 가정한다. 두 사건 사이에 인과관계가 의심될 어떠한 이유가 없기 때문에 지진이 일어났다고 해서 A를 체포하는 것은 분명 비합리적이다.

그림 12-29 **인과 오류 호소의 구조**

전제	결론
결과 →	원인

어느 사건이 발생하고 그 후 다른 사건이 일어났다. 먼저 일어난 사건이 원인이 되어 뒤의 사건이 일어났다고 판단할 때 오류가 발생한다. 즉, 현상의 원인이 인과관계에 대한 충분한 증거를 제공하지 않고 이전 현상에 기인한 경우이다. 무언가가 다른 것을 뒤따른다고 해서 이것이 진정한 원인과 결과를 증명할 충분한 증거는 아니다. 이러한 시간적 관계는 단순히 우연의 일치일 수 있다. 우연의 일

치는 종종 미신과 관련이 있다. 인과 오류의 핵심은 A와 B 사이에 인과관계가 없다는 것이다. A가 B를 유발한다는 주장에 대한 충분한 증거가 제공되지 않는다. 다음은 논증의 형식이다.

☑ **논증의 형식**

• A는 B보다 먼저 발생한다.
• 따라서 A는 B의 원인이다.

☑ **인과 오류 호소의 예**

• 응원봉을 사지 않을 때까지 축구팀은 지고 있었다. 그러나 응원봉을 산 후 축구팀이 이겼다.
• 개는 다리를 긁었고 나는 그날 밤 열이 있었다. 그래서 나는 개가 나에게 무언가에 감염되었을 것이라고 결론지었다.
• A는 여자 친구와 함께 "눈이 내리네"라는 노래를 불렀다. 그런데 그날 밤 눈이 내렸다. 그들은 노래로 눈이 내렸다고 주장했다.
• A는 파란색 양말을 신고 농구경기에 나가 우승하였다. 그래서 A는 모든 농구경기에 파란색 양말을 착용하기로 결정했다.
• 오늘 아침 기온이 떨어지고 두통도 생겼다. 추운 날씨가 틀림없이 두통을 유발했다.
• A의 오래된 TV에서 화면이 흔들리고 칙칙 소리가 났다. A가 옆을 치고 흔드니까 화면이 흔들리지도 칙칙 소리도 나지 않았다. 그래서 A는 친구에게 TV를 치면 문제가 해결된다고 말했다.
• A는 손가락에 약간 큰 사마귀가 생겼다. 그녀의 아버지가 한 이야기를 바탕으로 그녀는 무를 반으로 자르고 사마귀에 문지른 다음 전기 빛에 쏘였다. 한 달 후에 사마귀가 줄어들고 결국 사라졌다. A는 아버지에게 치료법이 옳다고 말했다.

---

49) 귀류법 호소

직접적으로 증명하기 어려운 명제는 간접 증명법을 이용하여

증명하는 방법이 귀류법이다. 귀류법(歸謬法)이란 용어는 오류로 귀
착시키는 의미이다. 따라서 귀류법(reduction to the absurd)은 어떤 명
제가 참임을 직접 증명하는 하는 것이 아니라 명제가 참이라고 가정
하여 그것의 불합리성을 증명함으로써 원래의 명제가 거짓인 것을
증명하는 방법이다. 예를 들면, 바위는 무겁다. 만일 그렇지 않다면
바위는 공중에 떠다닐 것이다. 논리적인 한계를 가진 결론을 도출하
거나 우스운 결과를 보여줌으로써 불합리에 대한 논쟁을 줄이는 것
을 의미한다. 몇 가지 사실이 있다고 가정하여 시작한 다음 원하는
명제가 참이면 다른 명제는 거짓임을 보여준다. 예를 들면, X가 거
짓이라면 그 상황은 불합리하다. 따라서 X는 사실이다.

그림 12-3o **귀류법 호소의 구조**

불합리가 자연스럽게 존재하기보다는 불합리한 상황을 만드는
방법을 반영한다. 이 논증 방법은 상대방의 동의 또는 어리석음을
제공하는 기본 원칙에 따라 작동한다. 사실상 "동의하지 않으면 어
리석은 일이 일어나서 어리석다"고 말한다. 좀 더 온건하고 현실적
인 대안을 고려하기보다는 합의에 대한 극단적인 대안이 사용된다.
논증이 극단에 이르면 대부분의 말이 불합리하게 보일 것이다. 언제
나, 결코, 모든, 아무도와 같은 보편적인 언어를 사용하는 논증은 불
합리한 결론을 감소하는 경향이 있다. 논증의 형식은 다음과 같다.

☑ 논증의 형식

- P가 참이라고 가정한다.
- 이 가정에서 Q가 참이라고 추론한다.
- 또한 Q가 거짓이라고 추론한다.
- P는 Q를 의미하고 Q를 의미하지 않는다(반드시 거짓인 모순).
- 따라서 P 자체는 거짓이다.

　　명제가 불합리한 결론을 도출하거나 그것이 참이 아닌 경우 결과가 불합리한 것을 보여줌으로써 명제가 틀렸음을 입증하는 형태이다. 예를 들면, 지구는 평평할 수 없다. 그렇지 않으면, 우리는 사람들이 끝에서 떨어지는 것을 발견할 것이다. 예는 전제를 부인하면 증거에 대해 불합리한 결론을 초래할 것이라고 주장한다.

☑ 귀류법 호소의 예

- 당신이 물에 뜰 수 없다면 가라앉고 바다 밑을 걸을 것이다.
- 사람들이 서로 이야기하지 않으면 사회가 존재하지 않을 것이다.
- 당신이 세상에서 가장 행복한 사람이라면 아마도 슬픔으로 죽을 것입니다. 당신은 여전히 여기서 불행하지 않을 수 있습니다.
- 나는 내일 수술에 들어갈 예정입니다. 나를 위해 기도해주세요. 많은 사람들이 나를 위해 기도하면, 하나님은 나를 질병으로부터 보호해 주시고 성공적인 수술과 빠른 회복을 보게 될 것입니다.
- 모든 사람이 예수님과 같은 삶을 살았다면 세상은 아름다운 곳이 될 것입니다.
- 정치인 A가 "국가의 정책이 국민들을 도울 수 있다고 생각합니다"라고 말하자 정치학자 B는 "그렇다면 스탈린주의를 실천하고 싶습니까?"라고 말한다.

4. 모호성 호소 오류

　　모호성 오류(fallacies of ambiguity)는 단어, 구나 문장의 의미가 모호하여 발생하는 오류이다. 단어나 구의 의미는 부주의로 인해 바뀔 수도 있고, 논증에서 의도적으로 조작될 수도 있다. 용어는 전제에서 하나의 의미를 가질 수 있지만 결론에서는 상당히 다른 의미를 가질 수 있다. 이끌어낸 추론이 그러한 변화에 의존할 때 당연히 오류이다. 이러한 종류의 실수를 모호성 오류라고 한다. 모호성 오류가 있는 부정확한 추론은 단어나 구의 애매한 사용에서 발생한다. 어떤 논증에서 사용된 단어나 구는 다른 논증에서는 의미가 다를 수 있다. 하나 이상의 결론을 내릴 수 있을 정도로 불분명한 전제가 제시되고, 이 전제에서 단일 결론이 도출될 때 모호성이 발생한다.

그림 12-31 **모호성 호소 오류의 구조**

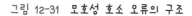

전제		결론
모호성	⟶	혼돈

　　언어의 부정확한 사용으로 인해 잘못된 추론의 패턴이 몇 가지 있다. 모호한 단어, 구 또는 문장은 둘 이상의 별개의 의미를 갖는다. 하나의 주장에 포함된 제안들 사이의 유추적 관계는 각각에 정확히 동일한 의미를 사용하도록 주의를 기울인 경우에만 유지된다. 모호성의 오류는 모두 두 가지 이상의 서로 다른 감각의 혼란을 수반한다. 모호성의 오류는 확실하지 않은 전제에서 결론을 도출할 때 발생한

다. 불분명한 전제가 사용되면 결론을 뒷받침하지 못할 수 있다.

그림 12-32 **모호성 호소의 유형**

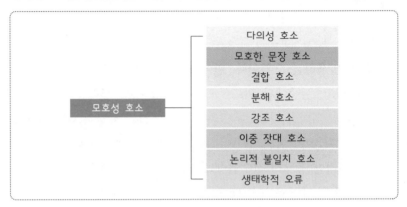

50) 다의성 호소

다의성 오류(fallacy of equivocation)는 한 단어가 두 가지 이상의 의미로 쓰이는 오류이다. 단어나 구절이 논증에서 두 개의 다른 의미로 사용되는 경우가 있다. 동일한 단어라도 여러 가지 의미를 가지고 있어 문맥에 따라 혼동이 생긴다. 이러한 논증은 타당하지 않거나 거짓 전제이다. 예를 들면, 회사에서 부장이 계약하러 갔으나 아직까지 무소식이었다. 그래서 계약 건은 희소식이다. 왜냐하면 무소식은 희소식이기 때문이다.

그림 12-33 **다의성 호소의 구조**

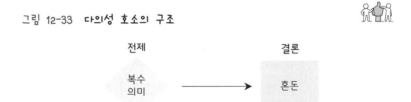

논증의 핵심 단어가 여러 의미가 있을 때 어떤 부분에서 하나의
의미가 있고 다른 부분에서 다른 의미로 사용되는 된다. 즉, 의도적
으로 하나 이상의 의미를 갖는 모호한 용어를 사용하여 오해를 일으
킨다. 다의성은 논증에서 특정 단어나 구가 하나 이상의 의미로 사
용되는 오류이다. 이는 하나 이상의 의미를 가짐으로써 의미가 모호
하다. 다의성은 의미의 변화가 일어났다는 것을 알아차리기가 어렵
기 때문에 흔한 오류이다. 논증의 형식은 다음과 같다.

☑ 논증의 형식

• X는 Y이다.

• Y는 Z이다.

• 따라서 X는 Z이다.

☑ 다의성 호소의 예

• 눈에 눈이 묻었다. 눈에 눈물이 흘렀다.

• 신부님은 내가 믿음이 있어야 한다고 말한다. 나는 나의 아이가 학교생활을 잘 할 거
  라는 믿음을 갖고 있다.

• 법은 입법자를 의미한다. 자연에는 법이 있다. 따라서 우주의 입법자가 있어야 한다.

• 시끄러운 아이들은 진짜 두통이다. 아스피린은 두통을 떠나게 한다. 따라서 아스피린
  은 시끄러운 아이들을 떠나게 할 것이다.

• 나는 당신이 얼마나 윤리적인 사람인지를 모른다. 당신을 열심히 일하게 하는 것은
  너무 어렵다. 따라서 당신의 직업윤리는 나쁘다.

• 철학자는 중립적 입장을 유지한다. 그러나 대부분의 철학자들은 매우 명확한 결론을
  주장한다. 이것은 거의 중립적 입장이 아니다.

---

51) 모호한 문장 호소

모호한 문장 오류(fallacy of amphibology)는 한 문장이 두 가지

다른 해석을 할 때 발생한다. 모호한 문장은 문법이나 구두점으로부터 오류가 발생된다. 즉, 의도하지 않은 해석을 선택하게 되고, 그것에 따라 결론을 도출하게 된다. 따라서 모호한 문장 표현은 어떤 해석에서는 참일 수 있고 다른 해석에서는 거짓일 수 있다. 따라서 다의성은 단어나 구의 의미에서 모호성을 포함하는 반면, 모호한 문장은 구조론적 모호성을 포함한다.

그림 12-34 **모호한 문장 호소의 구조**

문법의 모호함은 이중 의미를 갖는 주장이다. 모호한 문장은 문장의 문법, 문장 부호로 인해 문장이 여러 가지 방식으로 해석될 수 있다. 나쁜 주장이 문법적 모호성으로 표현되어 설득의 환상을 야기한다. 이것은 청중을 혼동시키거나 오도하기 위해 의도적으로 모호한 단어나 문법 구조에 의존하는 오류이다. 논증의 형식은 다음과 같다.

☑ 논증의 형식

- X는 Y이다.
- Y는 Z이다.
- 따라서 X는 Z이다.

☑ 모호한 문장 호소의 예

- 사람들이 많은 도시를 다녀보면 견문이 넓어진다. 이것은 도시가 많은 것인지 사람이 많은 도시인지 모호하다.
- 표지판에는 "여기에 주차하십시요"라고 해서 여기에 주차했습니다.

- 그 옷을 어디에서 구입했나요? 구입한 판매점을 물을 것인지 구입한 판매점의 위치
를 물을 것인지 명확하지 않다.

52) 결합 호소

논증의 결론이 부분에서 전체로 속성이 잘못 전달되는 것을 의
존할 때 결합 호소 오류(fallacy of composition)가 나타난다. 즉, 오류
는 부분이 어떤 속성이 있기 때문에 전체가 그러한 속성을 갖고 있
고, 문제의 속성을 부분에서 전체로 논리적으로 이전할 수 없는 상
황일 때 오류가 발생한다. 부분의 의미를 부분이 결합된 전체의 의
미로 사용함으로써 범하는 오류이다.

그림 12-35 **결합 호소의 구조**

부분의 속성이 전체의 속성과 동일한 경우도 있지만 결합하면
다른 속성을 지닌 경우도 많다. 오류는 부분이 어떤 속성이 있기 때
문에 전체가 그러한 속성을 갖고 있고, 문제의 속성을 부분에서 전
체로 논리적으로 이전할 수 없는 상황일 때 오류가 발생한다. 예를
들면, 1과 5는 각각 홀수이므로 1과 5의 결합인 6도 홀수라고 하면
오류가 된다. 논증의 형식은 다음과 같다.

☑ 논증의 형식
- A는 B의 일부이다.
- A는 X의 속성이 있다.
- 따라서 B는 X의 속성이 있다.

　　개인이 특정 속성을 가지고 있다는 단순한 사실 자체만으로 전체가 그러한 속성을 가지고 있음을 보장하지는 않기 때문에 이러한 추론은 오류이다. 그러나 부분의 특성에서 전체의 특성을 추론하는 것이 항상 오류는 아니다. 어떤 경우에는 결론을 보증하기에 충분한 근거가 제공될 수 있다. 그러나 부분에서 전체까지의 추론에 대한 타당성이 있다면 추론은 틀리지 않다. 예를 들어, 가옥 구조의 부분이 벽돌로 만들어진 경우 전체 구조가 벽돌로 만들어졌다고 결론을 내릴 때 오류가 발생하지 않는다.

☑ **결합 호소**의 예

- 모든 사람들은 죽는다. 그러므로 언젠가는 사람들이 지구에서 사라질 것이다.
- 수소는 젖지 않는다. 산소도 젖지 않는다. 따라서 물(H_2O)은 젖지 않는다.
- 민지는 멸치를 좋아한다. 또한 민지는 오렌지 주스를 좋아한다. 따라서 민지는 멸치를 섞은 오렌지 주스를 좋아한다.
- 원자는 무색이다. 고양이는 원자로 만들어져 있다. 따라서 고양이는 무색이다.
- 나트륨과 염소는 모두 인간에게 위험하다. 따라서 나트륨과 염소의 결합인 소금도 인간에게 위험하다.
- 분필의 각 원자는 보이지 않는다. 따라서 분필은 보이지 않는다.
- 이 도구는 무디다. 도구 상자 전체도 무디다.

---

53) 분해 호소

　　분해 호소 오류(fallacy of division)는 전체가 어떤 속성이 있기 때문에 부분도 동일한 속성이 있다고 추론하는 오류이다. 즉, 전체로부터 부분으로 속성이 잘못 이전될 때 오류가 발생한다. 예를 들면, 소금은 비독성 화합물이다. 소금($NaCl$)은 나트륨, 염소, 황산이온과 미네랄 등으로 구성되어있다. 따라서 나트륨은 독성이 없다. 전체에서 부분을 추론하는 분해의 오류는 결합의 오류와 반대이다.

그림 12-36 **분해 호소의 구조**

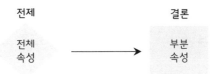

분해의 오류는 전체가 사실이면 그 구성 요소도 또한 사실이어야 한다고 추론한다. 그러나 자신이 속한 집단의 속성에 근거하여 개인에 대한 결론을 내리는 것이 항상 잘못된 것은 아니다. 추론이 증거에 의해 뒷받침된다면 추론은 괜찮을 수 있다. 예를 들어, 모든 개가 포유류라는 사실에서 진도개를 포유류라고 추측하는 것은 잘못이 아니다. 이 경우 집단에서 사실은 각 개별 구성원에게도 해당된다. 논증의 형식은 다음과 같다.

☑ 논증의 형식

• A는 B의 일부이다.
• B는 X의 속성이 있다.
• 따라서 A는 X의 속성이 있다.

☑ 분해 호소의 예

• 물은 불을 끄는 속성이 있다. 물은 산소와 수소로 구성되어 있다. 따라서 산소는 불을 끄는 속성이 있다.
• 공은 파란색이므로 공을 구성하는 원자도 또한 파란색이다.
• 살아있는 세포는 유기물질이다. 따라서 세포를 구성하는 화학물질도 또한 유기물질이어야 한다.
• 염화나트륨(식염)은 안전하게 섭취할 수 있다. 따라서 나트륨과 염소 성분을 안전하

게 섭취할 수 있다.

• 미국의 소수 민족은 대체로 백인보다 임금이 적다. 따라서 수십억 달러 규모의 회사
의 흑인 CEO는 사무실을 청소하는 백인 관리인보다 임금이 적다.

54) 강조 호소

강조 호소 오류(fallacy of accent)는 특정한 단어, 구, 아이디어나
문장의 의미를 강조함으로써 본래의 의미가 변할 때 생기는 오류이
다. 즉, 어떤 주장을 하거나 의견을 제시할 때 특정 부분을 강조함으
로써 본래의 뜻을 왜곡하는 오류를 뜻한다. 예를 들면, "너희는 이웃
을 사랑하라"는 말에서 '너희'를 강조하면 다른 사람은 몰라도 너희
들만은 이웃을 사랑하라는 말인 반면 '이웃'을 강조하면 이웃 이외의
다른 사람들을 사랑하지 않아도 좋다는 말이 될 수 있다. 이러한 오
류는 매우 심각할 수 있고 논증에서 매우 해를 끼칠 수 있다. 강조의
오류는 글보다는 말에서 훨씬 쉽게 일어난다.

그림 12-37 **강조 호소 오류의 구조**

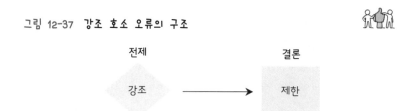

특정한 단어, 구, 아이디어나 문장의 의미를 강조할 때 문장의
의미가 다를 수 있다. 단어나 구에 대한 강조는 문장이 실제로 표현
하는 것과 다른 의미를 암시한다. 문장에서 단어를 강조하는 것은
종종 근본적으로 그 의미를 변화시킨다. 이 오류는 진술의 일부 또
는 전체 진술에 대한 부적절한 강조로 인해 실제 진술의 의미 또는
중요성이 왜곡되거나 변경될 때 발생한다. 가장 간단한 형태로 오류

는 의미가 실제 의도와 다르게 변경되는 방식으로 문장에서 강조가 특정 단어에 놓일 때 발생한다. 논증의 형식은 다음과 같다.

☑ **논증의 형식**

• A는 X를 하였다.

• 따라서 A는 X만은 확실히 하였다.

☑ **강조 호소 오류의 예**

• 올림픽 출정식에서 단장님이 "한일전 축구경기는 반드시 우승해야 한다"고 하면서 한일전을 강조하였다. 그렇다면 한일전만 반드시 우승해야 하는가?

• 나는 어제 시험을 보지 않았다. 누군가가 시험을 보았다.

• 나는 어제 시험을 보지 않았다. 나는 시험을 보지 않았다.

• 나는 어제 시험을 보지 않았다. 나는 다른 것을 했다.

• 나는 어제 시험을 보지 않았다. 나는 다른 날 시험을 보았다.

---

55) 이중 잣대 호소

어떤 사람들은 자기에게 유리한 주장만 하는 경우가 있다. 이중 잣대(special pleading)는 어떤 현상이나 문제를 판단하는 기준이 두 가지이거나 분명하지 않음을 의미한다. 이중 기준의 적용이라고도 한다. 이중 잣대는 적절한 정당성 없이 자신과 다르게 다른 사람이나 환경에 기준, 원칙이나 규칙을 적용할 때 발생하는 오류이다. 이것은 종종 이성을 방해하는 강한 감정적 신념의 결과이다. 내로남불은 동일한 상황에 처했을 때 자신과 타인을 다른 시선으로 바라보는 이중 잣대를 가진 사람을 나타내는 말이다.

『대학』에서 인간 사회의 최대 비극의 하나는 위정자들의 이중 잣대에 있다고 한다. 어떤 현상이나 문제를 판단하는 기준이 두 가지이거나 분명하지 않다. 따라서 이상적인 사회는 모든 상황에서 동일한 기준이 적용되는 것을 전제로 한다. 예외적인 취급을 받으려면, 예외적인 취급을 받을 이유나 근거가 있어야 한다. 그러나 예외적인 취급을 받을 정당한 이유가 없는데도 그러한 이유를 제시하는 것은 이중 잣대이다. 또한 자신이 기준이나 규칙에서 면제되어야 하는 이유를 논리적으로 제시하지 못한다.

그림 12-38 **이중 잣대 호소의 구조**

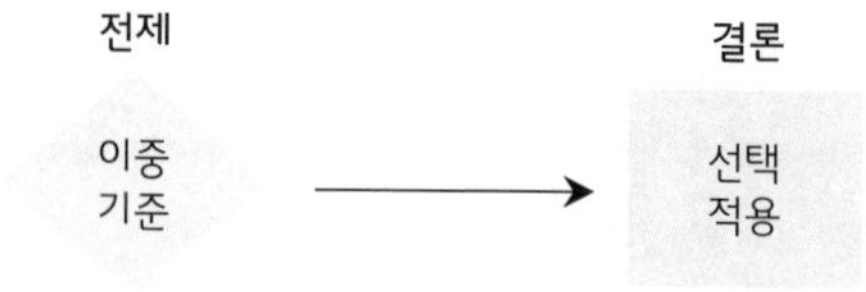

전제 　　　　　　　　　　　결론

이중
기준　　　──────▶　　　선택
　　　　　　　　　　　　　적용

　　이중 잣대는 해당 사례에 면제가 필요한 이유에 대한 적절한 근거 없이 특정 사례에 적용할 규칙에 대한 압도적인 예외를 요구하는 논리적 오류이다. 그러므로 지지자들은 규칙에 특별한 경우 또는 예외를 도입한다. 이것이 진짜 특수한 경우에는 수용 가능하지만, 그 이유가 특별한 이유를 충분히 정당화하지 않기 때문에 잘못될 수 있다. 논증의 형식은 다음과 같다.

☑ **논증의 형식**

• X는 기준 G로 상대방을 비난한다.
• X는 같은 기준으로 비난받을 수 있다.
• 그러나 X는 기준 G가 면제된다.

☑ 이중 잣대 호소의 예

• 내가 당신보다 나이가 많아 그 규칙은 나에게 적용되지 않습니다.

• 규칙을 어기는 학생들은 학교에서 정학을 받는다. 나는 규칙을 어겼지만 많은 어려움을 겪고 있어 정학을 받아서는 안 됩니다.

• 네, 선생님, 위조 표창장은 잘못이라고 생각하지만, 그 애는 내 딸이며 정말 우수하고, 좋은 아이입니다.

• 물론 작업에서 생산적이지 않은 사람들은 급여를 인상해서는 안 됩니다. 하지만 사장님, 저는 부양할 가족이 있습니다.

• 모든 사람이 지저분한 자신의 방을 정리해야 하지만 내 지저분한 방은 나를 귀찮게 하지 않습니다. 그것이 당신을 귀찮게 한다면, 당신은 청소해야 합니다.

• 모든 사람은 인내심을 갖고 자신의 차례가 올 때까지 기다려야 합니다. 그러나 나는 바쁜 일이 있기 때문에 먼저 가야합니다.

56) 논리적 불일치 호소

불일치의 주제는 논리의 핵심이다. 논증에 때때로 서로 모순되는 여러 진술문들이 제공될 수 있다. 논리적 불일치(logical inconsistency)란 서로 모순되는 진술문이다. 즉, 논리적 불일치는 일관되지 않은 생각, 주장 또는 추론이다. 예를 들면, "모든 학생들이 강의실을 나갔다"라고 말하고 "A는 여전히 강의실에 있다"라고 말하면, 첫 번째 문장과 두 번째 문장이 일치하지 않는다. 상충되는 주장 중 하나 또는 둘 다 참이 아닐 수 있다. 모순되는 주장을 할 때 논리적 불일치의 오류가 발생한다. 따라서 논리적 불일치는 내부적으로 일관성이 없는 논증을 사용하는 것이다.

그림 12-39 논리적 불일치 호소의 구조

거짓은 사실과 일치하지 않는 것을 말한다. 따라서 어떠한 거짓 진술도 사실과 논리적으로 일치하지 않는다. 논리적 불일치는 둘 다 사실일 수 없는 두 개 이상의 명제이다. 즉, 둘 다 모두 사실일 수 없는 견해나 믿음을 갖는 것이다. 이것은 무시, 무지 또는 게으른 사고에 의해 발생할 수 있다. 따라서 논리적 불일치는 논리 감각을 잃고 부주의하게 무언가를 증명하려는 사람의 감정적 반응일 수 있다.

진술문이 모두 동시에 사실일 수 있으면 모든 진술문이 논리적으로 일관성이 있다. 그러나 진술문이 동시에 사실일 수 없다면 모든 진술문은 논리적으로 일치하지 않는다. 예를 들면, 모든 남성은 금발 머리이다. 나는 남자다. 난 갈색 머리이다. 이 세 문장은 논리적으로 일치하지 않는다. 처음 두 진술이 참이면 세 번째 진술이 거짓이다. 세 번째 진술이 참이면 첫 번째나 두 번째가 거짓이다. 모두 동시에 참일 수 없다. 논증의 형식은 다음과 같다.

☑ **논증의 형식**

- A는 X이다.
- B는 Y이다.
- C는 Z이다.
- X, Y와 Z는 모두 동일하지 않다.

☑ **논리적 불일치 호소의 예**

• A는 B보다 영리하다. B는 C보다 영리하다. C는 A보다 영리하다(A>B>C, A<C).

• 이 세상에는 악마가 없다. 세상의 어떤 지역에는 악마가 존재하지만 조만간 악마가
없어질 것이다.

• 기본적인 인간의 자유는 신성불가침한 권리이다. 그러나 표창장을 위조하여 이익을
추구한 이기적 범죄를 저지른 인간은 권리를 제한해야 한다. 따라서 그러한 인간의
자유를 박탈할 필요가 있다.

• 우리나라는 자유 국가이다. 모든 국민들은 원하는 대로 할 수 있다. 그러나 법률을
위반한다면 투옥해야 한다.

• 나는 모든 인간은 자신의 결정을 내릴 수 있다고 생각하지만, 술을 마시는 것은 청소
년기에 너무 중요한 사건이다. 따라서 성인이 될 때까지 음주를 기다려야 한다.

• 이처럼 더 확실한 철학적 진리는 거의 없다. 도덕 영역에서 진리에 대한 모든 주장은
주관적이고 자의적이다.

57) 생태학적 오류

생태학이란 생물 상호 간의 관계 및 생물과 환경과의 관계를 연
구하여 밝혀내는 학문이다. 집단의 모든 구성원이 집단의 특성을 크게
나타낸다고 가정한다. 생태학적 오류(ecological fallacy)는 집단의 특성
자료에서 개인의 특성을 추론할 때 발생하는 오류이다. 집단 수준의
연구를 개인 수준에 일반화할 때 발생하는 오류이다. 예를 들면, 올해
A고등학교에서 대부분 학생들이 서울대에 합격하였다(집단 수준). 나도
A고등학교에 입학하면 서울대를 합격할 수 있다(개인 수준: 오류).

이러한 오류는 개인에 대한 결론을 도출하기 위해 집단의 자료
가 사용되는 경우 발생한다. 집단의 통계치가 개인의 특성과 동일하
거나 유사하다고 믿는 데에서 발생하는 오류이다. 개인에 대한 추론
이 집단의 특성을 따른다고 추론한다면 이것은 잘못이다. 통계에서

평균은 전체 집단의 점수 합계를 집단을 구성하는 사람의 수로 나눈 값이다. 이와 달리 개인주의적 오류는 개인 수준의 연구를 집단 수준에 일반화할 때 발생하는 오류이다.

그림 12-40 **생태학적 오류의 구조**

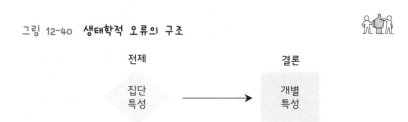

특정 개인의 특성에 대한 추론은 해당 개인이 속한 집단에 대해 수집된 통계에만 근거한다. 이 오류는 집단의 개별 구성원이 집단의 평균 특성을 크게 가지고 있다고 가정한다. 고정 관념은 생태학적 오류의 한 형태이며 집단이 균질하다고 가정한다. 예를 들어, 특정 집단이 일반인보다 평균 IQ가 낮은 것으로 측정되면 해당 집단의 대부분의 구성원이 일반인보다 낮은 IQ를 갖는 것으로 가정하는 것은 오류이다. 따라서 생태학적 오류가 있거나 없는 경우에 대한 명확한 지침이 필요하다. 이런 의미에서 생태학적 오류를 식별하기 위한 세 가지 기준을 제안한다(Idrovo, Alvaro, 2011).[3] 이 세 가지가 모두 존재해야 생태학적 오류이다.

- 결과는 생태학적(인구) 자료이다.
- 개인에게 자료를 유추해야 한다.
- 개별 자료로 얻은 결과는 모순된다.

---

3 Idrovo, A. J. (2011). Three criteria for ecological fallacy. *Environmental health perspectives*, 119(8), a332–a332.

☑ 논증의 형식

- 집단 X는 Y의 특성을 갖고 있다.
- 개인은 집단 X에 속한다.
- 따라서 개인은 Y의 특성을 갖고 있다.

☑ 생태학적 오류의 예

- 평균적으로 여성은 남성과 비교할 때 언어에서 더 높은 점수를 얻는 경향이 있다. 설희는 여자이고 설민은 남자이다. 따라서 설희는 설민보다 언어 점수가 더 좋다.
- 연구에 따르면 안경을 착용한 사람들은 평균 이상의 지능을 가지고 있다. 안경을 착용한 사람들은 영리하다.
- 범죄 다발 지역에 사는 사람들은 범죄자자가 많다.
- A도시의 사람들이 B도시의 사람들보다 평균적으로 수능에서 더 높은 점수를 보인 연구가 수행되었다. A도시에서 무작위로 선택된 개인이 B도시에서 무작위로 선택된 개인보다 수능에서 더 높은 점수를 받았다. 본 연구에서 제공되는 수능 점수는 평균이었으며 중앙값이 아니기 때문에 두 도시의 점수 분포에 대해서는 아무것도 모른다.
- 특정 스포츠 팀의 실적이 저조하다고 해서 모든 선수의 실적이 저조하다는 결론을 내릴 수 없다. 팀과 개별 선수의 성적은 다르기 때문에 1명의 우수 선수와 2명의 저조한 선수가 다른 선수에게 평균을 줄 수 있다.

5. 오류의 공격

결함이 있는 논증을 공격하기 위해 사용되는 전략은 많이 있다. 즉, 좋은 논증의 기준을 위반했는지를 찾는 것이다. 오류는 저자 자신의 오류에서 비롯된다. 오류는 우수한 논증의 조건을 위반한 것이다. 좋은 논증의 기준은 구조의 원칙, 관련성의 원칙, 수락의 원칙,

충분성의 원칙과 반박의 원칙이다. 이러한 논증의 조건을 위반한 것을 찾아 논증을 표준화한다. 이것은 논증을 구성하고 평가하는 데 도움이 된다. 본 설명의 가장 중요한 목적은 독자들이 특정한 행동이나 신념에 대해 좋은 또는 성공적인 논증을 구성하거나 만날 때 결함을 확인할 수 있게 돕는 것이다. 설명에서는 논증의 결함을 지적하기보다는 문제를 해결하는 데 중점을 둔다.

1) 논증의 표준화

논증을 공격하는 쉬운 방법은 논증의 결함을 모두가 분명히 볼 수 있도록 논증을 표준 형식으로 재구성하고 원 논증을 파기하는 것이다. 논증 분석에 대해 아무런 지식이 없는 사람이라 할지라도 그릇된 추론을 알 수 있다. 논증을 표준화할 때는 생략된 전제나 결론을 찾는 것이 중요하다. 논증의 표준화는 chapter 03 논증의 구조 / 4) 논증 표준화 전략을 참고하면 좋을 것이다.

☑ **원 논증문**

학교 선생님들과 교수님들은 단체교섭에 참여하려고 하면 안 된다. 현재 이러한 일에 참여한 교사는 거의 없다. 전문직은 이러한 일에 거의 관심이 없다.

다음과 같이 이 사례를 표준 형식으로 논증을 변경한다.

- 전제: 학교선생님들과 교수님들은 단체교섭에 관여하지 않기 때문에
- 숨은 전제: 관행이 무엇이든 관행은 지속되어야 한다.
- 결론: 따라서 선생님들과 교수님들은 단체교섭에 참여해서는 안 된다.

숨은 전제가 노출되면 논증자도 "관행이 무엇이든 관행은 지속되어야 한다"라는 문제가 있는 가정의 수락을 원할 것 같지 않다. 왜냐하면 원칙이 다른 관행을 적용하려고 하지 않기 때문이다. 그러나 숨은 전제는 결론을 지지하기 위해 제공된 주요 전제이다. 논평과 결함이 있는 부분의 분명한 노출 없이 다른 논증을 표준 형태로 재구성하는 것은 논증의 결함을 보여주지 못한다.

2) 불합리한 반례법

결함이 있는 논증을 공격하는 방법인 불합리한 반례법은 기술적 전문용어나 규칙에 호소하지 않고 추론의 결함 패턴을 보여주는 매우 창의적이고 효과적인 방법이다. 논리학자들이 사용하는 특별한 용어와 판별에 익숙하지 않은 사람들에게 특히 효과적이다. 이 방법을 사용하여 상대방 주장의 결함을 입증하려면, 상대방의 결함이 있는 논증처럼 동일한 형태를 갖는 논증을 단순히 구성한다. 즉, 분명하게 거짓이거나 심지어 불합리한 결론이 되도록 논증을 구성한다. 좋은 논증이 명백한 거짓 결론에 이르지 않기 때문에 상대방이 위장 논증에 결함이 있다는 것을 쉽게 이해할 수 있어야 한다.

자신의 논증이 결함이 있다면 상대방의 논증도 또한 결함이 있다는 것이 된다. 자신의 논증과 상대방의 논증에서 보이는 추론방식에 본질적인 차이가 없다고 알려주면 상대방은 양 논증의 결함을 알게 된다. 상대방은 오류를 범하는 논증을 사용한다고 가정한다. 이러한 오류는 타당하지 않은 연역추론을 도출하기 때문에 좋은 논증의 구조적 기준을 위반한 오류이다.

☑ **원 논증문**

문가인은 마르크스주의자가 틀림이 없다. 왜? 글쎄, 그는 무신론자이고 마르크스주의
자는 무신론자이다. 그것은 마르크스주의의 이데올로기의 일부이다.

다음과 같이 이 사례를 표준 형태로 상대방의 논증을 변경한다.

> • 전제: 모든 마르크스주의자는 무신론자이다.
> • 전제: 문가인은 무신론자이다.
> • 결론: 따라서 문가인은 마르크스주의자이다.

논증의 두 전제는 참이다. 좋은 연역논증이면, 즉 좋은 논증의
모든 기준을 충족하면, 참 전제는 거짓 결론에 이를 수 없다. 결론이
참인가? 논증이 구조적으로 건전하다고 확신하지 않는다면 이 질문
은 답할 수 없다. 원래의 주장에서 사용된 것과 동일한 구조적 패턴
을 갖고 있지만 분명히 거짓이거나 불합리한 결론을 갖는 반례를 만
들어서 연역 논리의 이상한 규칙을 인용하지 않고 구조적으로 건전
하지 않다는 것을 쉽게 입증할 수 있다. 반례에 대해서는 chapter 09
논증의 평가 / 3) 반례의 평가를 참고하면 좋을 것이다.

Chapter 12 비형식적 오류
연습문제

01 불완전한 귀납오류에 관한 질문이다. 다음과 같은 그릇된 추론은 무지에 대한 호소로 이해되는가? 무지 호소, 부적절한 권위, 성급한 일반화, 거짓 원인, 발생학적 오류, 유추인가?

❶ 어떠한 논증이나 증거도 입증된 신비한 힘이 아니다. 따라서 신비한 힘은 가짜이다.

❷ 나는 초대 경제학자가 어제 TV 방송에서 어떤 질문에 답하려고 하는 것을 보았다. 그가 바보처럼 보였는가? 그는 "어, 말하자면"이라고 말하며 중얼거렸고, 질문을 직접 대답하는 데 어려움을 겪었다. 따라서 모든 경제학자는 바보임에 틀림이 없다.

❸ 펠레는 지난 30년간 존경받는 브라질의 축구선수이다. 그는 월드컵 우승팀을 예측했고, 그 경험으로 올해 세계경제 성장률을 높게 전망했다. 따라서 나는 투자를 과감하게 했다.

❹ 조계종 종단 스님이 미국의 사찰에서 공개적으로 불교를 믿는 불신자 5명에게 질문을 하였다. 5명 모두 불교를 믿는다고 대답했다. 따라서 미국은 불신자로 가득하다.

❺ 순수 채식주의자들은 조리 음식이 사람에게 해롭다는 것을 믿을 만한 충분한 이유를 찾지 못했다. 따라서 조리 음식은 사람이 섭취하는 데 매우 안전하다.

❻ 김민지 아나운서는 어린이들이 지방을 적게 먹어야 한다고 말한다. 따라서 어린이들은 지방을 적게 먹어야 한다고 결론을 내릴 수 있다.

❼ 신발을 사기 전에 신발을 신어본다. 구매하기 전에 자동차를 시운전한다. 따라서 병원에서 환자는 치료 전에 수술을 받아야 한다.

❽ 철수와 민수는 같은 학교에서 같은 교육을 받았다. 둘 다 대학교에 다니며 컴퓨터와 논리학을 좋아한다. 철수는 나와 함께 여행하기를 원한다. 아마도 민수도 마찬가지일 것이다.

❾ 갈릴레오와 같은 과학자들이 믿었기 때문에 연금술4에 대한 주장은 사실이어야 한다.

❿ 부산일보는 한 미국인이 오늘 해수욕장에서 물놀이하던 아이를 구출했다고 보도했다. 미국인은 틀림없이 용감한 사람이다.

⓫ 한 관리자가 냉수기를 요청했다. 냉수기를 준다면 그는 냉장고를 원할 것이다. 그런 후 사무실은 그의 주방이 될 것이고, 그 다음 건물 전체에 그가 요청한 기구로 가득찰 것이다. 따라서 새로운 건물을 구입할 여유가 없기 때문에 물을 차게 해서는 안 된다.

⓬ 지난 주 강남 식당에서 식사하고 배탈이 났다. 오늘 강남 식당에서 식사를 하고 있다. 따라서 배탈에 대비하는 것이 좋다.

⓭ 독재정권은 정치적 붕괴를 초래한다. 따라서 요즘 북한이 독재정치를 하기 때문에 붕괴될 것이다.

⓮ 송이버섯은 산에서 자라는 버섯이다. 느타리버섯은 산에서 자라는 버섯이다. 송이버섯은 향기로우며 맛좋은 야생 버섯으로 항암 등 약용 가치가 있다. 따라서 느타리버섯은 역시 향기로우며 맛좋은 야생 버섯으로 항암 등 약용 가치가 있다.

⓯ 오늘 밤 사람들이 서울 광장에 운집해 있다. 따라서 오늘은 만월(滿月)이 분명하다.

⓰ 어제 논리학 시험 전에 커피를 마셨고 시험을 완전히 망쳤다. 다시 커피를 마시지 않을 거다.

⓱ 그녀와 데이트할 때 주문한 커피가 십분 늦게 도착할 때마다 그녀는 나에게 화를 냈다. 그녀는 정말로 커피를 싫어하는 것이 틀림없다.

---

4 고대 이집트에서 시작되어 아라비아를 거쳐 중세 유럽에 전해진 원시적 화학 기술이다. 비금속으로 금·은 등의 귀금속을 제조하고, 늙지 않는 영약을 만들려고 한 화학 기술로, 고대 이집트의 야금술과 그리스 철학의 원소 사상이 결합되어 생겼다.

⑱ 나의 조카가 어제 야구 경기에서 홈런을 쳤다. 조카는 야구 경기하기 전에 운동장 위에 날아가는 비둘기를 보았다. 따라서 비둘기를 보는 날에 홈런을 친다.

⑲ 논리학 교수님이 "나를 만난 3명의 학생들은 논증의 타당성에 대해 혼스러워한다"고 말했다. 따라서 한국대학교의 모든 사람들은 논증의 타당성에 대해 혼란스러워한다.

⑳ 기린은 사자와 비슷하다. 둘 다 털이 있고, 다리가 네 개이고, 꼬리가 있고, 새끼를 낳는다. 따라서 기린이 채식주의자이기 때문에 사자도 역시 채식주의자이다.

02 추정의 오류와 불완전한 귀납의 오류에 관한 질문이다. 다음과 같은 그릇된 추론은 미끄러운 비탈길 호소, 잘못된 이분법, 선결문제의 요구나 발생학적 오류인가?

❶ 홍성수 의원은 말기 환자에게 자발적인 수동적 안락사를 허용하는 것을 지지한다. 그러나 이를 허용하면 환자들은 자발적으로 적극적인 안락사를 요구할 것이다. 그러면 안락사를 요구하는 사람들이 너무 많을 것이다. 그러면 도시의 인구가 절반으로 감소될 것이다. 따라서 안락사를 허용할 수 없으므로 홍성수 의원의 주장을 동의해서는 안 된다.

❷ 친구에게 가장 좋은 생일축하 카드를 보내고 싶다. 그것은 홀마크 카드 또는 쓰레기이다. 따라서 친구에게 홀마크 카드를 보내야 한다.

❸ 대부분의 사람들은 이승만 대통령이 미국의 교육과 문화적 영향으로 인해 미국과 동맹을 맺은 한국 최초의 대통령이라고 생각한다. 그러나 이승만 대통령이 미국과 동맹을 맺은 최초의 대통령이었는지에 대한 객관적인 사실은 없다.

❹ 자유시장 자본주의는 이상적인 경제시스템이다. 왜냐하면 원하는 것은 무엇이든 매매하는 자유를 갖는 것이 다른 어떤 경제 시스템보다 더 낫기 때문이다.

❺ 만성 질환자들은 의사 보조 안락사에 대한 권리가 있어야 한다. 왜냐하면

많은 사람들이 스스로 죽을 수 없기 때문이다.

⑥ 그녀는 이번 주에 나와 결혼하거나 나를 사랑하지 않을 것이다. 분명히 그녀는 나를 사랑한다. 그래서 그녀는 결혼을 결정하였다, 그녀는 이번 주에 나와 결혼한다.

⑦ 어제 밤 광개토대왕 영화를 보았다. 광개토대왕은 말을 아주 잘 탔다. 분명히 충무로에서 말을 탈 수 있는 사람들이 꽤 많았다. 친구는 다음과 같이 말했다. 그건 뭔가를 믿기 위해 우스운 방법이다. 영화는 종종 허구이다. 따라서 너의 믿음은 거짓이다.

⑧ 회사의 사장은 마케팅 임선진 팀장이 결코 실수하지 않았고 그래서 그를 언제나 신뢰한다고 말한다. 따라서 나는 임 팀장이 결코 실수하지 않기 때문에 그가 말하는 것을 신뢰할 수 있다고 생각한다.

⑨ 게임을 하면 폭력 장면을 보게 된다. 폭력 장면을 보면 매 맞는 사람들을 본다. 매 맞는 장면을 보게 되면 누군가를 폭행하고 싶어진다. 그러나 사회는 폭행을 원치 않는다. 따라서 게임을 금지해야 한다.

⑩ "한나라가 고조선을 무너뜨리고 한사군을 배치하여 고조선을 통치했다"고 조선총독부 조선사편수회에 기록되어 있다고 매국사관을 가진 어떤 사람이 말한다. 한국사에 정통한 역사학자는 "한사군의 설정은 일제 강점기에 한국을 지배하기 위해 일본이 조작한 역사로 신뢰할 만하지 못하다. 사기에도 한나라가 고조선을 지배했다는 기록이 없다"고 말한다. 따라서 사기에 고조선을 지배했다는 기록이 없고 일제가 조작한 역사이므로 한사군이 고조선을 무너뜨리고 고조선을 지배했다는 주장은 거짓이 틀림없다.

⑪ 민주주의는 정부의 최고 형태이다. 따라서 집중된 권력의 규칙이 이상적이지 않다는 결론을 내릴 수 있다.

⑫ 북한이 핵을 포기하고 국제사회에 평화와 지원을 요청한다. 그렇지 않으면 북한의 정치와 사회체제가 붕괴될 것이다. 확실히 북한의 붕괴를 원하지 않는다. 따라서 핵을 포기하고 국제사회에 평화와 지원을 요청하라.

03 모호성 오류에 관한 문제이다. 다음과 같은 그릇된 추론은 모호성에 대한 호소로 이해되는가? 다의성, 결합이나 분해, 강조의 오류인가?

❶ 오세훈 전 서울시장은 미남이다. 따라서 오 전 시장의 무릎도 잘생겼다.

❷ 친구들과 섬에서 낚시를 하고 있었다. 낚시하는 중에 과일을 먹기 위해 한 친구가 사과와 배를 갖고 왔다. 저녁에 육지로 가기 위해 나는 친구에게 배가 있느냐고 물었다. 친구는 배가 있다고 말했다. 그러나 저녁에 육지로 가는 배는 없었다.

❸ 철수의 밭에서 자라는 콩, 오이, 시금치, 무나 배추 등의 채소들은 맛이 좋다. 따라서 철수가 이들을 모두 섞는다면 역시 맛이 좋을 것이다.

❹ 서울 시민들이 독거노인들을 위해 어제 1억 원을 기부했다. 정제는 서울 시민이다. 따라서 정제는 어제 1억 원을 기부했다.

❺ LG는 효율적인 회사이다. 따라서 LG의 마케팅 팀장인 오동호는 효율적인 LG 직원이다.

❻ 이 공장의 모든 부서는 개별 단위로 효율적으로 작업한다. 따라서 모든 부서가 효율적으로 함께 작업한다.

❼ 염치열 의원은 도로에 모여 있는 의원의 지지자들에게 눈물을 보였다. 눈이 그치고 날씨가 포근하여 눈물이 도로에 많았다. 어떻게 도로에는 눈물이 많은가?

❽ 아프리카의 원주민들이 사라지고 있다. 그 사람은 아프리카의 원주민이다. 따라서 사람들이 사라지고 있다.

❾ 헌법에 국민의 사생활 보호 권리가 있다. 한 아저씨는 그의 아내를 집에서 말싸움 끝에 폭행했다. 경찰이 그를 체포하려 하자 그는 "사생활 보호 권리를 침해하기 때문에 체포해서는 안 된다"고 말했다.

❿ 이 흙더미의 흙 한 알은 큰 압력에도 견딜 수 있고 모양을 유지할 수 있다. 따라서 이 흙더미는 큰 압력을 견딜 수 있고 모양을 유지할 수 있다.

CHAPTER 13

Logic and Fallacies

 논증문의 구성

1. 논증문의 구성

다른 사람들에게 특별한 관점을 확신시키는 논증을 구성하는
능력은 매우 바람직한 기술이다. 이러한 기술이 없으면 많은 영역에
서 불리하다. 사회에서 하는 모든 역할에서 자신의 견해를 주장하는
논증은 많이 필요하다. 예를 들면, 취업을 준비하고, 위원회나 집단
회의에서 제안을 주장하고, 중요한 사항을 결정하고, 직장 이동을 고
려하고, 정치 후보자가 유세하거나 결혼 배우자를 결정해야 할 때
필요하다. 부모, 배우자, 자녀, 이웃, 상사, 교사, 학생 및 고객과 불
일치를 해결하는 수단으로써 논증을 구성한다. 도덕, 종교, 정치와
연예 문제에 관하여 다른 사람들과 소통하기 위한 논증을 구성한다.
이러한 과업을 효과적으로 수행하려면 통찰력과 전략이 필요하다.

1) 논증문의 특성

논증은 다른 사람의 생각이나 행동에 영향을 주기 위해 사용하
는 중요한 기술이다. 논증은 작가의 입장, 신념이나 결론이 타당하다
는 것을 입증하는 추론적이고 논리적인 방식이다. 즉, 논증은 사람들
이 무언가가 사실이라고 믿게 하거나 그들의 신념이나 행동을 바꾸
도록 설득하는 것이다. 논증은 사실적 증거에 근거하여 주장하는 방
식이다. 주장과 근거를 제시하고, 입장을 확립하기 위해 문장이나 아
이디어를 비교한다. 또한, 반대 의견을 고려하고 이를 중립화하거나
폐기하는 논리 기반의 방식이다. 이와 달리 설득은 의견에 근거하여
주장하는 방식으로 감정을 기반으로 한다.

표 13-1 **논증과 설득의 차이**

논증	설득
사실적 증거에 근거한 주장	의견에 근거한 주장
반대 견해 고려, 중립화나 폐기	반대 아이디어를 고려하지 않는다.
주장과 증거로 독자 확신	독자의 감정에 호소하거나 작가의 특성에
문장이나 아이디어 비교	의존함으로써 독자를 설득한다.
논리 기반	감정 기반

2) 논증문의 구성 절차

효과적인 논증이 되기 위해서는 입장을 분명하게 제시하고, 입장과 관련된 문제를 확인하고, 입장을 위한 증거를 제시하고, 다른 사람의 입장을 예상하고, 반응해야 한다. 논증문의 구성을 위해 사전에 주제를 선정하고, 아이디어를 수집하여 아이디어를 조직하는 예비 절차는 매우 중요하다. 논증문을 구성하는 절차를 예비 절차와 본 절차로 구분하고, 각 절차에서 수행해야 할 과업을 살펴본다.

2. 구성의 예비 절차

무엇이든 준비가 철저할수록 추진하는 과업은 더욱 성공적이다. 논증문 구성도 마찬가지이다. 논증문 구성의 예비 절차는 논증문의 초안을 작성하기 전에 준비하는 절차이다. 본 절차는 예비 절차를 통해 확보한 자료를 근거로 논증문을 작성하는 단계이다. 초안을 준비하는 데 많은 시간을 기울여야 한다. 초안에 많은 시간을 투자할수록 실제 논증문을 작성하는 어려움은 더 적어진다.

그림 13-1 **구성의 예비 절차**

독자
파악 → 주제
선정 → 아이디어
수집 → 아이디어
조직

1) 독자 파악

누구를 대상으로 하는 논증인가? 독자 없는 논증은 거의 없고 독자는 논증의 중심이다. 따라서 논증을 구성할 때 어떤 독자인지 확인해야 한다. 독자의 수준, 관심사, 가치와 생활 방식 등을 파악한다. 독자가 열렬한 또는 헌신적인 팬이라고 간주하고 논증을 구성한다. 주장을 지원하는 잘 추론된 논증을 이해하고 제시하는 것이 목적이라면 공정한 판단을 희망하는 독자에게 적대감을 주는가? 논증에서 승리하기를 원한다면 독자에게 적대감을 주려는 생각을 버려야 한다. 누군가를 괴롭히거나, 조롱하거나 모욕하는 것은 거의 항상 심리적 반발과 보복을 초래한다.

독자가 주장에 반응하는 것을 예측하는 것은 강한 논증을 만드는데 도움이 된다. 독자의 반응을 예상한다. 주제와 독자의 지식에 근거하여 독자들의 주장과 방어에 어떻게 반응할 것인지를 대비한다. 이렇게 하면 주제는 매력적이고 독자는 논증을 타당하게 받아들일 것이다. 독자가 주장에 어떻게 반응할지를 예상할 때 그 이유를 생각한다. 독자의 관점, 주장과 반례 등을 고려한다.

2) 주제 선정

독자에게 전달할 내용은 무엇인가? 처음부터 주제를 좁히면 말할 것이 충분하지 않다고 느낄 수 있지만 집중된 주제를 개발하는 것이 더 좋다. 작문과 논증 기술을 향상시키면 작은 주제에 관해서도 쓸 말이 많다. 가장 좋은 논증은 새롭고, 참신한 관점이나 주장을 제시하는 것이다. 또한 작성할 것이 무엇인지를 결정할 때 모순적이거나 특이한 주제를 선택하는 것을 망설이지 않아야 한다. 주제를 선정한 후 논증의 핵심 주장을 제시하는 단일 문장을 작성한다.

3) 아이디어 수집

아이디어를 어떻게 얻을 것인가? 논증자는 여러 가지 원천으로부터 아이디어를 얻는다. 즉, 아이디어의 원천은 자신과 다른 사람들의 아이디어이다. 글쓰기 과정과 마찬가지로 아이디어 수집은 엄격하게 단계별로 진행되지 않는다. 어떤 논증자들은 논증에 대한 아이디어와 접근을 구체화하기 전에 많은 독서와 조사를 한다. 생각을 기록하고, 추가적인 아이디어와 증거를 찾고, 다양한 방식으로 아이디어를 결합한다. 아이디어 수집 방법은 자신의 습관, 주제에 대한 친숙성, 뒷받침할 사실과 전문가 의견에 달려 있다.

아이디어를 창출하는 매우 생산적인 방법은 일반적으로 독자와 의사소통하는 것이다. 아이디어를 개발하는 방법은 독자와 이야기를 하고, 독자, 상황과 공통관심사를 기술하고, 사건이나 사물을 비교·대조하고, 예를 주고, 용어를 정의하는 것이다. 이러한 방법은 자료를 발견하고, 논증을 작성하고, 주장을 뒷받침하는 새로운 생각을 유도하는 데 매우 유용하다.

4) 아이디어 조직

아이디어를 어떻게 구성할 것인가? 아이디어를 조직할 때 많은 어려움에 직면한다. 그러나 아이디어를 구성하려고 시도할 때 발생할 수 있는 장애는 실제로 논증자가 독자와 효과적으로 소통하려고 하는 좋은 신호이다. 아이디어를 조직할 때 자신의 관점이 아니라 독자의 관점에서 관찰함으로써 직관적으로 독자의 감각을 얻을 수 있다. 독자들은 제시된 증거와 방식을 원한다.

논리적이거나 자연스러운 방식은 무엇인가? 독자를 지루하게 하지 않도록 노력해야 하지만, 너무 창조적이거나 깊은 인상을 남길 필요는 없다. 타당하고, 견고하고, 합리적인 주장을 제시하면 된다.

3. 구성의 본 절차

주제를 좁히고 아이디어를 정리했다면 논증을 작성한다. 독자들은 논증이 표준 형식처럼 보이는 것을 원할 것이다. 흥미 있고 관련된 도입, 핵심 용어의 정의, 잘 조직된 아이디어와 만족스러운 결론 등을 독자들은 원한다. 이를 충족하기 위해 예비 절차에서 구성한 아이디어로 시작한다. 논증을 작성하는 본 절차는 5단계가 있다. 문제 조사, 문제에 대한 입장 기술, 입장을 위한 논쟁, 입장에 대한 반대 반박과 문제해결이다.

그림 13-2 **구성의 본 절차**

| 문제 조사 | → | 입장 진술 | → | 입장 지지 | → | 반대 반박 | → | 문제 해결 |

1) 문제 조사

논증을 작성하는 첫 단계는 현재 문제의 복잡성을 완전히 이해하는 것이다. 논증은 이미 문제가 된 입장만을 주장하는 것이 아니다. 목표는 문제에 대한 어떤 입장을 주장할 수 있는지를 발견하는 것이다. 어떤 문제를 조사하면 원래 입장을 버리는 것을 의미하지 않는다. 좋은 준비는 문제의 모든 측면을 조사한다. 이렇게 하면 주장할 입장을 결정할 때 입장에 대한 지지나 반대를 위한 가능한 논증을 알 수 있다. 또한 논증을 지지할 때 질문에 대한 대안적인 입장과 논증을 지지하기 위해 사용되는 이유를 알 수 있다.

문제 속에는 해결할 아이디어가 항상 있다. 입장과 논증의 주요 비판을 알게 되는 것이 가장 중요한 점이다. 논증을 작성하기 위한 준비는 좋은 아이디어를 찾고, 논증 작성의 단계에서 해야 할 과업을 계획하는 것이다. 어떤 아이디어를 삭제하고 수정하거나 논증문의 주요 특징이 서서히 드러날 때 개요 부분을 연결한다.

2) 입장 진술

논증을 제시하기 전에 현재의 문제가 왜 중요한지를 나타내는 것은 좋은 방법이다. 입장을 진술하는 것은 미해결되고 중요하거나 설명이 필요한 문제가 있다는 것을 암시한다. 해결되어야 할 문제가 있다면 제안이 문제를 해결하는 데 도움이 된다고 분명하게 생각해야 한다. 문제의 중요성을 신중하게 토의한 후 논증 시작 부분에 입장을 기술한다. 이것은 재판을 시작할 때 검사가 시작에서 하는 방식과 유사하다. 조사는 주장할 결론을 이끌어낸다. 문제의 복잡성을 설명하기 위해 많은 시간을 낭비할 필요는 없다.

문제에 대한 입장을 기술할 때 중요한 점은 정확성이다. 애매하지 않은 언어를 사용한다. 즉, 기술 용어나 전문 용어를 적게 사용하고, 다중 해석이 되지 않는 언어를 사용한다. 또한 입장을 표현하는 데 사용되는 중요 용어나 개념을 정의하거나 설명한다. 마지막으로 입장의 진술 범위를 적절하게 한정한다. 적절한 한정은 입장을 강화하고 비평으로부터 공격에 덜 취약하게 한다. 입장은 설명된 문제를 해결하기 위해 전달할 수 있는 것보다 더 많게 약속해서는 안 된다.

3) 입장 지지

자신의 입장에 대해 논증하는 부분은 글에서 가장 중요한 부분이다. "입장에 대한 주요 논증은 ~이다"와 같이 무엇을 말함으로써 시작한다. 대부분의 경우에 진술된 입장과 지지하는 논증의 결론은 동일한 주장이다. 하나 이상의 논증이라면 한 번에 하나씩 입장을 제시하고, 다른 논증으로 이동할 때마다 독자들에게 입장을 명확히 한다. 독자들에게 혼동하지 않도록 한 전제에 한 단락을 사용한다. 자신이 말하는 것이 입장을 뒷받침하는 데 도움이 된다는 것을 명심한다. 그래서 주제와 관련이 없는 자료를 포함해서는 안 된다.

어떻게 입장을 표현하는가? 결론을 뒷받침하는 가장 확실한 증거를 제시하고, 모든 전제를 가능한 한 명시적으로 구성하고 배열한다. 독자가 논증의 일부와 삽화를 혼동할 가능성이 적게 예제를 사용한다. 또한 논증의 상대적인 강도가 증가하도록 논증을 연역으로 만든다. 결론이나 입장이 도덕적 판단이라면 도덕적 전제를 포함시킴으로써 논증이 결론을 확실히 지지하도록 한다. 그렇지 않다면 가치 판단을 적절하게 도출할 수 없다.

특정한 전제에 관한 반대가 있을 것이라고 예상하거나 전제가

약하다고 생각한다면 전제에 추가적인 지지를 제공한다. 비판자의
반대가 해가 되지 않는다고 생각한다면 반대가 약하다고 믿는 것을
지적하고, 문제가 되는 전제가 명확하게 수용의 기준을 어떻게 충족
하는지를 보여준다. 강력한 비판이고 비판에 효과적으로 반응할 수
없다면 전제를 사용하지 않는 것이 바람직하다. 논증의 결론에 대한
반대는 반박 부분에서 설명한다.

입장에 대한 논쟁을 제시할 때, 항상 좋은 논증의 다섯 가지 기
준에 의해 논증을 구성해야 한다. 입장에 대한 좋은 논증은 기준을
모두 만족해야 한다. 구조, 관련성, 수락성, 충분성과 반박의 원칙이
다. 서로 양립할 수 있는 전제, 결론과 충돌하지 않고, 결론의 참을
추측하지 않고, 결함이 있는 연역추론을 포함하지 않는다. 결론의 가
치나 쟁점이 되는 입장과 직접적으로 관련된 이유만을 제시해야 한
다. 독자들에 의해서 수락되거나 적어도 합리적인 사람에 의해서 수
락될 수 있는 전제를 사용한다. 관련되고 수락할 수 있는 충분한 수
와 결론에 이르기에 충분한 가치를 제공해야 한다.

4) 반대 반박

입장에 대한 반박 기준은 논증에서 특별한 지위를 가질 만하다.
좋은 논증은 논증과 지지하는 입장에 대한 모든 심각한 문제에 효과
적으로 반박할 수 있다. 반박은 논증에서 가장 소홀히 하는 측면이
기도 하다. 논증자는 결론을 지지하는 충분한 수의 전제뿐만 아니라
관련되고 수용할 수 있는 전제를 제시한다. 논증이나 입장에 대한
비난을 예상하고, 논증의 일부로서 상대방에게 효과적으로 반박한
다. 자신의 입장에 대한 비판을 효과적으로 대응할 수 없다면 입장
을 주장해서는 안 된다. 논증의 가치를 문제시하는 사람에게 효과적

으로 답변할 수 없다면 좋은 논증이 아니다. 포괄적인 논증에서 문제에 대한 대안적인 입장을 뒷받침하는 논증의 결함을 식별한다.

5) 문제해결

문제를 해결한 후 논증을 작성한다. 논증의 도입에서 논증의 결론을 기술하면 안 된다. 그러나 도입에서 어떻게 질문을 해결하고, 문제나 갈등을 해결하는지를 보여주어야 한다. 쟁점은 논증을 작성하는 주요 추진력이다. 논증의 효과적인 반박, 논증을 지지하는 입장과 가장 강한 대안적 입장을 위한 논증을 포함하여 논증이 좋은 논증의 모든 조건을 어떻게 충족하는지를 알려준다. 마지막으로 추가 질문이 유용하게 수행될 수 있는 질문과 관련된 영역을 제안할 수 있다. 그러나 쟁점에 있는 어떠한 의심이라도 독자에게 남기지 않도록 한다.

6) 논증문의 작성

논증문을 구성할 때 고려할 사항이 많다. 다음은 논증을 실제로 구성하는 일반적인 순서이다. 즉, 도입 작성, 독자의 관점 고려, 주장 선정, 증거 선택, 증거 분석, 반박 의견 처리와 논증 수정이다. 특히, 정교한 수정은 논증에 필수적이다.

그림 13-3 **논증문의 작성 순서**

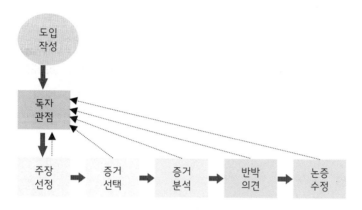

❶ **도입 작성**

도입에서 청중의 관심을 포착하고 논점에 대한 관점을 결정한다. 문제 또는 논쟁을 새로운 방식으로 재현함으로써 논증을 시작할 수 있다. 사용하는 언어 선택은 청중에게 많은 것을 전달할 것이다. 도입은 일반적으로 견고하게 하고 논제를 분명히 한다. 또한 도입을 구성할 때 전체 논증 구조를 계획한다. 이렇게 하면 논증의 논리성을 쉽게 찾을 수 있다. 논증은 두 가지 기본 패턴이 있다.

그림 13-4 **논증의 기본 패턴**

도입	도입
전제 A	반례 A
전제 B	전제 A(반박)
전제 C …	반례 B
결론	전제 B
	반례 C
	전제 C …
	결론

❷ 독자의 관점 고려

논증을 쓰기 시작할 때 "나의 주장은 무엇인가?"라고 질문한다. 효과적인 논증을 작성하는 과정에서 중요한 단계는 논증의 주장을 결정하는 과정이다. 독자의 관심사는 무엇인가? 자신의 주장을 들을 필요가 있는 독자를 염두에 둔다. 논증의 목표는 특정 독자를 설득하는 것이다. 따라서 주제에 대해 독자가 필요로 하는 배경 정보를 결정한다. 신뢰할 수 있고 권위 있고 확신에 찬 분위기를 세우되 너무 공격적이거나 수동적이지 않도록 한다.

❸ 주장 선정

독자에게 무엇을 전달할 것인가? 주장은 청중에게 전달할 논증의 결론이다. 논증은 전제로 주장을 지지하여 청중을 설득하는 과정이다. 청중에게 전달할 주장의 결정은 주장을 뒷받침할 전제의 결정에 중요하다. 따라서 주장과 전제의 관련성을 고려하여 주장을 선정한다. 논증이 범위가 넓지 않도록 많은 주장을 포함하지 않는다. 향후에 논증할 수 있는 반박 주장을 고려하여 주장을 선택한다.

❹ 증거 선택

주장을 어떻게 지지할 것인가? 주장은 전제에 의해서 뒷받침되어야 한다. 따라서 주장에 대한 지지와 증거를 선택한다. 지지와 증거에는 사실, 일화, 문헌, 통계, 전문가 증언, 개인적 경험이나 시각 자료를 포함한다. 증거는 논증을 만들거나 깰 수 있다. 모든 분야는 받아들일 수 있는 증거에 대해 약간 다른 요구 사항을 가지고 있으므로 해당 분야에서 증거가 사실인지를 확인한다. 사실, 통계, 논리적 전개, 논의하려는 대상, 구성하는 방식에서 적합한 것을 찾는다.

❺ 증거 분석

증거는 주장을 충분히 지지하는가? 주장을 지지하기 위해서 증거를 사용한다. 주장을 뒷받침할 수 있는 자료를 인용한다. 전제가 구성되면 결론과 전제를 연결한다. 증거와 주장을 일치시킨다. 포함할 증거를 분석, 해석 및 논평한다. 자료와 논증 간에는 중요한 차이가 있을 수 있다. 주장하는 근거와 이유는 참이어야 하고 충분한 이유가 객관적이어야 한다. 또한 증거는 일관성이 있어야 한다.

❻ 반박 의견 처리

독자는 무엇을 반박할 것인가? 논증을 강화하고 토론 중인 사안에 대해 깊은 이해를 갖고 있음을 보여주는 한 가지 방법은 반례나 반대를 예상하고 대처하는 것이다. 자신의 입장에 동의하지 않는 청중이 있을 수 있다. 자신과 의견이 다른 사람이 자신의 주장이나 입장에 어떻게 반응할지를 스스로에게 묻고 반론을 제기한다. 논증을 구성하면서 반박하는 논증을 적극적으로 생각한다. 논증을 약화하지 않고 반대 관점을 수용하고 청중으로부터 반대를 예상한다.

결론과 전제를 생각해보고 부인하는 사람을 상상해본다. 예를 들면, 고양이는 최고의 애완동물이다. 왜냐하면 고양이는 깨끗하고 독립적이기 때문이다. 그러나 고양이를 애완동물로 키우지 않는 사람들은 "고양이는 더럽고 탐욕스럽다"라고 말할 수 있다. 반례를 생각해 본 다음 독자들이 어떤 반응을 보일지 고려한다.

청중이 왜 주장을 받아 들여야 하는지 설명할 수 있는가? 반례를 거부하고 그것이 왜 잘못되었는지 설명할 수 있는가? 자신의 주장이 반대 주장보다 강하다는 인식을 청중에게 남길 수 있는가? 반대 의견을 요약할 때 자비의 원리를 사용한다. 그리고 논증을 공정하고 객관적으로 제시한다.

❼ 논증 수정

논증의 초안을 읽으면서 스스로 질문한다. 저자는 무엇을 증명하려고 하는가? 논증에 동의하는가? 저자가 자신의 주장을 적절하게 방어하는가? 저자는 어떤 증거를 사용하는가? 이처럼 비판적으로 읽는 데 익숙해지면 때로는 숨겨진 의제를 보게 될 것이고, 효과적인 논증을 만들 수 있다.

각 단계에서 작업이 완료되더라도 독자의 관점에서 다시 고려해 본다. 자기 검열이나 완벽주의 없이 빨리 글을 써본다. 논증을 작성한 후에 수정할 시간을 충분히 갖는다. 독자가 마지막 단락까지 이동하는 데 도움이 되도록 각 단락마다 명확한 주제 문장을 가지고 있는지 확인한다. 반복적인 수정 작업은 좋은 논증을 구성한다.

Logic Lens

☑ 인지적 왜곡

■ 임의적 추론: 자신의 생각을 뒷받침하는 증거가 없거나 명백한 반대의 증거가 있음에도 특정한 결론을 내린다. 예: 내 신경을 거슬리게 하려고 노래를 큰 소리로 부르고 있군요.

■ 선택적 추론: 일부의 정보가 마치 전체를 의미하는 것처럼 잘못 해석한다. 예: 여자 친구가 파티에서 대화를 잘 들으려고 다른 남자 쪽으로 고개를 돌리는 것을 보고 질투한다.

■ 과도한 일반화: 어떤 현상을 너무 넓은 범위에 적용하는 현상이다. 예: 시험에 계속 실패한 후 무슨 일이든 노력에 상관없이 항상 실패할 것이라고 생각한다.

■ 과장과 축소: 실제보다 훨씬 심각하게 생각하거나 의미를 축소한다. 과장: 당신이 내 삶을 망쳐 놓았어. 축소: 그 사람이 한 칭찬은 별 뜻 없이 한 말이야. 신경 쓸 필요 없어.

■ 개인화: 자신과는 관련이 전혀 없는 사건을 자신과 관련된 것으로 잘못 생각한다. 예: 길을 지나가는 사람이 웃자 자신을 비웃는다고 생각한다.

■ 이분법적 사고: 두 개의 극단으로만 해석한다. 전부 또는 전무 사고이다. 예: 성공하지 않는 이상 나는 실패한 거나 다름없어.

- 인지협착: 사건의 한 가지 측면만 본다. 예: 유일한 해결책은 전쟁이야. 한 번도 평화롭게 지낸 적이 없어.
- 잘못된 명명: 사람들의 특성이나 행위를 기술할 때 과장하거나 부적절한 명칭을 사용한다. 예: 그 사람은 악질이다.
- 독심술의 오류: 충분한 근거 없이 타인의 마음을 제멋대로 추측하고 단정한다. 모호하고 사소한 단서로 타인의 마음을 판단한다.
- 예언자의 오류: 합리적인 근거 없이 미래의 사건을 예상하고 확신한다. 예: 까마귀가 날아가는 것을 보고 오늘 경기에서 질 것이라고 생각한다.
- 감정적 추리: 현실적 근거 없이 막연히 느껴지는 감정에 근거해 결론을 내린다.

연습문제

모범답안

chapter 01 비판적 사고

01

- 사고: 세계의 실제적이거나 가능한 상태에 관한 지식의 정신적 표현
- 창의성: 사물을 새롭게 탄생시키거나, 새로운 사물에 이르게 하는 개인의 지적 특성인 동시에 새롭고, 독창적이고, 유용한 것을 만들어 내는 능력

02

- 비판적 사고: 모든 원천으로부터 관련된 정보를 수집하여 상황을 객관적으로 분석하고 평가하는 사고
- 실행적 사고: 상황을 분석하고 평가한 후 선택한 대안을 효과적으로 수행하기 위해 아이디어와 계획을 조직하는 사고
- 개념적 사고: 추상적 아이디어 간의 패턴이나 연결을 찾고, 완전한 형태를 형성하기 위해 부분을 결합하는 사고
- 창의적 사고: 기회나 가능성을 창조하기 위해 새로운 접근 방법을 창안하는 사고
- 직관적 사고: 어떤 증거도 없이 사실이라고 지각하는 것을 취하는 사고

03

- 유창성: 많은 아이디어를 산출해내는 능력
- 융통성: 유창성의 연장으로 사물을 다른 각도에서 볼 수 있는 능력, 여러 관점에서 상황을 볼 수 있는 능력
- 독창성: 아이디어의 양보다 질적인 측면, 소재의 독특성
- 정교성: 아이디어를 정교하게, 세밀하게 하거나 재미있고, 아름답게 꾸미는 능력, 기존의 지식이나 원래의 생각에 추가하고 확장시키는 능력

04

- 창의적 사고: 다양한 정보로 다양한 결과를 산출해 내는 능력
- 수직적 사고: 옳고 그름을 따지기 위한 선택적 사고
- 수평적 사고: 기발한 해결책을 찾는 사고 방법
- 확산적 사고 기법: 가능한 많은 해결책을 창출하는 기법

• 수렴적 사고 기법: 주어진 문제에 대한 최적의 해결책을 창출하는 사고 기법

05

• 아이디어 간의 논리적 연결을 이해한다.
• 대상 간의 연결을 찾는다.
• 논증을 확인하고, 구성하고, 평가한다.
• 추론상의 모순과 공통적인 실수를 탐지한다.
• 문제를 체계적으로 해결한다.
• 아이디어의 관련성과 중요성을 인식한다.
• 증거에 근거하여 판단한다.
• 자신의 신념과 가치에 대한 정당성을 반영한다.

06

비판적 사고는 논증과 주장을 효과적으로 식별하고, 분석하고, 평가하는 데 필요한 통합적인 인지적 기술과 지적 성향이다. 개인의 선입관과 편견을 발견하고 극복한다. 결론을 뒷받침하는 설득력 있는 이유를 공식화하고 제시한다. 무엇을 믿고 해야 하는 지에 대한 합리적이고 지적인 결정을 내릴 수 있다. 이처럼 비판적 사고는 명확한 지적 기준이 적용된 훈련된 사고이다. 이러한 중요한 지적 기준은 명확성, 정밀성, 정확성, 관련성, 일관성, 논리성, 완결성과 공정성이다.

07

• 고정관념
• 성급한 일반화
• 희망적인 사고
• 부당한 가정
• 자기중심주의
• 사회중심주의
• 상대주의

08

창의적 사고를 동원하여 새로운 아이디어를 창안할 수 있다. 창의적 사고에 의해서 문제를 확인하거나 새로운 아이디어가 생성되면, 비판적 사고로 추론하여 결론을

도출한다. 따라서 창의적 사고와 비판적 사고가 결합될 때 효율적으로 문제를 해결할 수 있다.

09

- 생각을 멈출 때를 알지 못한다.
- 새로운 아이디어를 멈출 때를 알지 못한다.
- 변화하고 있다는 것을 알지 못한다.
- 필요한 것보다 더 상세하게 조사하고 생각한다.
- 신속하게 행동할 기회를 놓친다.
- 충분한 정보 없이 너무 빠르게 행동한다.
- 느낌 없이 행동한다.

10

희망적 사고는 희망이 현실이 되기를 바라는 믿음이다. 무엇이 사실이기를 바라는 희망이 주장의 진실성에 대한 증거로써 사용된다. 논리적 오류보다는 인지적 편견인 희망적 사고는 바라는 결과에 근거하여 증거를 평가한다.

chapter 02 논증의 이해

01
❶ 진술문　　　　❷ 진술문　　　　❸ 비진술문
❹ 진술문　　　　❺ 진술문　　　　❻ 비진술문
❼ 비진술문　　　❽ 진술문　　　　❾ 비진술문
❿ 진술문

02
❶ 비논증문: 어떠한 추론이 없이 단지 그날의 사건에 관한 보고이다.
❷ 비논증문: 이것은 추론이 없이 학생들의 성적이 좋지 않은 인과 설명이다.
❸ 비논증문: 이것은 의견과 충고의 결합이지만, 추론이 없다.
❹ 논증문: 결론을 도출하는 전제가 있는 일련의 주장이다. 결론 지시어는 '따라서'이다.
❺ 비논증문: 단순히 추론을 하지 않은 주장의 예일 뿐이다.
❻ 비논증문: 단지 연결되지 않은 일련의 주장일 뿐이다.
❼ 논증문: 첫 문장의 두 주장은 마지막 문장에 있는 주장을 믿을 수 있는 이유를 제공한다. 또한 '그러므로'는 결론 지시어이다.
❽ 비논증문: 여성이 남성들보다 고주파수인 이유를 표현한 설명문이다
❾ 비논증문: 사례를 들어 표현한 삽화이다.
❿ 논증문: "사람은 결코 자립할 수 없다"는 것이 결론이다.

03
❶ • 전제: 잘 훈련된 군대는 자유국가의 안보에 필요하다.
　• 결론: 무기를 보유할 권리는 침해되어서는 안 된다.
❷ • 전제: 어떤 사람이 상속을 자발적으로 포기할 때 그가 갖고 있는 재산권을 상실한다.
　• 결론: 상속을 포기한 재산에서 발생하는 이득을 가질 수 없다.
❸ • 전제: 빛은 우리 눈에 도달하는 데 시간이 걸린다.
　• 결론: 우리가 보는 모든 것은 실제로 과거에 존재했다.

❹ • 전제: 요행에 대한 좋은 증거가 없을 때 요행은 전제를 믿는다는 것을 의미한다.
  • 결론: 요행은 악이다.

❺ • 전제: 과학은 실험, 오래된 신조에 대한 자발적인 도전, 있는 그대로 우주를 보는 개방성에 근거한다.
  • 결론: 과학은 때때로 전통적인 지혜에 의문을 품을 수 있는 용기가 필요하다.

❻ • 전제: 가장 열등한 동물은 이 지구에 서식하고 있는 대부분의 인간보다 훨씬 민감하고 친절하다.
  • 결론: 동물은 영혼이 있다.

❼ • 전제: 원자력 발전을 정지하는 것은 전력을 감소시킨다.
  • 결론: 에너지 대안이 없다면 증가되는 전력 수요를 감당할 수 없다.

❽ • 전제 1: 인간은 죽는다는 것을 안다.
  • 전제 2: 우주는 아무 것도 알지 못한다.
  • 결론: 우주가 인간을 궤멸시켰을 때 인간은 우주보다 더 고상할 것이다.

❾ • 전제 1: 도덕적 책임은 자유 의지를 전제로 한다.
  • 전제 2: 이 자유는 보편적인 인과적 결정론과 양립할 수 없다.
  • 전제 3: 보편적인 인과적 결정론이 그럴듯하게 보인다.
  • 결론: 대부분의 사람들이 믿는 것과는 달리 인간은 도덕적으로 책임이 없다.

❿ • 전제 1: 당신이 속도를 위반하지 않는다면 속도위반 단속 지역에 있는 경찰관을 염려할 필요가 없다.
  • 전제 2: 다른 차가 속도를 위반하지 않는다면 당신의 생명은 안전할 것이다.
  • 결론: 제 정신인 사람은 속도위반 단속 지역에 있는 경찰관을 비난할 수 없다.

chapter 03 논증의 구조

01

❶ 설득적 목적　　　　　　❷ 이론적 목적
❸ 사전적 목적　　　　　　❹ 명료화 목적
❺ 사전적 목적　　　　　　❻ 설득적 목적
❼ 사전적 목적　　　　　　❽ 규정적 목적
❾ 명료화 목적　　　　　　❿ 설득적 목적

02

❶ ① 자동차에 신뢰할 수 있는 브레이크가 있다면, 브레이크는 습한 날씨에 작동
　　한다.
　② 자동차의 브레이크는 습한 날씨에는 잘 작동되지 않는다.
　③ 따라서 나의 차는 신뢰할 수 있는 브레이크가 없다
❷ ① 청년 실업이 증가하면 역시 폭력과 폭도가 증가한다.
　② 따라서 실업은 아마 폭력과 폭도의 주요 원인이다.
　③ 폭력이 마약에 의해서 일어나지 않는다.
　　이것은 결론이 ③인 논증이다. 따라서 ①부터 ②까지는 하위 논증이고, ②
　　에서 ③은 주 논증이다.
❸ ① 내가 지금까지 연구한 모든 종교에는 여성에 대한 편견이 담겨있다.
　② 따라서 모든 종교가 여성에 편향되어 있다.
　　이 주장은 논증자가 많은 종교를 연구하지 않으면 이 논증은 오히려 약할
　　것이지만 분명히 논증이다.
❹ ① 시조새의 주요 깃털은 현대 조류의 비대칭적, 공기 역학 형태이다.
　② 따라서 시조새의 깃털은 비행에 사용되었다.
❺ ① 사람들은 과학을 한다.
　② 따라서 과학은 사회적으로 체화된 활동이다.
❻ ① 대리점이 문제이다.
　② 점화 플러그에는 전류가 흐르지 않는다.
　③ 플러그에 전류가 흐르지 않으면 발전기가 고장났거나 대리점에 문제가 있다.
　④ (설명되지 않음) 발전기가 고장났거나 대리점에 문제가 있다.
　⑤ 문제가 발전기에 있으면 계기판 경고등이 켜진다.

⑥ 표시등이 켜지지 않는다.

주장 ③은 두 개의 독립적인 주장으로 나눌 수 있는데 발전기와 대리점이다. 발전기에 대한 이유라면 중요할 것이다.

❼ ① 그들은 정말로 신공항을 건설해야 한다.

② (신공항)은 더 많은 사업을 유치할 것이다.

③ 현재 공항은 과밀하고 위험하다.

진술문 ②와 ③이 전제이고 진술문 ①이 결론이다. 전제 ②와 전제 ③이 각각 결론 ①을 지지한다.

❽ ① 인삼은 날씬해지는 데 도움이 된다.

② 인삼은 젊어지는 데 도움이 된다.

③ 인삼은 아름다워지는 데 도움이 된다.

④ 인삼을 자주 먹어라.

전제 ①, ②, ③이 각각 결론 ④를 지지하는 수렴형 논증이다.

❾ ① 자유 언론의 아이디어는 웃음거리이다.

② 광고주들이 미디어를 통제한다.

③ 불매에 대한 두려움으로 광고주는 프로그래밍을 좌우할 수 있다.

④ 정치인과 편집자들은 불매에 대한 생각에 떤다.

⑤ 상황은 감내하기 어렵다.

⑥ 우리 모두가 텔레비전과 라디오 방송에 귀 기울이는 것이 좋다.

작가는 주장 ①을 최종 결론으로, 주장 ⑤는 주장에 대한 의견으로 간주할 수 있다. ⑥은 결론으로 간주될 수 있지만 논증의 결과에 대한 의견이다.

❿ ① 위치가 좋고, 건전한 부동산은 가장 안전한 투자이다.

② 은행에 있는 돈처럼 부동산은 사라지지 않을 것이다.

③ 부동산 가치는 물가상승으로 인해 손실되지 않는다.

④ 재산가치는 적어도 물가상승률과 같은 비율로 증가하는 경향이 있다.

⑤ 대부분의 주택은 물가상승률보다 더 높게 평가되었다.

chapter 04 생략된 진술문

❶ 캐츠는 고양이다.
❷ 홍준이는 화성과 금성에 관한 권위자이다.
❸ 민석이는 논리학자다.
❹ 한국대학교 학생들은 논리학을 공부한다.
❺ 영수는 매일 논리학 수업을 듣고 정기적으로 공부한다.
❻ 잠실 운동장에 내일 비가 많이 올 것이다.
❼ 단체의 활동을 대중적으로 홍보하기 위해 법을 위반하는 사람은 모두 무정부주의자이며 사회질서를 존중하지 않는다.
❽ 어떤 경찰관은 주차 위반 딱지를 붙인다.
❾ 고래가 과도하게 포획될 때마다 고래 개체수는 감소된다.
❿ 모든 것이 결정론적 규칙에 의해 지배된다고 믿는 사람은 아무도 자유의지를 믿지 않는다.
⓫ 남쪽의 바람은 보통 비를 동반한다.
⓬ 이것은 현대차가 아니다.
⓭ 대부분의 호주 사람들은 영어를 잘한다.
⓮ 오늘은 월요일이다.
⓯ 아파트 분양가 상한제 폐지는 주택가격의 폭등을 초래한다.

chapter 05 논증의 유형

❶ 연역논증   ❷ 연역논증   ❸ 귀납논증
❹ 연역논증   ❺ 귀납논증   ❻ 연역논증
❼ 귀납논증   ❽ 연역논증   ❾ 연역논증
❿ 귀납논증   ⑪ 귀납논증   ⑫ 연역논증
⑬ 귀납논증   ⑭ 연역논증   ⑮ 연역논증
⑯ 연역논증   ⑰ 귀납논증   ⑱ 연역논증
⑲ 귀납논증   ⑳ 귀납논증

chapter 06 명제 논리

01

❶ 선언, 참
❷ 연언, 거짓
❸ 가언, 참
❹ 선언, 거짓
❺ 부정, 참
❻ 연언, 거짓
❼ 부정, 거짓
❽ 단순 진술문, 참
❾ 선언, 거짓
❿ 부정 연언, 참
⓫ 부정 선언, 거짓
⓬ 가언, 참
⓭ 선언, 참
⓮ 선언, 참
⓯ 연언, 거짓
⓰ 가언, 참
⓱ 선언, 거짓
⓲ 부정, 참
⓳ 연언, 거짓
⓴ 부정, 거짓

02

❶ E, 전칭부정
❷ O, 특칭부정
❸ A, 전칭긍정
❹ I, 특칭긍정

03

❶ A∧B
❷ ~A∨B
❸ A→B
❹ A∧(B∨C)
❺ A→(B∧~C)
❻ ~(A∨B)∧C
❼ ~(A∧~B)→C
❽ (A∨B)∧C
❾ ~(A∧B)
❿ A→B

chapter 07 삼단논법

01

❶ (q) 어떤, (s) 개, (p) 진돗개, (c) 이다, (t) T
❷ (q) 어떤, (s) 파랑새, (p) 물고기, (c) 아니다, (t) T
❸ (q) 모든, (s) 흑곰, (p) 북극곰, (c) 이다, (t) F
❹ (q) 어떤, (s) 양서류, (p) 개구리, (c) 아니다, (t) T
❺ (q) 어떤, (s) 크게 짓지 않는 개, (p) 늑대과 동물, (c) 이다, (t) T
❻ (q) 어떤, (s) 빠른 동물, (p) 갈색이 아닌 하이에나, (c) 아니다, (t) T
❼ (q) 모든, (s) 녹색 앵무새, (p) 흰색이 아닌 새, (c) 이다, (t) T
❽ (q) 어떤, (s) 강낭콩, (p) 채소, (c) 아니다, (t) F
❾ (q) 어떤, (s) 정치학자, (p) 여성교수, (c) 이다, (t) T
❿ (q) 어떤, (s) 대학생, (p) 원자력 전공 학생, (c) 아니다, (t) F

02

❶ 모든 의사들은 정신과 의사이다.
❷ 모든 제네시스는 현대자동차이다.
❸ 교사의 자료실을 사용할 수 있는 사람은 교사들이다.
❹ 신이 사랑하는 모든 사람들은 지혜롭게 산다.
❺ 모든 단풍나무는 나무이다.
❻ 모든 곤충은 동물이다.
❼ 반짝이는 어떤 것들은 금이 아니다.
❽ 안타를 치는 모든 사람들은 배트를 휘두르는 사람이다.
❾ 어떤 새는 날 수 없는 새들이다.
❿ 어떤 북극곰은 캐나다에서 서식하는 곰이다.
⓫ 모든 거짓말쟁이들은 도둑들이다.

03

❶ 전건긍정　　❷ 후건긍정　　❸ 전건부정
❹ 후건긍정　　❺ 후건부정　　❻ 전건부정
❼ 후건부정

chapter 08 귀납논증

01

❶ 약: 효리가 수강한 수학 관련 수업과 최근에 등록한 논리학 간에는 큰 차이가 있다.

❷ 약: 효리가 이전 수업을 좋아했더라도 효리가 네 과목을 좋아한다는 것은 좋은 추론이 아니다.

❸ 무: 유 교수에 대한 강의가 전혀 언급되어 있지 않다.

❹ 약: 하루의 시간은 학생이 수업을 집중하는지와 관련이 있다.

❺ 무: 차이가 있지만, 관련이 없을 만큼 사소하다.

❻ 강: 전제가 결론을 더 구체화시킨다.

❼ 강: 세 과목 대신 다섯 과목의 일차 유추가 있다. 논증은 조금 더 강하다.

❽ 강: 효리가 수강한 수업의 종류가 조금 더 다양해지기 시작했다. 그것은 수학 관련이 아니다. 효리는 논리학, 영어와 철학입문을 수강한다.

❾ 강: 효리가 저녁에 컨디션이 안 좋았고, 다음 아침 영어와 철학입문 수업에서 컨디션이 가장 좋을 것이다.

❿ 무: 모든 다른 수업이 동일한 사설을 읽지 않는다면 이것은 차이이지만, 결론이 참이거나 거짓일 가능성을 뚜렷하게 변경시키기에 충분히 관련된 것으로 보이지 않는다.

⓫ 무: 이것은 추가적인 유사성이지만 아마 결론과 무관하다.

02

❶ 유비논증 ❷ 통계적 논증
❸ 귀납적 일반화 ❹ 통계적 논증
❺ 유비논증

03

❶ • 표본: 내가 본 영화
  • 표적 모집단: 스필버그 영화
  • 특성: 비폭력
❷ • 표본: 내가 만난 뉴욕 대학생들

- 표적 모집단: 전체 고려대학교 학생들
- 특성: 열심히 공부하는 학생

❸ • 표본: 동민이의 이번 학기 첫 시험
- 표적 모집단: 동민이의 이번 학기 모든 시험
- 특성: 95점

❹ • 표본: 내가 먹은 양식
- 표적 모집단: 모든 강남 음식점의 양식
- 특성: 너무 달다.

❺ • 표본: 공원에 있는 흰색 개
- 표적 모집단: 모든 흰색 개
- 특성: 작은 개

04

❶ • 비교: 쥐
- 표적: 인간
- 유사성: 생물학적 유사성
- 특성: 벤조피렌이 암을 유발

❷ • 비교: 유리 세정제
- 표적: 살충제
- 유사성: 유사한 시각적 외관
- 특성: 유리창 청소 속성

❸ • 비교: 7월의 냉방비용
- 표적: 8월의 냉방비용
- 유사성: 매우 덥다.
- 특성: 비용이 많다.

❹ • 비교: 낙태
- 표적: 사형
- 유사성: 살아있는 사람을 죽이는 것
- 특성: 잘못되었다.

❺ • 비교: 장훈이
- 표적: 승훈이
- 유사성: 키가 크다.
- 특성: 농구를 잘한다.

05

❶ 충분조건   ❷ 필요조건   ❸ 필요조건도 충분조건도 아님

❹ 충분조건   ❺ 필요충분조건   ❻ 충분조건

❼ 필요조건   ❽ 필요충분조건   ❾ 필요조건

❿ 충분조건

06

❶ 귀납법   ❷ 연역법   ❸ 유비추론

❹ 잉여법   ❺ 공변법   ❻ 일치법

chapter 09 논증의 평가

01

❶ 부당   ❷ 타당   ❸ 타당
❹ 타당   ❺ 타당   ❻ 타당
❼ 타당   ❽ 타당   ❾ 부당
❿ 타당

02

❶ 강   ❷ 강   ❸ 약
❹ 약   ❺ 약   ❻ 강
❼ 강   ❽ 약   ❾ 약
❿ 강

03

❶ 강, 설득: 참 전제, 개연적으로 참 결론
❷ 약, 비설득: 참 전제, 개연적으로 거짓 결론
❸ 강, 비설득: 거짓 전제, 개연적으로 참 결론
❹ 강, 설득: 참 전제, 개연적으로 참 결론
❺ 약, 비설득: 참 전제, 개연적으로 거짓 결론

04

❶ 타당, 비건전: 거짓 전제, 거짓 결론
❷ 타당, 건전: 참 전제, 참 결론
❸ 타당, 건전: 참 전제, 참 결론
❹ 타당, 비건전: 거짓 전제, 거짓 결론
❺ 부당, 비건전: 참 전제, 거짓 결론

05
❶ 연역, 타당, 건전
❷ 연역, 타당, 비건전
❸ 귀납, 강, 설득
❹ 연역, 타당, 건전
❺ 연역, 타당, 건전
❻ 귀납, 약, 비설득
❼ 귀납, 강, 설득
❽ 연역, 부당, 비건전
❾ 귀납, 약, 비설득
❿ 연역, 부당, 비건전

06
❶ 타당, 비건전

❷ 부당, 비건전

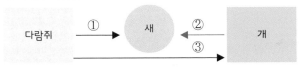

❸ 타당, 비건전

❹ 부당, 비건전

❺ 부당, 비건전

❻ 타당, 건전

❼ 부당, 비건전

chapter 10 논증의 오류

01
❶ 형식적 오류　　　❷ 비형식적 오류
❸ 비형식적 오류　　　❹ 형식적 오류
❺ 비형식적 오류

02
❶ 전건긍정(Modus Ponens)
❷ 후건긍정(Affirming the Consequent)
❸ 전건부정(Denying the Antecedent)
❹ 선언 삼단논법(Disjunctive Syllogism)
❺ 후건부정(Modus Tollens)
❻ 전건긍정(Modus Ponens)
❼ 전건부정(Denying the Antecedent)
❽ 가언 삼단논법(Hypothetical Syllogism)
❾ 구성적 딜레마(Constructive Dilemma)
❿ 전건부정(Denying the Antecedent)

03
논리적 오류는 합리적이거나 사실처럼 들릴 수 있지만 결함이 있거나 부정직한 진술이다. 상대방을 기만하거나 불합리한 자기 방어적 결과를 초래한다. 논리적 오류를 배우는 목적은 올바른 의사소통, 상대방의 입장 간파, 합리적이고 설득적인 주장과 다른 사람의 신념 분석 등이 있다.

chapter 11 비형식적 오류(상)

❶ 우연 호소
❷ 동정 호소
❸ 허수아비
❹ 사람 호소
❺ 정황 호소
❻ 인신공격
❼ 우연 오류
❽ 인신공격
❾ 허수아비
❿ 주의전환
⓫ 동정 호소
⓬ 인신공격
⓭ 허수아비
⓮ 인신공격
⓯ 대중 호소
⓰ 우연 오류
⓱ 대중 호소
⓲ 우연 오류
⓳ 인신공격
⓴ 피장파장

chapter 12 비형식적 오류(하)

01

❶ 무지 호소   ❷ 성급한 일반화
❸ 부적절한 권위   ❹ 성급한 일반화
❺ 무지 호소   ❻ 부적절한 권위
❼ 유추   ❽ 유추
❾ 부적절한 권위   ❿ 성급한 일반화
⓫ 미끄러운 비탈길   ⓬ 유추
⓭ 거짓 원인   ⓮ 유추
⓯ 거짓 원인   ⓰ 거짓 원인
⓱ 거짓 원인   ⓲ 거짓 원인
⓳ 성급한 일반화   ⓴ 유추

02

❶ 미끄러운 비탈길   ❷ 잘못된 이분법
❸ 발생학적 오류   ❹ 선결문제 요구
❺ 선결문제 요구   ❻ 잘못된 이분법
❼ 발생학적 오류   ❽ 선결문제 요구
❾ 미끄러운 비탈길   ❿ 발생학적 오류
⓫ 선결문제   ⓬ 잘못된 이분법

03

❶ 분해의 오류   ❷ 다의성 오류
❸ 결합의 오류   ❹ 분해의 오류
❺ 분해의 오류   ❻ 결합의 오류
❼ 다의성의 오류   ❽ 분해의 오류
❾ 강조의 오류   ❿ 결합의 오류

찾아보기(국문)

찾아보기(영문)

W

저자소개

유순근

- 전 숭실대학교 초빙교수
- 전 한림대학교 교수
- 고려대학교 경영대학 졸업
- 숭실대학교 대학원(경영학 박사)
- 법무부장관상 수상(2013)

주요 저서
- 평생 읽는 이야기 논어 해설 상편(박문사)
- 평생 읽는 이야기 논어 해설 하편(박문사)
- A+ 논문통계분석: SPSS와 AMOS의 분석 · 해석(유정제 공저, 진샘미디어)
- A+ 논술과 논문 작성법(박영사)
- 부의 수직 상승: 아이디어에 길을 묻다(박문사)
- 행동변화 이론과 실제(박문사)
- 지옥에서도 악마들끼리는 서로 거짓말하지 않는다(박문사)
- 신제품개발론(박영사)
- 글로벌 리더를 위한 전략경영(박영사)
- 벤처창업과 경영 3판(박영사)
- 논리와 오류: 비판적 사고와 논증, 2018년 세종도서(박영사)
- 창업을 디자인하라 2판(무역경영사)
- 벤처창업과 경영(박영사)
- 센스 경영학(진샘미디어)
- 창업 온 · 오프 마케팅(박영사)
- 창의적 신제품개발(2판)(진샘미디어)
- 서비스 마케팅(무역경영사)
- 센스 마케팅(무역경영사)
- 비즈니스 커뮤니케이션(무역경영사)
- 신상품 마케팅(무역경영사)
- 기업가 정신과 창업경영(비앤엠북스)
- 중소기업 마케팅(북넷)

개정3판
논리와 오류 – 비판적 사고와 논증

초판발행   2018년 2월 20일
개정판발행   2019년 6월 1일
개정3판발행   2024년 3월 7일

지은이   유순근
펴낸이   안종만·안상준

편 집   소다인
기획/마케팅   김민규
표지디자인   이수빈
제 작   고철민·조영환

펴낸곳   (주)**박영사**
                서울특별시 금천구 가산디지털2로 53, 210호(가산동, 한라시그마밸리)
                등록 1959. 3. 11. 제300-1959-1호(倫)
전 화   02)733-6771
f a x   02)736-4818
e-mail   pys@pybook.co.kr
homepage   www.pybook.co.kr
ISBN   979-11-303-1951-3   03170

정 가   25,000원